LOS TROTSKISTAS MEXICANOS

DE OPOSICIONES REVOLUCIONARIAS Y REPRESENTACIONES PROLETARIAS 1940-1976

Col·lecció América, 47

LOS TROTSKISTAS MEXICANOS

DE OPOSICIONES REVOLUCIONARIAS Y REPRESENTACIONES PROLETARIAS 1940-1976

Josué Bustamante González

Castellón de la Plana, 2025

BIBLIOTECA DE LA UNIVERSITAT JAUME I. Datos catalográficos

Noms: Bustamante González, Josué, autor | Universitat Jaume I. Publicacions, entitat editora

Títol: Los Troskistas mexicanos : de oposiciones revolucionarias y representaciones proletarias, 1940-1976 / Josué Bustamante González

Descripció: Castellón de la Plana : Publicacions de la Universitat Jaume I. Servei de Comunicació i Publicacions, 2025 | Col·lecció: Amèrica ; 47 | Inclou referències bibliogràfiques

Identificadors: ISBN 978-84-10349-30-8 (paper) | ISBN 978-84-10349-31-5 (pdf) | ISBN 978-84-10349-32-2 (ePub)

Matèries: Trotskisme – Mèxic – Història

Classificació: CDU 329.15(72)(091) | THEMA JPFC 1KLCM

Publicacions de la Universitat Jaume I es miembro de la UNE, lo que garantiza la difusión y comercialización de sus publicaciones a nivel nacional e internacional. www.une.es.

Ilustración de la cubierta: *Collage de revistas y folletos de la sección mexicana de la IV Internacional*, siglo XX. Fuente: diferentes repositorios privados de trotskistas y extrotskistas mexicanos. Diseño a cargo de José Luis Juárez Tovar

Edita:

Publicacions de la Universitat Jaume I. Servei de Comunicació i Publicacions
Edifici Rectorat, planta 0. Av. Vicent Sos Baynat, s/n 12071 Castelló de la Plana
Tel. 964 72 8821   publicacions@uji.es

ISBN papel: 978-84-10349-30-8
ISBN pdf: 978-84-10349-31-5
ISBN ePub: 978-84-10349-32-2

DOI: http://dx.doi.org/10.6035/America.47

Depósito legal: CS 14-2025

Este libro, de contenido científico, ha estado evaluado por personas expertas externas a la Universitat Jaume I, mediante el método denominado revisión por iguales, doble ciego.

ÍNDICE

AGRADECIMIENTOS

Agradezco a la doctora Verónica Oikión Solano por su amistad, sus consejos y su paciente atención.

Mi más sincera admiración y gratitud para los militantes de la Liga de Unidad Socialista, Manuel Aguilar Mora, Ismael Contreras Plata, Jaime González, Román Munguía Huato y José Juan Grijalva. A Carlos Ferra, de la Coordinadora Socialista Revolucionaria. Una mención especial para Manuel Aguilar, quien siempre se mostró entusiasta por esta investigación y que generosamente me permitió acceder al mundo del trotskismo. A Francisco Colmenares por sus minuciosas descripciones de su paso por el POR(T). A Édgar Sánchez, del Partido Revolucionario de los Trabajadores. A Cuauhtémoc Ruiz, del Partido Obrero Socialista. Agradezco también a Lucila Flamand, Delia Hidalgo Romero y Roberto Marín Maldonado. A la profesora Susana Huerta González, exmilitante del PRT. A Stephanie González, por su apoyo e interés en la presente investigación. A Arturo Taracena Arriola por sus precisiones y atinados comentarios.

Un reconocimiento muy especial y gratitud también para el maestro Alejandro Gálvez Cancino, quien noble y pacientemente me permitió consultar documentos de su archivo privado y también me hizo reflexionar en profundidad sobre la historia del trotskismo. A la doctora Olivia Gall, quien generosamente me proporcionó información y varias recomendaciones. A Óscar de Pablo, quien entre las conferencias y sus actividades de poeta comunista, pudo hacerme atinados consejos. Mi gratitud también para la doctora Denisse Cejudo Ramos, por sus sugerentes planteamientos historiográficos. A Claudio Albertani, por sus atenciones en el Centro Vlady. Por supuesto, a Sergio y Ernesto Reséndiz, quienes generosamente me facilitaron documentos de sus archivos personales. A Marcelina Márquez, con quien tuve amenas conversaciones en la Ciudad de México durante el 2017. A Jorge Ferreiro, por confiarme obras de Trotsky y compartirme parte de sus vivencias militantes.

Del Colmich agradezco también a Iván Alonso Casas, Haydeé Alfaro Sánchez y Héctor Gerardo Castro García de la Biblioteca Luis González y González. A Reynaldo Rico Ávila, de la revista *Relaciones*, por atender varias de mis dudas.

A Mauro Espínola, del Centro de Estudios de Movimiento Obrero y Socialista, quien desde mi primera visita a dicho acervo, me facilitó documentos y contactos muy importantes para esta investigación. Asimismo, Ángel Ángeles Fernández e Irma Ávila Muciño, del Archivo Histórico de la Universidad Nacional Autónoma de México fueron muy amables y atentos en la recolección de información. Al profesor Mariano Mercado Estrada del Acervo Histórico Heberto Castillo por sus múltiples atenciones.

A Omar García Jurado de la Biblioteca Rafael Galván, de la Casa Museo de León Trotsky, por darme muchas facilidades para consultar documentos de este gran acervo. Una mención espacial para los colegas del Instituto de Investigaciones Históricas de la Universidad Autónoma de Baja California, en donde realicé una estancia posdoctoral financiada por el Conahcyt, que me permitió concluir con este libro. A Jaime Cota, dirigente de la Casa Obrera de Tijuana y del Archivo Histórico de Movimientos Sociales, por mostrarme la pasión que se despliega entre los trabajadores que luchan hoy en día por hacer valer sus derechos laborales. A Veremundo Carrillo Reveles, Manuel Chust Calero y Eduardo Rey Tristán por su plena disposición para publicar esta obra.

A mis compañeros que mostraron interés por esta investigación, como Laura Pacheco Urista, Isabel Juárez Becerra, Pedro Cueto Michel, María de Jesús Ramírez Magallón, José Manuel Herrera Valdez, Rodolfo González Galeotti, Leonor Reyes Pavón, Gerardo Medina Reyes y Elena Jesús Maldonado.

A mis padres Minerva y Erasmo, a mis hermanos David e Isaac y a mis sobrinos Brian, Ethan, Atziri, Christopher e Isaac, por soportar tantas ausencias y porque sin ellos nada de esto hubiera sido posible.

Agradezco las múltiples atenciones que me brindó mi familia uruapense, don Gerardo, Victoria y Lupita. Muchas gracias por todo su apoyo y paciencia.

Por último, y no por ello menos importante, a Gaby, mi compañera de vida, por todo su amor, su luz y su inmenso apoyo cotidiano. Eres el amor de mi vida y la inspiración de mis historias.

LISTA DE SIGLAS

ACERVOS DOCUMENTALES

AGN	Archivo General de la Nación (México), Fondo Dirección General de Investigaciones Políticas y Sociales (FDGIPS) y Fondo Dirección Federal de Seguridad (FDFS)
AHCEMOS	Archivo Histórico del Centro de Estudios del Movimiento Obrero y Socialista Fondo Juventud Comunista de México (FJCM)-Central Nacional de Estudiantes Democráticos (CNED) y Fondo Carlos Sánchez Cárdenas (FCSC)
AHUNAM	Archivo Histórico de la Universidad Nacional Autónoma de México Colección Hemerografía de los Movimientos Estudiantiles (CHME), Fondo Lucila Flamand (FLF) y Fondo Pablo Sandoval Ramírez (FPSR)
APAGC	Archivo Privado de Alejandro Gálvez Cancino
BPHC	Biblioteca Privada de Heberto Castillo
BPMAM	Biblioteca Privada de Manuel Aguilar Mora
BRG-MCLT	Biblioteca Rafael Galván en el Museo Casa de León Trotsky
HNDM	Hemeroteca Nacional Digital de México
HNM	Hemeroteca Nacional de México
UOM	Universidad Obrera de México

ORGANIZACIONES POLÍTICAS

AEDG	Asociación de Estudiantes Democráticos de Guatemala
APRA	Alianza Popular Revolucionaria Americana
ASU	Acción Socialista Unificada
BLA	Buró Latinoamericano de la IV Internacional
BOC	Bloque de Obreros y Campesinos
BP	Buró Político
BPA	Buró Panamericano de la IV Internacional

CAP	Comité Aprista
CC	Comité Central
CCH	Colegio de Ciencias y Humanidades
CEI	Comité Ejecutivo Internacional de la IV Internacional
CGT	Confederación General de Trabajadores
CI	Comité Internacional
CIA	Central Intelligence Agency
CISEN	Centro de Investigación y Seguridad Nacional
CLA	Communist League of America
CLC	Congreso por la Libertad y la Cultura
CNC	Confederación Nacional Campesina
CNED	Congreso Nacional de los Estudiantes Democráticos
CNH	Consejo Nacional de Huelga
CNIT	Cámara Nacional de la Industria y la Transformación
CNOP	Confederación Nacional de Organizaciones Populares
COB	Central Obrera Boliviana
COCM	Confederación de Obreros y Campesinos de México
COCO	Comité Coordinador de Comités de Lucha
COMINTERN	Tercera Internacional Comunista
CON	Consejo Nacional Obrero
CONCAMIN	Confederación Nacional de Cámara Industriales
CTAL	Confederación de Trabajadores de América Latina
CTM	Confederación de Trabajadores de México
CU	Ciudad Universitaria
DAAC	Departamento de Asuntos Agrarios y de Colonización
DFS	Dirección Federal de Seguridad
FALN	Fuerzas Armadas de Liberación Nacional
FBI	Federal Bureau of Investigation
FJCM	Federación de la Juventud Comunista de México
FLOC	Federación Libertaria de Obreros y Campesinos
FLT	Fracción Leninista Trotskista
FPPM	Federación de Partidos del Pueblo Mexicano
FTSE	Federación de Trabajadores al Servicio del Estado
FUER	Frente Único de Estudiantes Revolucionarios
GCI	Grupo Comunista Internacionalista
GPG	Grupo Popular Guerrillero
GPU	Gosudárstvennoye Politícheskoye Upravlénie del NKVD (Policía Secreta de la URSS)
GSO	Grupo Socialista Obrero
IC	Internacional Comunista (III Internacional)
IPR	Instituto de Profesores Rojos

JMR	Juventud Marxista Revolucionaria
JPT	Juventud del Partido del Trabajo
LCI	Liga Comunista Internacionalista
LEM	Liga de Estudiantes Marxistas
LOE	Liga Obrera Estudiantil 23 de Marzo
LOM	Liga Obrera Marxista
LOR	Liga Obrera Revolucionaria
LS	Liga Socialista
LSL	Liga Socialista de Londres
LSM	Liga Socialista Mexicana
MCI	Movimiento Comunista Internacionalista
MEP	Movimiento Estudiantil Popular
MLN	Movimiento de Liberación Nacional
MMLM	Movimiento Marxista Leninista de México
MNR	Movimiento Nacionalista Revolucionario
MR-13	Movimiento Revolucionario 13 de Noviembre
MRP	Movimiento Revolucionario del Pueblo
OCI	Oposición Comunista de Izquierda
PAOM	Partido Agrario Obrero Morelense
PCB	Partido Comunista de Brasil
PCF	Partido Comunista Francés
PCI	Partido Comunista Internacionalista
PCM	Partido Comunista Mexicano
PCUS	Partido Comunista de la Unión Soviética
PCUSA	Partido Comunista de Estados Unidos
PEMEX	Petróleos Mexicanos
PGT	Partido Guatemalteco del Trabajo
PNR	Partido Nacional Revolucionario
POCM	Partido Obrero Campesino Mexicano
POI	Partido Obrero Internacionalista
POR	Partido Obrero Revolucionario Sección Boliviana de la IV Internacional
POR (T)	Partido Obrero Revolucionario Trotskista, sección mexicana de la IV Internacional
POS	Partido Obrero Socialista
POUM	Partido Obrero de Unificación Marxista
PP	Partido Popular
PPS	Partido Popular Socialista
PRI	Partido Revolucionario Institucional
PRT	Partido Revolucionario de los Trabajadores
PSC	Partido Socialista de Ceilán

PSOC	Partido Socialista Obrero y Campesino
PSR	Partido Socialista Revolucionario de los Países Bajos
SLATO	Secretariado Latinoamericano de la IV Internacional del Trotskismo Ortodoxo
SEM	Sociedad de Estudiantes Marxistas
SFIO	Sección Francesa de la Internacional Obrera
SI	Secretariado Internacional de la IV Internacional
SITMMSRM	Sindicato Industrial de Trabajadores, Mineros, Metalúrgicos y Similares de la República Mexicana
SME	Sindicato Mexicano de Electricistas
SRI	Socorro Rojo Internacional
STERM	Sindicato de Trabajadores de la Educación de la República Mexicana
STERM	Sindicato de Trabajadores Electricistas de la República Mexicana
STFRM	Sindicato de Trabajadores Ferrocarrileros de la República
STPRM	Sindicato de Trabajadores Petroleros de la República Mexicana
SUTC	Sindicato Único de Trabajadores de la Construcción
SWP	Socialist Workers Party
TM	Tendencia Militante
TMI	Tendencia Mayoritaria Internacional
UDE	Unión Democrática Estudiantil
UNAM	Universidad Nacional Autónoma de México
URSS	Unión de Repúblicas Socialistas Soviéticas
WPUS	Workers Party of the United States

INTRODUCCIÓN

En la presente obra se analizan, desde tres prácticas políticas específicas (la prensa militante, el internacionalismo proletario y la sociabilidad transnacional), la conformación y el desenvolvimiento político de las organizaciones que durante el lapso temporal, 1940-1976, se autodenominaron trotskistas en México. El trotskismo se entiende aquí como una tendencia política cuya matriz se encuentra en el marxismo y el comunismo soviético leninista. Se concibe aquí al trotskismo como un movimiento revolucionario que, junto con su figura insigne León Trotsky, pugnó por la renovación de la dirigencia soviética dominante y por la instauración del socialismo a escala mundial. Pero se comprende también al trotskismo como un movimiento producto de su época, es decir, como un aparato político que no permaneció estático, sino que se fue modificando como respuesta a las coyunturas políticas internacionales que lo obligaron a rectificar sus estrategias. De tal manera que el trotskismo se puede pensar como un movimiento comunista disidente y minoritario que no solo criticaba, sino que tenía su *leitmotiv* en la lucha por derrocar a la cúpula «estalinista»[1] y a los regímenes capitalistas en el poder e imponer su propia forma de gobierno socialista; de allí que conformara un exclusivo partido marxista-leninista internacional, llamado la Cuarta Internacional[2] y construyera su proyecto de gobierno llamado «Programa de Transición». De eso se derivó que en diferentes ocasiones los trotskistas trabajaran más unidos o más

---

1. En esta investigación se empleará el concepto «estalinista» para referirse a los partidos comunistas que siguiendo las directrices de Iósif Stalin y de la Comintern formaron campañas antitrotskistas. Durante el período de estudio, la división que había entre estalinistas y trotskistas era tan evidente y tan ríspida, que como resultado del antitrotskismo, el propio León Trotsky y otros militantes fueron asesinados; a su vez, los trotskistas se mantuvieron alejados de cualquier coalición partidista fomentada por los estalinistas. Esta división ideológica continúa vigente.

2. Se empleará con letra, Cuarta Internacional, cuando se haga referencia a esta institución en su conjunto, y se designará IV Internacional, con número romano, cuando se nombre a alguna sección, congreso u organismo que forme parte de ella.

divididos y construyeran un discurso político que se distinguía de aquel que sustentaban sus adversarios.

El trotskismo se interpreta también en un marco temporal que tiene como división el antes y el después de la muerte de Trotsky, es decir, como una doctrina política, que estaba compuesta por una variedad de símbolos bolcheviques, a cuya cabeza se encontraba la imagen martirizada de Trotsky y la Cuarta Internacional. No obstante, en la práctica, el pensamiento de Lev Davídovich estaba en poder de una cúpula que se decía su heredera. Esta vanguardia, que se encontraba en constante pugna interna, fue capaz de formar a otros representantes, nuevos líderes, quienes con base en sus propias lecturas de Trotsky, del «Programa de Transición» y «del curso de los acontecimientos internacionales» lograron imprimirle a la Cuarta Internacional un distintivo que para ellos era «revolucionario». Por tal motivo, el trotskismo también se puede entender en plural, trotskismos, porque las experiencias de la Segunda Guerra Mundial y de la Guerra Fría permitieron la aparición de dirigentes que motivados por intereses personales y colectivos, se asumieron como representantes de la Cuarta Internacional y, dentro de esta gran tendencia, formaron sus propios cánones de lo que era o debía ser el trotskismo y, de lo que había dicho o no, Trotsky (Bensaïd 2007).[3] De tal forma que, en múltiples ocasiones, los militantes de base hablaban de lo que decía por ejemplo, Ernest Mandel, Michel Pablo, Livio Maitan, Juan Posadas, Nahuel Moreno, Manuel Aguilar, Adolfo Gilly y otros dirigentes cosmopolitas. Las ideas de Trotsky formaron parte de su dominio exclusivo. No es que antes de la muerte del exdirigente del Ejército Rojo no hubiera personalismos, interpretaciones exclusivas del comunismo, o separaciones, sino que después de la muerte de este bolchevique ruso se agudizaron. El trotskismo, entonces, es un reflejo de todas las partes que componían y componen su estructura militante.

A partir de esta interpretación conceptual, se estudia al trotskismo desde las múltiples facetas que adquirió en México: como una organización en oposición a sus contrapartes «el estalinismo», «el imperialismo», «el fascismo»; como una organización en constante tensión con las directrices internacionales del Secretariado Internacional de la IV Internacional; como una organización internacionalista jerárquica, propia del centralismo democrático, en la que había acuerdos, desacuerdos, divisiones y expulsiones; como una oposición bolchevique en contra de los regímenes capitalistas imperantes en México y el mundo; como una organización débil, inestable y

---

3. Daniel Bensaïd, cuando habla de los «trotskismos», lo hace en términos de las diferencias políticas y las adaptaciones culturales que existen en el interior de este complejo socialista.

diminuta, y como una organización formadora de una vanguardia marxista leninista que representaba a sectores de la clase obrera y la clase media.

En esta investigación se demuestra que en cada una de estas facetas, varias prácticas políticas finalmente fueron inherentes a lo que se conoció, y se sigue conociendo hoy en día, como el movimiento trotskista o la «tradición» del trotskismo. Todo dependía de la temporalidad y de las coyunturas internacionales en las que se encontraba inserto este movimiento, así como de los múltiples factores orgánicos que había en su interior, como por ejemplo, el nivel de cohesión grupal.

De 1929 a 1940, el trotskismo en México fue una pequeña vanguardia, con muchos problemas de organización, producto de su condición disidente y marginal que chocó con un medio que le era hostil y mayoritario como lo fue el contexto en el cual se desenvolvía el Partido Comunista Mexicano (PCM). Durante este período, la figura de Trotsky, la fundación de la Cuarta Internacional en 1938 y la tolerancia política del presidente Lázaro Cárdenas, hicieron posible que en México se estableciera un pequeño núcleo de militantes trotskistas, primero como Liga Comunista Internacionalista (LCI), y después como Partido Obrero Internacionalista (POI) sección mexicana de la IV Internacional.

Durante los años cuarenta, después de la muerte de Trotsky, los trotskistas en México permanecieron la mayor parte de la década agrupados en el POI y, por ello, sin dejar de ser una diminuta oposición revolucionaria, extendieron sus lazos hacia otras organizaciones obreras independientes, que surgieron como respuesta a las políticas autoritarias en materia laboral y sindical que los Gobiernos de Manuel Ávila Camacho y Miguel Alemán Valdés pusieron en práctica. Aunque no llegó a conformar un gran movimiento de masas, el POI fue frenado por la coalición conformada por el PCM y la Confederación de Trabajadores de México (CTM), sus otros eternos rivales en el campo político. Este choque repercutió en la dirigencia del POI, que nuevamente se dividió, rompiendo así con un avance importante del trotskismo en los movimientos populares de México.

La década de los cincuenta fue quizás la peor para los trotskistas mexicanos, quienes disgregados y sin una presencia de impacto en el movimiento obrero, apenas mostraron signos de vida gracias al apoyo que secciones, como el Socialist Workers Party (SWP) de Cannon y el Partido Obrero Revolucionario Sección Boliviana de la IV Internacional, les ofrecieron. A ello hay que sumarle la división que había en el seno del Secretariado Internacional situado en Francia y la oleada anticomunista fomentada por Estados Unidos y adoptada por los regímenes de Adolfo Ruiz Cortines y Adolfo López Mateos, los que prácticamente dejaron sin muchas posibilidades de actuación al movimiento trotskista.

El resurgimiento y la renovación del trotskismo en México llegaron hasta los sesenta del siglo XX. Las huelgas ferrocarrileras de finales de 1958 y de 1959, así como el triunfo de la Revolución cubana, facilitaron que un sector amplio de jóvenes universitarios se vinculara a los movimientos de izquierda. A esos acontecimientos se debió, en gran medida, que en México aparecieran la Liga Obrera Marxista (LOM) y el Partido Obrero Revolucionario Trotskista (PORT). Estos nuevos cuadros izquierdistas fueron educados políticamente por los representantes de la Cuarta Internacional y del Buró Latinoamericano de la IV Internacional (BLA) como Juan Posadas, Ernest Mandel, Livio Maitan y Joseph Hansen. En esta década, coyunturas como la Revolución cubana en 1959, la caída de Jrushov en 1964, las dictaduras emergentes en Latinoamérica y los gobiernos autoritarios como los de Adolfo López Mateos y Gustavo Díaz Ordaz en México, orientaron a los trotskistas por diferentes tipos de radicalismo: desde aquellas exigencias de un cambio revolucionario gradual con base en la formación de un gran movimiento obrero dirigido por un partido obrero y campesino, hasta el radicalismo armado, que tenía su fórmula en la lucha guerrillera como medio para, según esta vertiente, desencadenar desde América Latina hacia el resto del mundo, un movimiento revolucionario que erigiera un gobierno socialista global (dictadura del proletariado). Estas concepciones de la revolución social permitieron que los trotskistas del POR (T) ingresaran al MR-13 guatemalteco en 1963, buscando replicar esa experiencia en México, mientras que los militantes de la LOM se concentraron más en el movimiento universitario.

Durante la década de los setenta, concretamente hasta 1976, el trotskismo se nutrió de buena parte de la insatisfacción que acumularon los jóvenes universitarios mexicanos que participaron en las movilizaciones estudiantiles de 1968 y de 1971. El Grupo Comunista Internacionalista (GCI), simpatizante de la Cuarta Internacional, se convirtió en una alternativa radical a la que muchos jóvenes izquierdistas se adhirieron, porque en ella vislumbraban la conformación de un gran partido estudiantil, obrero y campesino cercano a los trabajadores, que de acuerdo con su visión política, ofrecía el establecimiento de un modelo democrático en oposición al modelo «bonapartista» imperante en México.

Por ello, en esta etapa se dio una expansión jamás vista en la historia del trotskismo mexicano. Los trotskistas dejaron de ser un «grupo» para formar una «liga» y, finalmente, se transformaron en un partido político con secciones en varios estados de la República, en 1976. En este año, que es el año con el que finalizamos la presente investigación, se cerró una etapa de varios cambios y permanencias en el movimiento trotskista.

PLANTEAMIENTO DEL PROBLEMA Y DELIMITACIÓN DEL OBJETO DE ESTUDIO

A lo largo del período de estudio, el trotskismo fue generando diversos instrumentos políticos que, de una o de otra forma, le permitieron afincarse en México, apropiarse de espacios, reproducir sus ideas y moldear comportamientos. Pero ¿cuáles fueron estos dispositivos y qué relevancia tuvieron en el proceso de cambio y continuidad del trotskismo en México?, si el trotskismo era un grupo marxista leninista, o bolchevique, de oposición política, en franca minoría, casi invisible, inconforme con los gobiernos y la sociedad que le tocó vivir, y que añoraba un cambio social de raíz, por medio de un proyecto político en constante modificación, ¿qué fue aquello que le posibilitó mantenerse en un entorno mayormente hostil e indiferente a su ideario? No hay duda de que en una temporalidad amplia hubo múltiples factores que les propiciaron a los trotskistas desempeñar, aunque fuese precariamente, sus actividades, como por ejemplo, la convicción con la que emprendieron sus proyectos; su creencia en el tipo de revolución socialista promovida por Trotsky; la solidaridad política que progresivamente se conformó entre las secciones de la Cuarta Internacional; la comunicación que se suscitó entre el centro rector ubicado en Nueva York y París en distintos momentos; su encono contra los regímenes posrevolucionarios y la profunda aspiración de formar un partido obrero independiente que gobernara democráticamente. ¿Cómo asir entonces los elementos concretos que permitan acercarnos a la complejidad humana del trotskismo?

Al ver esta gran variedad de elementos constitutivos del proceder trotskista, tenemos que ajustar nuestra mirada y centrarnos en el terreno de las prácticas políticas, porque finalmente el conjunto de acciones mencionado anteriormente, es precisamente el resultado de un pensamiento estratégico que persigue un fin útil. La interrogante que guía este trabajo queda planteada de la siguiente manera: ¿Qué tipo de prácticas políticas les permitieron a los trotskistas en México articularse, desenvolverse y adquirir cierta notoriedad en el campo político? y ¿en qué consistieron?

Afinando aún más la lente analítica, fijamos nuestra mirada en tres estrategias marxistas que, como se quiere comprobar en esta investigación, fueron vitales para que el trotskismo en México se estableciera, no pereciera y se constituyera como una oposición política: la prensa militante, el internacionalismo proletario y la sociabilidad transnacional.

Se adelanta que después de observar y analizar nuestro tema de investigación elegimos estas tres prácticas políticas, porque como se demostrará, al estar concatenadas una con la otra, permitieron que el movimiento trotskista se asentara en México, y a su vez, implantara otro tipo de prácticas políticas como la educación militante; la formación de una vanguardia marxista-leninista; el establecimiento de debates nacionales e internacionales; la elaboración de diferentes proyectos políticos que tenían como eje central al denominado «Programa de Transición»; la circulación de una idea de revolución; la circulación de símbolos marxistas, incluyendo la imagen idílica del propio Trotsky; la conformación de alianzas militantes; la movilidad de los líderes trotskistas dentro y fuera del país y el tipo de comunicación con su centro rector situado en el extranjero.

El objetivo principal de este libro es conocer cómo la prensa militante, el internacionalismo proletario y la sociabilidad transnacional facilitaron que el trotskismo apareciera y perdurara en México como un grupo comunista de oposición política. Por lo tanto, se enuncia como hipótesis central que estas tres prácticas fueron una vértebra del trotskismo mexicano.

MARCO TEÓRICO

El movimiento trotskista se nos presenta como un conjunto variado de prácticas militantes que contienen en sí una forma de concebir su realidad y, que además, incita a quien o quienes se le acercan a tomar una posición abiertamente favorable o discordante con su ideología. De esta manera se hace factible aquella afirmación de Alvin W. Gouldner cuando refiere que «tomar la teoría marxista en serio significa, en parte, que no solo debemos considerarla como un objeto producido, sino también como productora, que tiene un efecto sobre el mundo, aunque sea afectado por éste» (Gouldner 1989, 36). Por lo tanto, el trotskismo, al tratarse de un objeto producido, y productor a la vez, necesita estudiarse mediante un aparato crítico que nos permita comprender sus ideas y sus acciones, sin salirnos del marco temporal delimitado. Aunque tampoco se apela a una «objetividad» pura, pues se sabe que esta también es una ideología dotada de sus propias normas, prejuicios, límites y derroteros. Aun así, esta es una historia realizada por un historiador formado desde la academia, que plantea un problema de investigación por medio de una pregunta rectora, una hipótesis y su metodología (Marrou 1999). De tal manera que para la elaboración de esta investigación hubo un proceso de elección, clasificación y análisis.

Ya que el conocimiento histórico no permanece ajeno a la realidad del historiador, se adopta la visión histórica que Walter Benjamin definió como historia a contrapelo, es decir, una historia crítica del presente, que trata de recuperar las complejas experiencias pasadas de actores que intentaron mejorar las condiciones humanas oponiéndose al sistema político hegemónico (Benjamin 2013). Sin faltarle a la rigurosidad histórica se analiza la actuación de aquellos personajes borrados, omitidos o desprestigiados por las historias oficiales que «resistieron, organizaron, pensaron e imaginaron un mundo/otro» (Gilly 2006, 38).

El pensamiento de León Trotsky, más allá de su accionar revolucionario centrado en la dictadura del proletariado y la vanguardia revolucionaria, es vigente en nuestros días porque contiene una rica perspectiva crítica de los componentes que forman parte de los regímenes políticos capitalistas y totalitarios como lo son el origen y desarrollo de la burocracia, sus tácticas internacionales, su aparato represor, sus estrategias de reproducción, sus mecanismos de exclusión, sus discursos públicos, sus campañas difamatorias, etcétera. Este repertorio incluye también un análisis estructural de los procesos revolucionarios, la posición que ocupan cada uno de los actores que intervienen en su realización, sus fases de ascenso y decadencia y sus trayectorias históricas.

Tampoco hay que desestimar los aportes reflexivos de los trotskistas. Ellos, con base en variados planteamientos de Trotsky, Marx y Lenin, en diferentes momentos históricos, incluyendo el tiempo presente, han creado sus propios análisis de la sociedad en los que se da cuenta de los procesos políticos globales y nacionales, los ritmos cambiantes del capitalismo, la concepción del Estado, la democracia, los movimientos estudiantiles, los partidos políticos, el feminismo, el movimiento obrero independiente, el racismo, el internacionalismo, el socialismo, por solo mencionar algunos temas de actualidad que se encuentran en sus indagaciones, que resultan a la vez, alternativas de cambio social.

MARCO CONCEPTUAL

Alvin Gouldner arroja luz sobre cómo atravesar la barrera ideológica que hay detrás del marxismo: mediante una observación crítica que atiende los mecanismos de producción, las estrategias, los contextos políticos, las contradicciones, el lenguaje, y, en general, el comportamiento de los agentes que se asumen como marxistas. Este método crítico consiste en concebir a los marxistas y a sus textos como hombres y productos de su tiempo, dotados de una pasión por la teoría y la polémica, pero sobre todo por su fervorosa lucha por «normalizar» sus ideas, es decir, convertir sus postulados en verdades atemporales que resultan vitales para determinados individuos y grupos sociales (Gouldner 1989). Situado en sus dimensiones histórica y sociológica el marxismo puede concebirse como el producto de «una vasta comunidad organizada de agentes que tratan de analizar un proyecto revolucionario» (1989, 23). En este sentido –para demostrar que el marxismo encarna un sistema de «mensajes y significados» que en no pocas ocasiones contienen lógicas contradictorias, sino que además esas contradicciones o emisiones de la realidad buscan diferenciarse unas de las otras, generando a su vez, subsistemas que pretenden legitimarse, superarse o confrontarse–, Gouldner elaboró dos categorías analíticas o «tipos ideales» (1989, 25) que según él identifican la «contradicción nuclear» que hace del marxismo un sistema creador y reproductor de subsistemas: el marxismo científico y el marxismo crítico.[4] Este último, que no se tomará en cuenta durante esta investigación, se define como el marxismo elaborado por una élite más que militante, intelectual, que cuestiona la rigidez partidista y dogmática, y que se preocupa por un cambio social voluntarista, romántico, «aventurero», que no depende de las condiciones objetivas para hacer una revolución, sino del «espíritu» y de la «conciencia» que tienen su fundamento en la revisión y la renovación de los planteamientos marxistas, con base en valores que no se encuentran solo en el propio Marx, sino en la tradición humanista europea (Gouldner 1989, 61-62). De allí que también este marxismo sea de corte historicista.

Su contraparte, el marxismo científico, que es la categoría analítica que se adopta en la presente investigación para comprender las prácticas trotskistas, engloba, de manera esquemática, aquel paradigma que prioriza la construcción de un partido político bolchevique, la formación de una vanguardia revolucionaria, la preparación de cuadros militantes, los instrumentos de difusión propagandística, la evaluación de las condiciones históricas y objetivas de la revolución (materialismo histórico). Por ello, su determinismo cientificista encuentra en «el desarrollo de la economía y las contradicciones del capitalismo» (dialéctica), el germen de la revolución (1989, 69). Al ser un marxismo estructuralista, con rasgos positivistas, los actores que se sujetan a sus normas se muestran como capaces de predecir los acontecimientos futuros, para afianzar su liderazgo y proyectarse como dirigentes teóricamente preparados. El mismo Trotsky, entre la militancia trotskista, es presentado como un «profeta»; mientras que los trotskistas de mayor jerarquía son concebidos como hombres «sabios», adelantados a su

---

4. Cuando Gouldner enuncia su tesis acerca de la «contradicción nuclear» menciona que el marxismo crítico y el marxismo científico son subsistemas, sin embargo, más adelante en la página 76 de su obra, las llama distinciones analíticas. Aquí se retoma esta última apreciación.

época, conocedores de las «lecciones históricas que han dejado las luchas del proletariado».

Se advierte, al igual que lo hace Gouldner, que estas son únicamente distinciones analíticas que se emplean para indicar el tipo de comportamiento o conjunto de prácticas asociadas con dos formas de concebir el marxismo. De allí que no sea correcto decir que los trotskistas son marxistas científicos, sino más bien, que su lógica interna puede agruparse de esta manera para así observar e interpretar su dinamismo. Como ya se mencionó anteriormente, el entramado marxista, y el trotskista en específico, se nos presenta como un comportamiento establecido, estructurado con el paso del tiempo. Para indagar en este, es necesario tener una categoría analítica, como lo es la de marxismo científico, que nos permita observar cada uno de sus componentes y hacer una separación entre la visión militante y la visión reflexiva, porque se trata de una investigación histórica.

Asimismo, puesto que hemos señalado que la prensa militante, el internacionalismo proletario y la sociabilidad transnacional son los ejes de nuestra investigación, corresponde entonces definirlos desde un marco conceptual crítico.

Lenin define a la prensa, específicamente al periódico, como un material de enseñanza capaz de conformar «fuertes organizaciones políticas», es decir, cumple una función de «organizador colectivo» (Lenin 1961a, 253). Lo compara con un andamio que posibilita levantar un edificio. Esto supone la formación política de obreros, campesinos e intelectuales con los cánones de la militancia revolucionaria. Para Lenin, la importancia del periódico no solo depende de su contenido, sino de los lazos «efectivos» que va conformando durante su elaboración y distribución. Piensa entonces en la creación de una red local y nacional de intercambios de «experiencias, materiales, fuerzas y recursos» (1961a, 259). En caso de que el periódico no pudiera publicarse, tendrían que distribuirse hojas de agitación «pero no permitir en modo alguno que la red distribuidora permanezca inactiva» (Lenin 1979, 50). El periódico ilegal *Iskra* (*La Chispa*) es el ejemplo por antonomasia al que hace referencia Lenin. Fundado en diciembre de 1900 en Leipzig, *Iskra* apareció posteriormente en Londres (1902) y en Ginebra (1903). Para los bolcheviques, este instrumento político fue central en la creación del partido marxista revolucionario, pues se convirtió «en el centro de unificación de las fuerzas del partido, de selección y educación de los cuadros del partido» (Lenin 1961b, 838).

Trotsky, al igual que Lenin, concebía al periódico como «un todo unificado» que debía educar a sus lectores «a base de fundamentos teóricos y abriéndoles una perspectiva política» (1977, 1: 118). Veía en este medio de comunicación «la única manera apropiada de llegar a las masas menos educadas» (1977, 1: 229). *The Militant* del SWP y *Lutte Ovrière* del POI francés fueron dos de los periódicos más representativos de los trotskistas.

Mientras que el periódico cumplía funciones de agitación, organización y educación, Lenin encontraba en las revistas una función «teórica», reservada únicamente a los militantes de mayor jerarquía. Las revistas entonces cumplirían casi las mismas funciones que el periódico, pero además servirían para «la defensa del materialismo y del marxismo», lo cual quería decir que los comunistas veían en las revistas un espacio para reforzar sus fundamentos y combatir los postulados políticos de sus adversarios. Al igual que el periódico, las revistas tenían que contener una serie de elementos que reforzaran la formación política de sus militantes como la elaboración de listas y resúmenes de libros «materialistas» para «desenmascarar a la burguesía», así como ejemplos de la «dialéctica aplicada al terreno de las relaciones económicas y políticas y de la historia contemporánea, sobre la guerra imperialista y las revoluciones actuales» (Lenin 1961c, 685-687). La revista *Zariá* (*La Aurora*) puede considerarse un ejemplo que ilustra esta idea. Editada por la redacción de *Iskra* en Stuttgart, al suroeste de Alemania, entre 1901 y 1902, se erigió como la revista «político-científica marxista». Aunque solo aparecieron cuatro números en tres volúmenes, para el Partido Comunista de la Unión Soviética, *Zariá* criticó el llamado «revisionismo internacional» y «defendió los fundamentos teóricos del marxismo» (Lenin 1961b, 842). Trotsky, quien era partidario de esta idea, decía que la revista *The New International* (1934) de la Communist League of America (CLA) y luego del American Workers Party (WP) y del SWP era «un órgano teórico» y «un arma invalorable en el establecimiento de la nueva internacional sobre los cimientos que erigieron los grandes constructores del futuro: Marx, Engels, Lenin» (Trotsky 1976, 2: 70).

La elaboración del periódico y su difusión tenían el objetivo de preparar una vanguardia del proletario internacional. Para Lenin, esta selecta élite no solo era un «destacamento avanzado», sino que implicaba la instrucción de «jefes políticos» que debían estar instruidos en las cuestiones teóricas, lo que significaba forjar una conciencia socialista que se consagrara por completo al trabajo de agitación y propaganda entre los obreros (Lenin 1961a, 139, 189).

Por tal motivo, los rasgos políticos que contiene el significado de la prensa bolchevique y su vanguardia, nos conduce a adoptar una categoría analítica que nos permita comprenderlos. Por lo tanto, se retoma la concepción de Ricardo Melgar Bao que ve a la prensa militante como «el medio formador de una cultura política de las clases subalternas y de la izquierda, que configuró imágenes, lenguajes y diseños gráficos» (Melgar Bao 2015, 293). En este tipo de prensa, de naturaleza marxista, los comunistas

- Contra el hambre del pueblo y el mayor enriquecimiento de la burguesía. Expropiación de las industrias monopolizadas, intervención obrera en el comercio y la producción.
- Por el reparto de las tierras.
- La liberación de los trabajadores es tarea de ellos mismos. Por un partido y gobierno obrero y campesino, contra el dominio del mundo por parte de Estados Unidos, Inglaterra y la URSS.
- Por la defensa de la Revolución Socialista Europea.
- Por la solidaridad y pleno apoyo a los movimientos de liberación nacional de los países coloniales y semicoloniales.
- Por la defensa militar de la URSS en contra de los ataques imperialistas y por el derrocamiento de la burocracia estalinista a través de la insurrección de las masas soviéticas.

Lucha Obrera apareció regularmente de septiembre de 1939 a septiembre de 1949. En el primer lapso, que comprende el período que va septiembre de 1939 al 15 de abril de 1942, se presentó como órgano del POI sección mexicana de la IV Internacional y su principal dirigente fue Grandizo Munis. A partir de julio de 1943, debido a que previamente hubo un cambio de administración, dejó de ser el órgano del POI y se declaró únicamente órgano de la sección mexicana de la IV Internacional. Una facción interna, encabezada por Luciano Galicia, no consideró oportuno hablar de un partido obrero constituido propiamente. En lo sucesivo se proclamaría por la construcción de «un verdadero partido revolucionario». Pero no fue hasta julio de 1949 cuando *Lucha Obrera* se convirtió, por poco menos de un año, en el órgano de la Liga Obrera Revolucionaria (LOR), sección mexicana de la IV Internacional.

Durante la década de los cuarenta, *Lucha Obrera* tuvo diferentes administradores. A continuación presento una tabla de los responsables y la temporalidad en la que desempeñaron el puesto.

Tabla 2.
Responsables de *Lucha Obrera*

Responsable	Temporalidad
R. Maya y Salvador Langarica	De septiembre de 1939 a enero de 1940
Salvador Langarica y José Gómez	Septiembre de 1940
Julio Díaz	De junio de 1941 a abril de 1942
Julio Báez	En noviembre de 1942 aparece como responsable del *Boletín Informativo de Lucha Obrera* y a partir de junio de 1943 será el administrador. Dejará el puesto en enero de 1944
Clemente Arriaga*, Luis Pérez y Jorge Santiago	De septiembre de 1944 a abril de 1945
Jorge Santiago**, Antonio Robles y Eusebio Rosas	Mayo de 1945
Raymundo Juárez, Antonio Flores y Eusebio Rosas	De julio de 1945 a septiembre de 1946
Raymundo Juárez, Antonio Flores y Julio García	De octubre de 1946 a enero de 1947
Julio García	De octubre de 1947 a abril de 1948
Jorge Santiago**	De mayo de 1948 a junio de 1948
David Rojas	De agosto de 1948 a octubre de 1948
Jorge Santiago**	De julio de 1949 a septiembre de 1949
Julio García	Mayo de 1950
Julio García	Diciembre de 1954

*Clemente Arriaga era Rafael Galván y **Jorge Santiago y Rodolfo Blanno eran los seudónimos de Luciano Galicia. Entre los militantes se encontraba Octavio Fernández, sin embargo, no sabemos con certeza cuál era el mote que utilizaba. Del resto, no contamos con datos personales. Fuente: Elaboración propia con datos de *Lucha Obrera*.

En *Lucha Obrera* escribieron fundamentalmente militantes de la sección mexicana de la IV Internacional. En un primer momento, el Comité Ejecutivo del POI fue el responsable de la mayoría de los comunicados. Frecuentemente se agregaron textos de Trotsky.

No obstante, en 1943 hubo un cambio de administración, Julio Báez sustituyó a Julio Díaz, este hecho supuso también una modificación en la estrategia política de los trotskistas; el POI se disolvió y sus restos se transformaron en la sección mexicana de la IV Internacional. Esta alteración se debió, primero, a que el POI francés ya presentaba divisiones internas que Munis consideraba inapropiadas, por lo que esa sección ya no era un ejemplo a seguir, y, segundo, los trotskistas mexicanos estaban contemplando seriamente conformar un partido político de masas que pudiera contender en las próximas elecciones. Esto por supuesto, también alteró las normas para publicar artículos en *Lucha Obrera*; de allí en adelante quien quisiera emitir su opinión lo haría de forma individual sin que ella representara la opinión de la sección mexicana.[17] Esto con miras a ampliar el contenido de *Lucha Obrera*, y servir como vehículo de expresión militante Recuérdese que allí escribían dos dirigentes del trotskismo español: Munis y Péret y, de igual forma, Natalia Sedova. Finalmente, este requisito editorial servía meramente para el control interno y para ampliar el alcance doctrinario, porque para la mirada ajena a la Cuarta Internacional cualquiera que escribiera en *Lucha Obrera* era un trotskista.

Por tal motivo, en los años siguientes, concretamente a partir de 1948, aparecieron varios articulistas, la mayoría formaba parte de la sección mexicana, pero utilizaban seudónimos, como P. Juárez, Juan Martín, Julio Báez, Jorge Santiago, Rodolfo Blanno, José Galván, Martín Rivas, Ángel López, Mario Águila, V. Peralta, T. Juárez, Antonio Robles, M. Alonso. De 1944 a 1950 algunos desaparecieron y otros más se sumaron a la causa trotskista, como Anton Guerra, Raymundo Juárez, Joaquín Vallarta, Simón Torres, Eusebio Rosas, Clemente Arriaga, Marcelo Perea, Rebeca Lascurain, José S. Pérez, Félix Ibarra, Julio García, G. Munis, Roberto Elva y Macedonio Martínez. A estos se sumaron las voces de los obreros trotskistas que formaban parte del Grupo de la Oposición Sindical Revolucionaria de la Unión de Artes Gráficas y de la Oposición Sindical Revolucionaria del Sindicato de Trabajadores Electricistas de la República Mexicana (STERM).

Con la creación de la LOR, en 1949, se redujo drásticamente el número de articulistas que escribían en *Lucha Obrera*. Entre ellos solo se encontraban

---

17. BRG, *Lucha Obrera*, órgano de la sección mexicana de la IV Internacional, México, DF, julio de 1943, p. 2.

J. Alonso, Humberto Jiménez, Julián Gorkin, José Eritrós, Guillermo Herrera, A. Pego, Lalo. En 1950 solo quedaban Gray, Juan Rodríguez y Humberto Jiménez. Cuando en 1954, *Lucha Obrera* pasó a ser el órgano de la Liga Obrera Marxista, únicamente se sabe, de manera somera, que en este participaron el Grupo de Trabajadores Gráficos con retiro voluntario, un militante identificado como Tío Nacho y la misma LOM.

La perseverancia de la sección mexicana de la IV Internacional y la intensa movilización sindical de los años cuarenta permitieron que *Lucha Obrera* se distribuyera en el medio obrero y en los círculos de marxistas opositores al sistema presidencial priista. En la siguiente tabla se presentan algunas organizaciones en las que circuló el periódico trotskista.

Tabla 3.
Organizaciones en las que circuló *Lucha Obrera*

Sindicato de Trabajadores de la Educación de la República Mexicana

Sección 48 del Sindicato Nacional de Trabajadores de la Educación de La Comarca Lagunera

Sindicato de Cinematografistas

Sección 30 del Sindicato de Trabajadores Petroleros de la República Mexicana

Federación Libertaria de Obreros y Campesinos (jaramillista)

Partido Obrero Revolucionario de Bolivia

Partido Agrario Obrero Morelense

Cañeros del ingenio de Zacatepec, Morelos

Federación Sindicalista Revolucionaria

Sindicato de Vaqueros y Trabajadores de Establos

Confederación Proletaria Nacional

Sindicato Mexicano de Electricistas

Sindicato Nacional de Trabajadores de la Ericsson

Federación Mexicana de Trabajadores de la Industria Eléctrica

Escuela Nacional de Economía de la UNAM

Telégrafos Nacionales

Unión de Obreros de Artes Gráficas de los Talleres Comerciales

Sección 97 del Sindicato Minero de «La Consolidada»

Trabajadores de la dinamita en Durango

Grupo Español en México de la IV Internacional

Partido Obrero de Unificación Marxista

Socialist Workers Party

Sindicato Ferrocarrilero

Sindicato Nacional de Redactores de la Prensa

Fuente: Elaboración propia con datos de *Lucha Obrera*.

Lucha Obrera no fue el único impreso propagandístico con el que los militantes trotskistas pretendieron abrirse camino para realizar el trabajo de agitación en algunos sindicatos. Desde 1939, la Secretaría de Agitación y Propaganda creó Ediciones Clave (Trotsky 1962, 111). *Su moral y la nuestra* de Trotsky fue el primer título que salió a la venta. En 1941, se sumó al catálogo de este sello editorial la obra del militante del SWP, Albert Goldman, intitulada *¿Quién está detrás del asesino de León Trotsky?*, en la que el autor llegó a la conclusión de que Ramón Mercader era tan solo una pieza más de la amplia maquinaria que Stalin disponía para luchar contra Trotsky. Esta afirmación tenía sustento en las múltiples declaraciones emitidas en el proceso judicial para condenar a Mercader (Goldman 1941, 90).

Al repertorio bibliográfico de Ediciones Clave se sumaron, en 1943, los siguientes folletos: *Por la Libertad de la India*, una versión en español de los decretos del Comité Ejecutivo de la IV Internacional; *La Segunda Guerra Imperialista y el camino hacia el socialismo*, una resolución del SWP; y en 1944, *¿Después de la guerra, qué?* de León Trotsky.

Gracias al relativo crecimiento que la sección mexicana tuvo en el medio obrero pudo crear Ediciones Lucha Obrera; el primer libro que se publicó, en julio de 1944, fue *Wall Street enjuicia al socialismo* de James P. Cannon. No se cuenta con el dato exacto del número de obras que esta editorial puso a la venta, pero al parecer no fueron muchas. De lo que sí se tiene conocimiento es que en 1946 la sección mexicana de la IV Internacional promocionaba un catálogo que incluía 15 obras marxistas, procedentes de diferentes editoriales, entre las que figuraban la Editorial Cenit y la Editorial América. En la siguiente tabla presentamos los títulos que la Secretaría Editorial de Agitación y Propaganda anunciaba.

Tabla 4.
Obras publicitadas por el POI

Título	Autor	Precio
El capital	Carlos Marx	1.50
El origen de la familia la propiedad privada y del Estado	Federico Engels	1.50
Ideario bolchevique	Lenin	3.00
El comunismo de izquierda	Lenin	3.00
La victoria proletaria y el renegado Kautsky	Lenin	3.00
Wall Street enjuicia al socialismo	James P. Cannon	2.50
El pensamiento vivo de Marx	León Trotsky	4.00
El triunfo del bolchevismo	León Trotsky	3.00
Terrorismo y comunismo	León Trotsky	3.00
La revolución traicionada	León Trotsky	3.50
Mi vida (5 tomos)	León Trotsky	3.75
Su moral y la nuestra	León Trotsky	1.00
Los gansters de Stalin	León Trotsky	2.00
Reforma o revolución	Rosa Luxemburgo	1.50
Las nuevas sendas del comunismo	Tesis del Tercer Congreso de la Internacional Comunista, T. Becci	3.00

Fuente: Elaboración propia con datos de *Lucha Obrera*.

En 1945 la sección mexicana comenzó a publicitar en *Lucha Obrera* otros periódicos trotskistas, como *¡Revolución Proletaria!*, órgano de la Sección Cubana de la IV Internacional; *Revolución*, órgano del Grupo Español en México de la IV Internacional; *Fourth International* y *The Militant*, ambos del SWP. En *Lucha Obrera* se reflejaron los nexos transnacionales que la sección mexicana sostuvo principalmente con sus pares europeos y estadounidenses.

Los trotskistas mexicanos también pretendían hacer atractivo el contenido militante de sus obras mediante la aplicación de un cuestionario –dirigido especialmente a sus lectores «obreros»– que incluía las siguientes preguntas y una invitación para adquirirlas:

> ¿Conoces lo que han dicho los conductores del movimiento socialista internacional?
> ¿Sabes la diferencia entre el pudridero del reformismo, del oportunismo, etc., y la fuerza del movimiento realmente revolucionario?
> ¿Quieres sacudirte el yugo de los burócratas de tu sindicato y establecer en su lugar la democracia sindical?
> Compra en nuestra editorial los libros que te mostrarán cómo hacer la lucha en favor de la clase obrera.[18]

En la tabla 5, se muestra una lista de los folletos que se integraron al repertorio propagandístico de *Lucha Obrera* en 1947.

Tabla 5.
Folletos de la Cuarta Internacional

Nombre del folleto	Precio
La URSS, después de la guerra de Ernest Germain (Ernest Mandel)	1.00
Energía atómica, para el desarrollo de la humanidad o para su destrucción barbárica	1.00
El Socialist Workers Party y la guerra imperialista	0.50

---

18. Anuncio de la Secretaría Editorial y de Propaganda de la IV Internacional, BRG, *Lucha Obrera*, órgano de la sección mexicana de la IV Internacional, México, DF, primera quincena de enero de 1946, p. 4.

Nombre del folleto	Precio
Los revolucionarios ante Rusia y el stalinismo mundial, de G. Munis	0.25
La guerra y la IV Internacional	0.30

Fuente: Elaboración propia con datos de *Lucha Obrera*.

La última obra que publicaron los trotskistas llevó por título *Contra Wall Street y el Kremlin*, en 1949, una reproducción del manifiesto del II Congreso de la IV Internacional. Ese año, como ya se ha dicho, la sección mexicana se nombró Liga Obrera Revolucionaria.

De tal manera que, con ayuda de este tipo de contenido y material informativo, la «conciencia revolucionaria» se sustentaba en aquello que los comunistas llamaban «información exacta» o «verdadera». *Lucha Obrera* quería impregnar a los trabajadores fabriles de una conciencia bolchevique, cuyas raíces se encontraban en los artífices del marxismo, la Revolución rusa de 1917, los primeros años de la IC y los que, evidentemente para ellos eran los herederos de esa tradición bolchevique, los militantes de la Cuarta Internacional. Se buscaba entonces formar militantes radicales capaces de oponerse, con fundamentos «históricos» extraídos del materialismo histórico, a los regímenes presidencialistas en turno y al sindicalismo cetemista, con la finalidad de crear los cimientos de una organización revolucionaria que instaurara el socialismo a nivel nacional y planetario.

Una organización política, como en este caso la trotskista, trató de imponer su programa político partiendo de demandas que consideraba oportunas, según el contexto político en el que se encontraba. El programa generalmente planteaba una serie de cambios sociales en beneficio del grupo que lo sustentaba y de quienes lo respaldaban, aunque por lo regular se hablaba en nombre de todo un complejo social (las masas, la nación, el mundo, la vanguardia, el proletariado, etcétera).

En este caso, al encontrarse ubicados dentro de un campo político en disputa, los trotskistas se mantuvieron en permanente conflicto programático con sus rivales: el PCM, el régimen autoritario y sus órganos corporativos (PRM, CTM, PRI), e internacionales, la CTAL, la IC y el estalinismo soviético. Pero a diferencia de estos, la sección mexicana de la IV Internacional se situaba en una posición inferior en términos numéricos (membresía, base política), logísticos (instalaciones), económicos y políticos (mínima presencia en sectores sociales). Sin embargo, en los años cuarenta las coaliciones formadas por el Gobierno federal y la izquierda encinista y lombardista, entre otros factores, provocaron cuantiosas divisiones en el movimiento obrero. No es que los militantes del PCM no hayan sido críticos con el régimen presidencialista, sino que su crítica se dirigía hacia ciertos elementos que formaban parte de la maquinaria oficial. Mientras tanto la figura del presidente se mantenía incólume. Recuérdese que la política comunista y lombardista era de «apoyo» al régimen.

Sin embargo, los métodos «apaciguadores» de Ávila Camacho y Miguel Alemán –recuérdese que este renovó el aparato de control del Estado al instituir la Dirección Federal de Seguridad– produjeron en ciertas facciones de trabajadores una crisis de credibilidad en sus líderes y, además, los trotskistas contribuyeron a fabricarla, pese a las enormes limitaciones que estos sobrellevaban tras mantenerse como una organización comunista radical y marginal. Los trotskistas tuvieron que hacerle frente a la gran coalición política estalinista del frente único, aliada del avilacamachismo y la CTM, lo cual no era poca cosa en un sistema político presidencialista que recompensaba la lealtad y la subordinación, en cambio, castigaba duramente los brotes independientes y críticos de cualquier tipo, ya fueran sindicales, estudiantiles, antitotalitarios, etcétera. Un grupo político se convertía en enemigo del régimen y del pacto de «unidad nacional», siempre y cuando profesara ideas que los sectores oficiosos consideraban que ponían en peligro sus intereses.

Fue en esta batalla, por revertir tal situación, que la sección mexicana intentó que su Programa de Transición alcanzara la simpatía y el reconocimiento de las bases sindicales. Para ello se enfrascó en una contienda propagandística en nombre del bolchevismo leninismo y la Cuarta Internacional, en la que tenía a *Lucha Obrera* como su principal instrumento de «opinión revolucionaria». En el siguiente apartado se dará cuenta de la Conferencia de Emergencia, el evento que marcó el rumbo del POI y del trotskismo global a partir de 1940.

4. LA CONFERENCIA DE EMERGENCIA

El estallido de la Segunda Guerra Mundial permitió a los partidos de izquierda exaltar públicamente sus programas antiimperialistas y antifascistas tanto en escenarios nacionales como internacionales. Los partidos comunistas de la Comintern se manifestaron abiertamente en contra del nazismo, pese al pacto de no agresión firmado, de manera encubierta, por la URSS y Alemania en agosto de 1939. La Internacional Comunista declaró que se trataba de «una guerra imperialista». Pronto, los comunistas franceses e ingleses mantuvieron esa línea (Sassoon 2001, 115). El PCM, leal a esa consigna, se pronunció en contra del «imperialismo yanqui» al que acusaba de confabular con los países en pugna para «realizar un nuevo reparto del mundo y de los mercados, destruir al país del socialismo, ahogar al movimiento revolucionario de los países capitalistas y el movimiento de liberación en los pueblos coloniales y dependientes» (Concheiro Bórquez y Payán Velver 2014, 1: 380). La posición del PCM incluía una defensa incondicional de la URSS ante cualquier intento de una cruzada antisoviética.

Por otra parte, desde 1939, los trotskistas advirtieron de las consecuencias perniciosas que acarrearía para Europa y América la firma del pacto entre Hitler y Stalin. Pero antes de emprender acciones conjuntas que frenaran el avance fascista, debían imponer un orden en el SI y purgar a los integrantes que no se sometieran a sus designios. Para ello, convocaron a una Conferencia de Emergencia que se celebró de forma clandestina en Nueva York, en mayo de 1940.[19] Este evento, que se categorizó como una conférence d'alarme, por lo peligroso de la guerra, fue notificado por las secciones estadounidense, canadiense y mexicana con el apoyo de los cinco miembros del Comité Ejecutivo Internacional (CEI): León Trotsky, James P. Cannon, Otto Schüssler, Vincent Dunne y Sam Gordon.[20] Aunque no se mencionó en dicha Conferencia, es probable que esta se efectuara debido a que, en el mes de febrero anterior se desarrolló en México el Congreso –igualmente extraordinario– del PCM. Recuérdese que Trotsky y Munis, dos de los responsables de que la Conferencia de Emergencia tuviera verificativo en Nueva York, radicaban en México y estaban enterados de las actividades de los comunistas (Concheiro Bórquez y Payán Velver 2014, 1: 377).

Al evento de la Cuarta Internacional asistieron delegados de Estados Unidos, Alemania, Bélgica, Canadá, México, España, Cuba, Argentina, Puerto Rico, Australia, la URSS y China. Sin embargo, los militantes de Inglaterra, Francia, Bulgaria y Suiza, por su condición de ilegalidad y, otros factores que se desconocen, solo enviaron mensajes de solidaridad.[21] Los estragos que se derivaron de la guerra impidieron que se contactara a tiempo a los representantes de la Cuarta Internacional en los Países

---

19. Desde 1939, los trotskistas habían seguido de cerca la contienda civil en España, además intentaban crear frentes marxistas leninistas en Polonia y Gran Bretaña, y vaticinaban que un pacto entre Hitler y Stalin a todas luces sería «un acuerdo con los esclavistas y los explotadores», en «Hitler y Stalin», *Clave, Tribuna Marxista*, México, DF, núm. 7, 1 de abril de 1939, p. 6. https://americalee.cedinci.org/portfolio-items/clave/.

20. APAGC, *Les congrès de la Quatrième Internationale (manifestes, thèses, résolutions). 1 Naissance de la IV Internationale (1930-1940)* (1978, 1: 327).

21. *Ibidem*, p. 332.

Bajos, Polonia, Checoslovaquia, Escandinavia, Palestina, Lituania, Rumania, Indochina, Sudáfrica y Brasil.[22]

El pleno acordó transferir el CEI de París a Nueva York y modificó su dirección, la que se había visto afectada por la pugna que se suscitó en el interior del SWP. Esta última inició poco después del pacto de no agresión firmado por Hitler y Stalin. Max Shachtman, James Burnham y Martin Abern formaron una facción minoritaria que no toleraba que la Unión Soviética se siguiera concibiendo como un «Estado Obrero degenerado»; para ellos Stalin había dado un giro imperialista al invadir Polonia y Finlandia en 1939.

En ese sentido, la URSS debía ser concebida de otra manera y su nueva naturaleza tenía que ser expuesta a la vanguardia obrera; Burnham la denominó «Burocracia colectiva». Mientras tanto, el bando oficial encabezado por James P. Cannon, y al que pertenecía Trotsky, defendía a ultranza la idea de que, pese a la incursión de la URSS en territorios extranjeros, esta seguía siendo un Estado obrero porque el pueblo en su conjunto «condenaba violentamente la invasión de Finlandia».[23]

Sobre esta controversia intergrupal, el pleno del Congreso decidió rechazar cualquier tipo de facción que pusiera en peligro la unidad de la Cuarta Internacional y, en primer lugar, destituyó de sus cargos a Lebrun, Johnson y Trent, quienes formaban parte del CEI; se les acusó de abandonar la defensa incondicional de la URSS y adoptar posiciones «derrotistas». Por otra parte, al grupo de Shachtman, llamado «la oposición pequeñoburguesa», se le obligó a acatar las decisiones so pena de ser excluido definitivamente del Partido. Finalmente, el grupo disidente no claudicó ante la presión del CEI, por lo que fue expulsado de las filas del SWP, y poco después fundó el Workers Party (Alexander 1991, 804).

La postura de Shachtman y Burnham había rebasado las fronteras norteamericanas llegando a tener aceptación en las filas de otras secciones de la Cuarta Internacional, como la tendencia francesa del POI encabezada por Yvan Craipeau. Esta también fue presionada para deslindarse públicamente de los «escesicionistas del SWP».[24]

Mientras tanto, las secciones española y alemana se dedicaron a exponer lo difícil que fue para ellas retomar sus actividades desde el exilio o

---

22. *Ibidem*, p. 333.

23. APAGC, *Les congrès de la Quatrième Internationale (manifestes, thèses, résolutions). 1 Naissance de la IV Internationale (1930-1940)* (1978, 1: 353). Para conocer detalladamente la polémica que se originó en el seno del SWP y sus consecuencias para el movimiento trotskista estadounidense, véase Robert Alexander (1991, 793-809).

24. APAGC, *Les congrès de la Quatrième Internationale (manifestes, thèses, résolutions). 1 Naissance de la IV Internationale (1930-1940)* (1978, 1: 394).

la clandestinidad. Los primeros trataban de ganarse a los círculos de militantes anarquistas desmoralizados y conservar en España la movilización en contra del franquismo. Algunos, como Munis, implantaron su base de operaciones en México para coordinar el trabajo propagandista tanto del grupo mexicano como del español. De igual forma, los trotskistas alemanes luchaban desde el ostracismo por mantener activo su circuito en Bélgica (Amberes), Noruega (Oslo), Inglaterra (Londres), Suecia (Estocolmo), Países Bajos y Suiza, y doblegar así cualquier intento de simpatía por el grupo de Shachtman.

Por lo que respecta a Latinoamérica, y el Caribe, el pleno solo contaba con información preliminar de las secciones de México, Puerto Rico, Brasil, Chile, Bolivia, Uruguay, Cuba y Colombia. Aunque este bosquejo era suficiente para que se creara la noción de que en América Latina el movimiento trotskista se encontraba en ciernes y, por lo tanto, muy limitado en la teoría. Se responsabilizó directamente al brasileño Mario Pedrosa de este virtual atraso, quien estuvo al frente del BPA (institución encargada de supervisar el funcionamiento de las secciones latinoamericanas) durante seis o siete meses. Según el informe presentado por uno de los nuevos responsables del BPA, un militante identificado como Colay Gonzáles, quien al parecer era de origen cubano, la anterior administración descuidó los vínculos y las actividades de los trotskistas en dichos países y descontinuó la circulación del *Boletín de Información*, el órgano periodístico del BPA.[25] El pleno del Congreso se comprometió a que en lo sucesivo el SWP tendría «que dedicar más atención al trabajo y los problemas de la Cuarta Internacional en los países latinoamericanos».[26]

Las secciones latinoamericanas habían atravesado por distintos cambios internos: primero pasaron de ser Oposiciones de Izquierda (1929-1932) a ligas o grupos comunistas (1933-1938) y, por último, transitaron a partidos y secciones de la Cuarta Internacional, después de 1938. Estas transformaciones no estuvieron exentas de conflictos y separaciones; prácticas muy recurrentes entre los que se decían seguidores de Trotsky y del bolchevismo leninismo en el horizonte internacional. Su funcionamiento y composición era asimétrico, una condición que imponía el contexto sociopolítico en el que se desenvolvían. Generalmente, eran vanguardias políticas que no representaban un peso significativo en el movimiento obrero, pero que con sus

---

25. El Buró Panamericano quedó bajo la dirección de Abraham Golod, quien a principios de los años treinta había formado el primer núcleo trotskista en México junto con Russell Blackwell. APAGC, *Les congrès de la Quatrième Internationale (manifestes, thèses, résolutions). 1 Naissance de la IV Internationale (1930-1940)* (1978, 1: 390).

26. *Ibidem*, p. 391.

exposiciones teóricas e involucramiento con los trabajadores que les daban su voto de confianza, trataban de enmendar esa carencia. En la medida de sus posibilidades, trataban de seguir el ritmo ideológico que determinaban los trotskistas europeos y norteamericanos. Al ser un circuito ideológico reducido e inacabado, las secciones latinoamericanas tenían que hacer gala de su talento para adecuar la propaganda que recibían de sus camaradas de Europa y Estados Unidos a las realidades nacionales. Algo que como en el caso de México, en no pocas ocasiones las llevó a entablar fuertes discusiones con los delegados estadounidenses.[27]

Por otro lado, el pleno del Congreso de Emergencia ratificó la tesis que sostenía que la guerra imperialista era el resultado de las ambiciones internacionales de los países capitalistas (Estados Unidos, Reino Unido, Alemania, etcétera) los cuales, bajo la supuesta disyuntiva de la «democracia» o el fascismo, contendían entre sí para dominar por completo los medios de producción y las materias primas con el afán de expandir sus mercados. Aunque en la realidad, a decir del SI, democracia y fascismo eran dos caras de una misma moneda. En la mentalidad de los militantes de la Cuarta Internacional, la guerra ocultaba, bajo el velo del patriotismo y la reivindicación de los estados nacionales, la explotación y el sometimiento de los pueblos. Los trabajadores tendrían que imponer su propio proyecto de pacificación.

Esta Conferencia de Emergencia tenía el propósito de controlar al conjunto de organizaciones que integraban la Cuarta Internacional y conducirlas bajo los rígidos cánones del centralismo democrático:

> Es indispensable poseer una organización de vanguardia proletaria forjada por una disciplina de hierro, una selección auténtica de revolucionarios bien preparados, inspirados por una voluntad de triunfar y dispuestos a sacrificarse. Preparar la ofensiva cuidadosamente y asiduamente, y cuando llegue la hora decisiva, lanzar todas las fuerzas de la clase sobre el campo de batalla, sin vacilación, solo es capaz de inculcárselo a los obreros un partido centralizado que no dude de sí mismo.[28]

---

27. Para el caso de los mexicanos, esto se debió a dos cosas: primero, porque en el interior de lo que fue la LCI no había una noción ideológica que cumpliera satisfactoriamente con los requerimientos de la LCI Internacional; cada facción tenía su propia forma de concebir los textos de Trotsky y permanecían desorganizados, hasta la purga que hubo entre 1938 y 1939 encabezada por Charles Curtiss.

28. APAGC, *Les congrès de la Quatrième Internationale (manifestes, thèses, résolutions). 1 Naissance de la IV Internationale (1930-1940)* (1978, 1: 371).

La radicalidad con la que los líderes convocantes, Trotsky, Dunne, Cannon, Schüssler y Gordon, querían uniformar los objetivos de sus militantes y, por consiguiente, de sus secciones. Ese criterio vanguardista, al que tanto aludían sus dirigentes, sirvió para formar militantes altamente preparados en el ámbito del marxismo, sin embargo, esta rigurosa pedagogía se veía circunscrita a un número diminuto de militantes, quienes llegaron a conformar una cúpula. La reducida cualificación contribuía a que los trotskistas se escindieran constantemente, pero también resultaba ser uno de los factores que les posibilitaba reproducir la imagen que los definía como marxistas puros.

Los trotskistas, por lo tanto, preservaron la idea de que ante la «nueva catástrofe imperialista» solo la Cuarta Internacional, «con sus fundamentos de la tradición revolucionaria del bolchevismo y sus métodos organizacionales», prepararían la ofensiva proletaria.[29] No está por demás mencionar que desde los años más álgidos de la Oposición de Izquierda en la URSS frente al bloque de Stalin-Bujarin, entre 1925 y 1926, la lucha política intracomunista se tornó en una batalla por la legitimidad revolucionaria. Esta última tenía, para las facciones en pugna, los siguientes fundamentos partidistas: las reivindicaciones proletarias de la Revolución de Octubre; los Cuatro Primeros Congresos de la Internacional Comunista (1919-1923); el bolchevismo leninismo como ideología política; un programa revolucionario proletario; y la organización del movimiento obrero. De allí que las facciones de la izquierda mayormente defendieran a la URSS y la concibieran como el único Estado obrero existente hasta ese momento. En torno a la Unión Soviética y los militantes comunistas se desplegaba un manto simbólico multiforme que materializaba y vivificaba la idea de la revolución y la instauración del régimen socialista.

No es extraño que durante este período, marcado por la Segunda Guerra Mundial, los trotskistas radicalizaran la defensa de su programa político y sus métodos de organización bajo la justificación de que pertenecían a «las mejores tradiciones del bolchevismo revolucionario». En lugar de «trotskistas» los seguidores de la Cuarta Internacional se concebían como bolcheviques leninistas. En no pocas ocasiones, el SI ordenó a sus delegados que examinaran el rumbo que tomaban las secciones locales y, en caso de que este no fuera el acordado, tenían la facultad de intervenir y remediar el problema. Las injerencias externas eran parte de las funciones que el SI debía cumplir para preservar la figura idílica que situaba a la Cuarta Internacional como la organización más genuina del marxismo, pero como

---

29. *Ibidem*, pp. 370-371.

se ha visto, este objetivo se alcanzaba parcialmente; porque los recursos económicos, el número de militantes y la propaganda, escaseaban.

Al ser comunista, la jerarquía interna de los trotskistas estaba estructurada de forma similar a la de los PC, por ejemplo, el CEI y el SI eran equiparables al CEI y la IC de los PC, respectivamente. El BPA fungía como el órgano que controlaba las actividades de las secciones latinoamericanas y el CEI tomaba las medidas más severas para acabar con las posturas que refutaban al trotskismo oficial. De hecho, al compartir la misma matriz ideológica, los comunistas empleaban el mismo lenguaje excluyente para referirse a sus contrincantes; verbigracia, cualquier intento de modificación o cuestionamiento hacia los lineamientos establecidos por la Cuarta se concebían como intentos «revisionistas» o «flagrantes violaciones al centralismo democrático» por parte de «pequeño-burgueses».

Después del Congreso de Emergencia, las ideas de internacionalismo y democracia obrera fungieron, con mayor vitalidad, como los ejes programáticos que las secciones de la Cuarta Internacional reprodujeron en sus periódicos para proyectar la imagen de probidad revolucionaria, que la cúpula trotskista exigía. El internacionalismo pretendía catapultar a la Cuarta Internacional como la organización transnacional que instauraría el régimen socialista en el mundo; los trotskistas se valieron de un análisis geopolítico que tenía como eje central la defensa incondicional de la URSS, siempre y cuando se combatiera al régimen de Stalin. La segunda, es decir, la democracia obrera, ofrecía un programa bolchevique que aseguraba la formación de un gobierno obrero y campesino. Los trotskistas percibían que, ante el avance del capitalismo y el fascismo en el mundo, tanto el internacionalismo como la democracia obrera los colocaban como los dirigentes idóneos para dirigir al movimiento obrero y, por ende, la revolución mundial.

La circulación del libro *Su moral y la nuestra* en América Latina, a partir de 1939 (traducida y publicada en México por Ediciones Clave), fue un intento por enaltecer la imagen de rectitud y autenticidad revolucionaria que los trotskistas se atribuían a sí mismos. Ya en los cuarenta, la sección mexicana integró en *Lucha Obrera* las resoluciones acerca del internacionalismo que se plantearon en el Congreso de Emergencia: combatir el régimen de Stalin; impulsar la liberación de los pueblos colonizados; introducirse en los sindicatos; luchar conjuntamente contra el capitalismo y el imperialismo. En el siguiente apartado se dará a conocer en qué consistió la imagen internacionalista que construyó la sección mexicana para presentarse como la única opción política que desencadenaría la revolución bolchevique mundial e instauraría el régimen socialista.

5. LA IDEA INTERNACIONALISTA CIRCULA EN LUCHA OBRERA

La sección mexicana de la IV Internacional –que entre 1939 y 1942 se denominó POI– reprodujo fielmente en la revista *Clave* la resolución programática que se determinó en el Congreso de Emergencia de la IV Internacional; la guerra se concebía como el síntoma más visible de la crisis que amenazaba la perdurabilidad del capitalismo mundial. En sus propios términos, detrás del conflicto armado se encontraba la necesidad de los países imperialistas por revivir su viejo poderío decimonónico, expansionista y financiero, que, después de la Primera Guerra Mundial, se vio disminuido. En ese sentido, el nuevo conflicto sería por el dominio continental de los mercados, las fuentes de materias primas y las esferas de influencia; se presagiaba que si Estados Unidos, la principal potencia del momento, ingresaba a la guerra, obtendría todos aquellos beneficios.

Para la Cuarta Internacional, las claves revolucionarias para hacer frente a esta nueva amenaza imperialista serían las que su programa ofrecía: primero, «develar» que la lucha por la democracia, fomentada por Estados Unidos, Inglaterra y Francia formaba parte de un plan para dominar el mundo; y que el fascismo, al igual que el nacionalismo y el patriotismo, era la versión más acabada del imperialismo. Segundo, hacer conscientes a los trabajadores del mundo, de que ante el despliegue armamentista y la cultura capitalista, su situación era de opresión. Tercero, la defensa de la URSS consistiría en el derrocamiento revolucionario de la clase gobernante moscovita para articular la sección soviética de la IV Internacional. Cuarto, aprovechar las posibilidades que abría la guerra para apoyar la independencia de los pueblos coloniales y semicoloniales del yugo imperialista. Para los trotskistas, conseguir la liberación nacional de estos pueblos solo era la primera etapa de la lucha antiimperialista; la siguiente implicaría la revolución socialista. En América Latina se promovería la creación de una federación que se denominara «Los Estados Soviéticos de Centro y Sudamérica». Cinco, formar una vanguardia revolucionaria que encabezara el movimiento obrero. Seis, la lucha contra el sindicalismo autoritario.[30] Siete, la militarización de los obreros, que consistiría en armar al proletariado.

No está por demás decir, que este programa político era el resultado de una acumulación de reflexiones y estrategias políticas de Trotsky y los trots-

---

30. «La guerra imperialista y la revolución proletaria mundial», *Clave, Tribuna Marxista*, México, DF, núms. 10-13, junio-septiembre de 1940, segunda época, pp. 298-343. https://americalee.cedinci.org/portfolio-items/clave/.

kistas desde los tiempos de la Oposición de Izquierda Internacional (1930), la Preconferencia de la Oposición de Izquierda Internacional (1933), la Conferencia por la IV Internacional (1936), y la Conferencia de Fundación de la IV Internacional (1938).

Algunos escritos de Trotsky, que sirvieron de marco referencial para establecer el rumbo de la Cuarta Internacional en 1940, fueron los siguientes: «La Declaración de los Cuatro. Sobre la necesidad y principios de una nueva internacional (1933)», «La naturaleza de clase del estado soviético» (1933), «Bonapartismo y fascismo» (1934), «¿Adónde conduce a la URSS la burocracia de Stalin?» (1935), «Es hora de lanzar una ofensiva mundial contra el estalinismo. Una carta abierta a todas las organizaciones obreras» (1937), «Una vez más la Unión Soviética y su defensa», «Sobre el centralismo democrático. Unas pocas palabras del régimen del partido» (1937), «La agonía mortal del capitalismo y las tareas de la IV Internacional» (1938), «La India ante la guerra imperialista» (1939), «La URSS en la guerra» (1939), «Hitler-Stalin» (1939), «La alianza secreta con Alemania» (1939), «La capitulación de Stalin y la guerra imperialista» (1939), «Las guerras justas a la luz del marxismo» (1939), «Sobre el problema Ucraniano» (1939), y «La India ante el problema imperialista» (1939).

El análisis de Trotsky, que se había sintetizado en el programa de la Cuarta Internacional, fue fundamental en los albores de la Segunda Guerra Mundial. Después de que este dirigente soviético fue asesinado, en agosto de 1940, la situación cambió, porque su pensamiento político estuvo a merced de los intereses de las secciones más importantes como la estadounidense, la francesa y la española; incluso se llegó a hablar de un trotskismo conservador y un trotskismo de izquierda.

Únicamente, en esta primera etapa, que va de 1940 a 1943, no se presentaron grandes desacuerdos entre militantes de mayor jerarquía. Incluso, se observa, que el programa de la Cuarta, de entrada anunciaba el tipo de idea internacionalista que las secciones, como la mexicana, pretenderían replicar: aquélla que ubicaba a la Cuarta Internacional como la única organización capaz de iniciar y conducir la revolución mundial.

Munis, quien fungió como representante de la sección mexicana en el Congreso de Emergencia, fue el responsable de que estas ideas se incorporaran en el periódico *Lucha Obrera*. Los múltiples llamados que hizo el POI a los «trabajadores y el pueblo de México» a unirse «por la revolución democrática contra los verdugos y opresores, contra el hambre y la explotación, contra el fascismo y la guerra, por la liberación nacional de México» formaron parte de esta concepción rectora que la Cuarta Internacional pretendía propagar.[31]

La cruzada antiimperialista del POI intentaba crear una conciencia internacionalista y una conciencia proletaria; la vía sería la difusión del análisis geopolítico promovido por la Cuarta Internacional, con la finalidad de formar cuadros militantes que se convirtieran en la vanguardia marxista revolucionaria. El internacionalismo sirvió también para solidarizarse con sus camaradas extranjeros y simpatizantes, en especial de Estados Unidos y Europa, que permanecían exiliados en México y eran acusados de «nazifascistas» y «quintacolumnistas»,[32] o bien, por la represión que se había desatado en su contra, como los casos del grupo antitotalitario conformado por Marceau Pivert, Víctor Serge y Julián Gorkin;[33] la sección española de la IV Internacional refugiada en México y los 28 trotskistas del Socialist Workers Party apresados en Nueva York en 1941.

El POI quería ampliar su base militante para combatir a las organizaciones que tenían la hegemonía obrera, como la CTM y la Confederación de Trabajadores de América Latina (CTAL). Sin lugar a dudas, los trotskistas en

---

31. « ¡Abajo la guerra!», *Lucha Obrera*, órgano del Partido Obrero Internacionalista (sección mexicana de la IV Internacional), México, DF, 20 de septiembre de 1939, pp. 1-4.

32. La llamada Quinta Columna surgió durante la Guerra Civil Española, específicamente en Madrid, con la finalidad de derrocar a la República. El historiador español Javier Cervera Gil sostiene que: «la Quinta Columna realizaba labores de espionaje, sabotaje, derrotismo y en general cualquier actividad subversiva contra el gobierno republicano, pero con una nota característica: todo se realizaba en el marco de una organización y, por tanto, de forma sistemática y estudiada». Quienes operaban con esta estructura organizativa eran considerados «quintacolumnistas» (Cervera 1997, 96).

33. Si se coteja la información biográfica de estos militantes se descubre, que en los cuarenta ninguno pertenecía al trotskismo, es más, se declararon abiertamente «antitotalitarios», en referencia al totalitarismo de Stalin. Pivert había sido fundador del Partido Socialista Obrero y Campesino (PSOC) en 1938. Víctor Serge perteneció a la Oposición de Izquierda en la URSS y fue uno de los impulsores de la fundación de la Cuarta Internacional, pero se separó de Trotsky en 1938 por diferencias estratégicas en relación a la incorporación de los trotskistas en el POUM y, en especial, por la polémica acerca de la represión contra los marineros rebeldes de Kronstadt, a manos del Ejército Rojo en 1921. Por su parte, Julián Gorkin seguía siendo militante del POUM. Una vez en México, los tres formaron un círculo en torno a la revista *Análisis* y crearon las Ediciones Quetzal. En 1943 publicaron el primer número de la revista *Mundo Socialismo y Libertad*, con la cual pretendían renovar las bases ideológicas del socialismo, pero sin adherirse a ninguna doctrina o escuela específica. *Mundo Socialismo y Libertad*, México, DF, núm. 1, 15 de junio de 1943, p. 2., y biografía de Víctor Serge en Jean Maitron, *Dictionnaire biographique du mouvement ouvrier français*, *véase en* http://maitron-en-ligne.univ-paris1.fr/spip.php?article50075.

México también preservaron su rivalidad con el PCM; la lucha entre ellos se había vuelto histórica.[34]

La campaña antitrotskista del PCM, que no entendía matices ideológicos, seguía etiquetando de trotskistas a los grupos que se declaraban socialistas o comunistas por el simple hecho de mantenerse críticos e independientes y, sin filiación alguna, con la política de unidad nacional prohijada por el Gobierno. Manuel Ruiz, en *La Voz de México*, acusó a Gorkin, Serge y Pivert de ser «trotzkistas», «delincuentes» y «traidores a la patria». Pidió al Gobierno de Ávila Camacho que desmontara esa supuesta «maquinaria traidora» (Pivert et al. 1942, 77). Vicente Lombardo Toledano –de una forma muy parecida– advirtió en 1942 al presidente, de lo peligrosa que resultaba para «la paz interior y la unidad nacional» la presencia de estos «trotskistas», a quienes acusaba de falsificadores y saboteadores, en contubernio con el nazifacismo.[35]

Este ejemplo muestra la connotación cargada de odio que seguía teniendo la palabra trotskista cada vez que era empleada por el PCM y Lombardo Toledano para referirse a sus adversarios. Pero también nos habla del grado de agresividad con la que los comunistas de diferentes tendencias polemizaban entre sí, en tiempos de guerra, para obtener el monopolio del marxismo y la revolución.

Los trotskistas del POI, en esta su primera etapa, conformaron una plataforma revolucionaria con la que podían realizar comparaciones que iban de lo general a lo particular, es decir, que partían del análisis internacional para vincularlo con la situación política nacional; sin embargo, podían invertir el orden del proceso reflexivo: de los problemas nacionales a los internacionales. Establecían, para ello, la posición que ocupaba México en el contexto mundial y lo ligaban con las acciones que emprendían los países aliados o los del Eje como consecuencia del conflicto bélico.

Frente a la política de «unidad nacional» del Gobierno avilacamachista, el POI antepuso su proyecto revolucionario internacionalista en defensa de la Unión Soviética, que no del Gobierno de Stalin. Para intentar alcanzar sus objetivos, el sentido informativo militante que el POI le imprimió a *Lucha Obrera* fue el que el SI demandaba, el de la «demostración antiimperialista». Por ejemplo, se quiso poner al descubierto una supuesta alianza entre Estados Unidos y Vicente Lombardo Toledano «para esclavizar a

---

34. A diferencia de la CTM y la CTAL, el PCM no tenía un dominio amplio del movimiento obrero.

35. UOM. fols. 1-4: «Carta confidencial de Vicente Lombardo Toledano a Manuel Ávila Camacho», legajo 459, 20 de mayo de 1942, Fondo Histórico Vicente Lombardo Toledano, id. 26683.

todos los pueblos de América».[36] Asimismo, en el periódico del POI se dijo que Lombardo Toledano y Laborde pronto traicionarían al Kremlin para secundar los planes imperialistas de Wall Street.[37]

El asesinato de Trotsky reforzó la tesis trotskista que percibía al PCM y a Vicente Lombardo Toledano como agentes soviéticos al servicio del Kremlin. De Lombardo Toledano se dijo que su campaña antitrotskista emitida desde *El Popular* «ayudó a crear un clima moral sobre el cual la carta de la GPU estaba dispuesta a caer como una justificación del asesino».[38]

Asimismo, después de que la URSS entrara a la guerra en junio de 1941 al lado de los aliados, el POI difundió la idea de que el Gobierno de Stalin había traicionado al proletariado y la revolución.[39] El balance trotskista decía que un gobierno burocrático como el del Partido Comunista de la Unión Soviética (PCUS) no había alcanzado el socialismo porque su nivel económico y el rendimiento de su trabajo social eran inferiores al de los países «democráticos». La Cuarta Internacional quería impedir a toda costa que Stalin y sus aliados, Estados Unidos e Inglaterra, introdujeran el capitalismo en la URSS.[40] La defensa de la Unión Soviética consistía en movilizar a un gran contingente de trabajadores rusos y del mundo, para que destruyera la burocracia estalinista y el sistema capitalista, sin perder de vista la preservación del legado de la Revolución de Octubre.[41]

La consigna del POI era «nuestra guerra "por la patria" (soviética) no es una salida hacia el Estado burgués, sino una salida hacia la revolución socialista».[42] El argumento en el que se sostenía que la URSS no había

---

36. «¡Ante la nueva maniobra del imperialismo yanqui!», *Lucha Obrera*, órgano del Partido Obrero Internacionalista (sección mexicana de la IV Internacional), México, DF, 10 de octubre de 1939, p. 1.

37. «La política stalinista en México», *Lucha Obrera*, órgano del Partido Obrero Internacionalista (sección mexicana de la IV Internacional), México, DF, 7 de noviembre de 1939, p. 1.

38. «El Partido Comunista, Siqueiros, Jackson y Toledano», *Lucha Obrera*, órgano del Partido Obrero Internacionalista (sección mexicana de la IV Internacional), México, DF, 20 de Septiembre de 1940, p. 3.

39. BRG, Comité del Partido Obrero Internacionalista, «Defended a la Unión Soviética», *Lucha Obrera*, órgano del Partido Obrero Internacionalista (sección mexicana de la IV Internacional), México, DF, 10 de julio de 1941, pp. 1-2.

40. BRG, Comité del Partido Obrero Internacionalista, «Defended a la Unión Soviética», *Lucha Obrera*, órgano del Partido Obrero Internacionalista (sección mexicana de la IV Internacional), México, DF, 10 de julio de 1941, pp. 1-2.

41. BRG, Vladimir Ilich Lenin, *La URSS y la guerra*, *Lucha Obrera*, órgano del Partido Obrero Internacionalista (sección mexicana de la IV Internacional), México, DF, 1 de octubre de 1941, p. 2.

42. *Idem.*

alcanzado el socialismo, era una idea planteada por G. Munis; quizás el mismo Trotsky no hubiera estado de acuerdo con ella, porque de alguna manera refutaba la tesis que afirmaba que la URSS era un Estado obrero degenerado. De hecho, los planteamientos internacionalistas de Munis serían rechazados en 1948 por el CEI y el SI de la IV Internacional.

La invasión de las tropas nazis al territorio soviético provocó que otras organizaciones de izquierda y del movimiento obrero protestaran enérgicamente en contra del régimen de Adolf Hitler y exigieran a la Secretaría de Relaciones Exteriores de México que reanudara los nexos diplomáticos con el Gobierno de Stalin. La CTM organizó un mitin en contra del ataque nazi. El PCM se sumó a las voces que clamaban apoyo internacional a la URSS mediante un programa de cuatro puntos que incluía la disolución «de los grupos nazifacistas (sinarquistas), Acción Nacional y la Falange Española (quinta columna) así como la ruptura de las relaciones diplomáticas y comerciales con Alemania, Italia y con todos aquellos países que hagan la guerra a la Unión Soviética». Los ferrocarrileros del Comité Sindical de Unidad y Acción Socialista Unificada, encabezados por Valentín Campa y la Liga de Acción Política de Narciso Bassols, organizaron conferencias en los centros de trabajo en favor de la Unión Soviética y contra el fascismo; junto con otros comunistas y cetemistas enviaron una carta al presidente Manuel Ávila Camacho en la que solicitaron la reanudación de los vínculos diplomáticos con la URSS.[43]

Lucha Obrera calificó estas actividades prosoviéticas como una intromisión más de la GPU por medio de sus «amigos Lombardo, Bassols, Encinas y Fidel Velázquez» quienes «cometían un crimen más repugnante que el cometido por los reformistas en 1914 al identificar los objetivos de la URSS con los de Inglaterra».[44]

Además, ante las tentativas comunistas de formar un Comité Contra la Guerra, el Fascismo y el Oportunismo, el órgano del POI antepuso que las condiciones objetivas de la revolución solo estarían maduras cuando se creara una «verdadera dirección revolucionaria». *Lucha Obrera* fue el medio de comunicación que la sección mexicana de la IV Internacional consideró apropiado para producir militantes «capaces de dirigir el partido

---

43. BRG, «Sobre la reanudación de relaciones diplomáticas con la URSS e Inglaterra», *Lucha Obrera*, órgano del Partido Obrero Internacionalista (sección mexicana de la IV Internacional), México, DF, 1 de octubre de 1941, p. 2. Véase también, Valentín Campa Salazar (2014, 176-177).

44. BRG, «Sobre la reanudación de relaciones diplomáticas con la URSS e Inglaterra», *Lucha Obrera*, órgano del Partido Obrero Internacionalista (sección mexicana de la IV Internacional), México, DF, 1 de octubre de 1941, p. 2.

bolchevique».[45] Se quería encauzar el descontento provocado por la guerra y «hacerlo desembocar en una insurrección victoriosa».[46] Como se había establecido en el Congreso de Fundación de la IV Internacional, los trotskistas concebían la URSS como un Estado obrero degenerado que debía ser defendido de la «burocracia stalinista».[47]

El POI quizás fue el único grupo marxista en México que consideró peligrosa la reanudación de los vínculos diplomáticos con la Unión Soviética:

> Las relaciones diplomáticas no serían más que relaciones con Stalin y sus burócratas que gobiernan contra el pueblo [...] En el mejor de los casos, las relaciones diplomáticas solo podrían servir a la URSS para obtener petróleo, materias primas, para la industria de guerra y otros productos. Para eso no hace falta en México ningún jefe de la GPU con credencial diplomática. Estamos sin reservas en favor del envío a la URSS de cuanto le sea necesario para resistir al enemigo capitalista y nos sumaremos a cualquier agitación que tienda a ello. Precisamente lo que se trata evitar con el documento es la agitación en favor de la URSS.[48]

A pesar de estas duras críticas, el Gobierno de Ávila Camacho restableció relaciones diplomáticas con el país dirigido por Stalin, el 19 de noviembre de 1942, unos meses después de que le declarase la guerra a los países del Eje, Alemania, Japón e Italia. Mientras que el PCM vio con simpatía el nuevo acuerdo internacional, *Lucha Obrera* reprobó la actitud conciliatoria del secretario de Relaciones Exteriores Ezequiel Padilla:

> El señor Padilla prepara la reanudación de las relaciones diplomáticas con la URSS como un tributo de admiración al inmenso servicio que ha prestado a la causa de las democracias. ¿Acaso el ministro Padilla ha empezado a

---

45. BRG, «Importante manifiesto del Comité Contra la Guerra, el Fascismo y el Oportunismo», *Lucha Obrera*, órgano del Partido Obrero Internacionalista (Sección Mexicana de la IV Internacional), México, DF, 10 de octubre de 1939, pp. 1-2.

46. BRG, «La política stalinista en México», *Lucha Obrera*, órgano del Partido Obrero Internacionalista (sección mexicana de la IV Internacional), México, DF, 7 de noviembre de 1939, p. 1.

47. BRG, Comité del Partido Obrero Internacionalista, «La resolución del POI sobre el carácter de la URSS, la ocupación de Polonia y la guerra de Finlandia», *Lucha Obrera*, órgano del Partido Obrero Internacionalista (sección mexicana de la IV Internacional), México, DF, 1 de enero de 1940, p. 2.

48. BRG, Comité del Partido Obrero Internacionalista, «La resolución del POI sobre el carácter de la URSS, la ocupación de Polonia y la guerra de Finlandia», *Lucha Obrera*, órgano del Partido Obrero Internacionalista (sección mexicana de la IV Internacional), México, DF, 1 de enero de 1940, p. 2.

caer en «confusiones de carácter ideológico»? Tal se desprende de la alharaca levantada por los stalinianos y por toda la clase de «amigos de la urss» […] El gobierno de México reanudará las relaciones diplomáticas con el gobierno de Stalin porque reconoce que éste ha prestado inmensos servicios al imperialismo yanqui. Estos y no otra cosa es lo que hay bajo el camuflaje literario del canciller mexicano.[49]

Unos meses antes el poi culpó a los funcionarios de la Secretaría de Gobernación y de la Secretaría de Relaciones Exteriores de haber protegido a «criminales», con motivo de las facilidades que se le otorgaron a David Alfaro Siqueiros para pintar los murales de una escuela en Chile.[50]

La disolución de la III Internacional en mayo de 1943 fue un acontecimiento político que entusiasmó de nueva cuenta a los trotskistas; querían aprovechar esta coyuntura para afianzar la imagen que situaba a la Cuarta Internacional como la única organización revolucionaria que seguía en pie lucha.[51] Se quería convencer a un público, en apariencia completamente obrero, que la Cuarta aprovecharía el curso de la guerra para «liderar la lucha victoriosa por la revolución proletaria» y «construir un mundo nuevo».[52] Para exaltar este tipo de representación, los trotskistas se asumían como los únicos militantes genuinamente revolucionarios, los «auténticos herederos» de la tradición internacionalista emanada de los Cuatro Primeros Congresos de la Internacional Comunista y de la tradición del Manifiesto comunista de Marx y Engels: «… la prueba de la guerra destruyó todas las internacionales y todas la agrupaciones internacionales, excepto la IV. Nadie puede disolverla; ella es la única heredera de la Internacional Comunista de Lenin y de Trotsky», decía el cei.[53] Esta versión impoluta de la Cuarta Internacional también circuló el 12 de junio de 1943 en *Fourth*

---

49. Brg, «Las relaciones diplomáticas con la urss», *Boletín Informativo de Lucha Obrera*, México, df, núm. 5, noviembre de 1942, p. 1.

50. Brg, «Altos funcionarios al servicio de la gpu», *Lucha Obrera*, órgano del Partido Obrero Internacionalista (sección mexicana de la IV Internacional), México, df, 10 de julio de 1941, p 1.

51. Los motivos que la Cuarta Internacional adujo para la desaparición de la III Internacional fueron los siguientes: primero, la teoría del socialismo en un solo país; segundo, la política del «tercer período»; tercero, la política del «Frente Popular» y cuarto, la «unidad nacional». Véase brg, «La Tercera Internacional ha muerto: viva la IV Internacional», *Lucha Obrera*, órgano de la Sección Mexicana de la IV Internacional, México, df, 15 de junio de 1943, p. 1.

52. Apagc, *Les congrès de la Quatrième Internationale (manifestes, thèses, résolutions). 2 L'Internationale dans la guerre (1940-1946)* (1981, 2: 86).

53. *Ibidem*, pp. 85-86.

International (órgano del swp), intitulada «Manifiesto sobre la disolución de la Comintern».[54]

El poi de México secundó este manifiesto en un artículo publicado en *Lucha Obrera* titulado «¡La Tercera Internacional ha muerto viva la IV Internacional!»:

> La IV Internacional es la heredera del bolchevismo, de la revolución rusa y de la época heroica de la Komintern. En nosotros se perpetúan y repetirán las jornadas de lucha más nobles del proletariado. La III Internacional las ha traicionado públicamente. ¡Viva la IV Internacional![55]

En junio de 1943, cuando el poi se convirtió únicamente en la sección mexicana, Juan Martin,[56] uno de sus militantes y articulistas de *Lucha Obrera*, sostuvo que la urss en manos de Stalin era un territorio como cualquier otro, que serviría a los intereses imperialistas y capitalistas de Estados Unidos e Inglaterra. Aseguraba que «los imperialistas tienen por mira restaurar en ella la propiedad privada».[57] En las páginas del órgano trotskista se plasmaba que los diplomáticos estadounidenses eran peligrosos en suelo soviético, ya que podrían persuadir a Stalin para que este intensificara las relaciones entre sus respectivos gobiernos.[58]

Con motivo de la Conferencia de Teherán llevada a cabo del 28 al 3 de diciembre de 1943, la sección mexicana de la IV Internacional advirtió que Stalin se había convertido en el jefe de la contrarrevolución europea al enviar al Ejército Rojo a tomar posiciones en los territorios de Polonia, Rumania y Alemania. *Lucha Obrera* aseguró que la urss había entrado en

---

54. «Manifiesto of the Fourth International on the Dissolution of the Comintern», *Fourth International*, Nueva York, núm. 7, julio de 1943, p. 197.

55. Brg, «La Tercera Internacional a muerto: viva la IV Internacional», *Lucha Obrera*, órgano de la sección mexicana de la IV Internacional, México, df, 15 de junio de 1943, pp. 1 y 4.

56. De Juan Martin no se tienen mayores datos, solo que empezó a publicar artículos en *Lucha Obrera* en junio de 1943. En sus artículos fue muy crítico de los acuerdos internacionales establecidos por las tres potencias hegemónicas, Estados Unidos, Inglaterra y la Unión Soviética durante la década de los cuarenta.

57. Brg, Juan Martin, «Varsovia, sacrificada por la burocracia stalinista y por la burocracia inglesa», *Lucha Obrera*, órgano de la sección mexicana de la IV Internacional, México, df, segunda quincena de noviembre de 1944, pp. 1-2.

58. Brg, «Misión Moscú… en Moscú», *Lucha Obrera*, órgano de la sección mexicana de la IV Internacional, México, df, segunda quincena de septiembre de 1943, p. 4.

una nueva etapa que requería de «un análisis cuidadoso» que tuviera como referente el pensamiento antiestalinista de Trotsky.[59]

Asimismo, para los trotskistas, la derrota del levantamiento polaco a manos del ejército alemán en agosto de 1944, fue parte de una maniobra concertada entre la URSS e Inglaterra, los cuales, al no obtener el dominio de Polonia, permitieron que los polacos insurrectos fueran liquidados por las huestes alemanas.[60] Por otra parte, las cumbres de Dumbarton Oaks (agosto de 1944) por la paz y la seguridad internacional y de Yalta por la «libertad» de los países afectados por la guerra (febrero de 1945) no eran más que reuniones que garantizaban, a los «tres grandes», el «dominio y reparto totalitario» del orbe:[61]

> Bajo las miradas aprobatorias de los espectros de la familia imperial rusa, Stalin se reunió nuevamente con los otros dos conspiradores, Churchill y Roosevelt, para aprobarse mutuamente las rapiñas consumadas y repartirse, no sin discusiones agrias y fricciones, los botines inmediatos. El tema central discutido por los «tres grandes» fue, una vez más, el reparto «democrático» del pastel Europeo.[62]

Martin criticó acremente lo que, a su juicio, era la reyerta interimperialista por adquirir los mayores territorios europeos y latinoamericanos. Mientras que Inglaterra mantenía su hegemonía en Polonia, Italia y Turquía, la URSS aseguraba su presencia sobre Grecia, los países de Europa central, Alemania, Hungría, Rumania, Checoslovaquia, Yugoslavia y las naciones del Báltico (Estonia, Lituania y Letonia). En tanto que Estados Unidos intentaría apoderarse no solo de América Latina y Alemania, sino de toda Europa. Para Martin, esta división geopolítica, todavía inconclusa, anunciaba una tercera guerra imperialista, en la que solo el proletariado unido a «la Internacional de Marx, Lenin y Trotsky» acabaría con los «verdugos».[63] Este

---

59. Brg, «Stalin, Polonia y la nueva etapa en Europa», *Lucha Obrera*, órgano de la sección mexicana de la IV Internacional, México, DF, enero de 1944, p. 4.

60. Brg, «Varsovia, sacrificada por la burocracia estalinista y por la burguesía inglesa», *Lucha Obrera*, órgano de la sección mexicana de la IV Internacional, México, DF, segunda quincena de noviembre de 1944, p. 1.

61. Brg, «Stalin, Churchill y Roosevelt, regimientan al mundo», *Lucha Obrera*, órgano de la sección mexicana de la IV Internacional, México, DF, primera quincena de septiembre de1944, p. 1., y segunda quincena de marzo de 1945, p. 3.

62. Brg, J. Martin Orozco, «Los 'tres grandes', Roosevelt y Stalin, conspiraron contra los pueblos en la reunión de Yalta», en *Lucha Obrera*, órgano de la sección mexicana de la IV Internacional, México, DF, segunda quincena de marzo de 1945, p. 1.

63. *Ibidem*, p. 3.

tipo de análisis sugiere que algunos militantes, como el caso de Martin, empezaron a cuestionar, aún más, la categoría de Estado obrero degenerado que Trotsky le había asignado a la URSS.

La Cuarta Internacional sostenía la tesis acordada en el Congreso Europeo Clandestino, verificado en Saint-Germain-la-Poterie, en Francia, cerca de París, los primeros días de 1944; en la que se indicaba que el conflicto mundial en su última etapa dejaría de ser una guerra imperialista para convertirse en una gran guerra civil (auge revolucionario).[64] Para los trotskistas europeos, el fracaso de los insurgentes griegos; la revuelta del palacio militar-monárquico en el norte de Italia; la caída de Benito Mussolini, en julio de 1943; el descontento generalizado con el Gobierno de Badoglio; las acciones militares de los países aliados y los intentos de los nazis por recuperar el control territorial, preludiaban «el resurgimiento de un auténtico movimiento revolucionario».[65] La Cuarta Internacional en Europa quería aprovechar estas coyunturas políticas para crear soviets que estuvieran regidos por el Programa de Transición en las fábricas de Milán y Turín.[66] A diferencia de lo que había sucedido en la Primera Guerra Mundial, la Cuarta Internacional señalaba que ahora todos los países se verían afectados por la agitación social, lo que marcaría el carácter «verdaderamente global de la próxima revolución».[67]

Una versión sucinta de las resoluciones que se tomaron en el Congreso Clandestino apareció en *Lucha Obrera*, de abril de 1945, bajo el título «Conferencia de grupos europeos de la Cuarta Internacional». Gracias a este artículo se sabe que la reunión duró seis días y que en ella participaron el Partido Comunista Revolucionario de Bélgica, el Partido Comunista Internacionalista de Grecia, el Grupo Lenin y Trotsky de España, el Grupo Internacionalista de Refugiados Alemanes en Francia.[68]

---

64. APAGC, *Les congrès de la Quatrième Internationale (manifestes, thèses, résolutions). 2 L'Internationale dans la guerre (1940-1946)* (1981, 2: 183).

65. *Idem.* En el presente libro queda pendiente incorporar el análisis realizado por Velia Luparello (2021), quien en su obra *Los trotskistas bajo el terror nazi*, recupera las resoluciones del Congreso Europeo de 1944 y, en general, se ocupa de toda la organización de los trotskistas europeos durante la Segunda Guerra Mundial. Por ello, se remite a dicha investigación para su lectura.

66. APAGC, *Les congrès de la Quatrième Internationale (manifestes, thèses, résolutions). 2 L'Internationale dans la guerre (1940-1946)* (1981, 2: 183).

67. *Ibidem*, p. 184.

68. BRG, «Conferencia de los grupos Europeos de la IV Internacional», *Lucha Obrera*, órgano de la sección mexicana de la IV Internacional, México, DF, primera quincena de abril 1945, p. 2.

La sección mexicana dio a conocer que la Cuarta Internacional quería formar un centro político que coordinara a todos los trotskistas europeos «en medio del caos nacionalista» y que brindara una solución a «los problemas políticos e ideológicos de la posguerra […] en favor de la solidaridad y la lucha común del proletariado contra el fascismo, el capitalismo y por la formación de los Estados Unidos Socialistas de Europa».[69] Bajo estas directrices, L. Red., de quien no se tienen datos, pero que quizás se tratara de un militante del swp que tenía injerencia en la sección mexicana, por su firme postura internacionalista en defensa de la urss contra el Estado obrero degenerado, en su artículo denominado «Por la defensa de la revolución socialista europea en contra del stalinismo y el imperialismo»,[70] sostuvo la consigna «¡Manos fuera de Europa!» en la que refrendó el análisis geopolítico «a los tres grandes», que consideraba a Stalin y a «los países democráticos» como los enemigos «más grandes de la revolución».[71]

L. Red afirmaba, en abril de 1945, que aunque las tropas hitlerianas habían perdido los territorios que ocuparon a inicios de la guerra, el mundo no se encontraba a salvo, porque los países aliados, que se perfilaban como los grandes vencedores de la contienda mundial, habían sido los principales causantes de la guerra y de la devastación en la que se encontraba Europa. L. Red quería demostrar que los «tres grandes» –como también los trotskistas denominaban a Estados Unidos, la urss e Inglaterra– empleaban una nueva forma de sometimiento político que se ocultaba tras la fachada de la «liberación» y la «democracia».[72]

Con el desarrollo de la Conferencia de Potsdam, en julio de 1945, y la intervención de la urss en la reconstrucción del Partido Comunista Alemán (pca), la sección mexicana tildó a Stalin, y al equipo de comunistas soviéticos que asesoraba al pca, de «falsos demócratas, defensores del

---

69. Brg, «Por la defensa de la revolución socialista europea en contra del stalinismo y el imperialismo», *Lucha Obrera*, órgano de la sección mexicana de la IV Internacional, México, df, primera quincena de abril de 1945, p. 2.

70. Nótese que L. Red hace la diferencia entre «estalinismo» e «imperialismo», es decir, no los une porque no considera que la urss sea un país imperialista sino un Estado obrero degenerado, la misma tesis que Trotsky y el swp defendían a ultranza. Para conocer con precisión las perspectivas, los debates y las tendencias de los trotskistas estadounidenses durante la Segunda Guerra Mundial, se recomienda consultar las obras de Velia Luparello (2013, 95-114; 2014, 1-97; 2020, 499-563) y Daniel Gaido (2020, 499-563).

71. Brg, L. Red, «Por la defensa de la revolución socialista europea en contra del stalinismo y el imperialismo», en *Lucha Obrera*, órgano de la sección mexicana de la IV Internacional, México, df, segunda quincena de abril de 1945, p. 3.

72. *Idem*.

orden capitalista y enemigos del socialismo».[73] Los trotskistas querían formar movimientos rebeldes que fueran capaces de minar y derrocar el poderío de «los tres grandes».

Al finalizar la Segunda Guerra Mundial, en agosto de 1945, *Lucha Obrera* hizo pública su preocupación e indignación por el papel imperialista de los países aliados, en especial, de la función apaciguadora que cumplía Stalin en los partidos comunistas bajo su control y la represión hacia los militantes de la Cuarta Internacional:

> En la URSS hay centenares de miles de presos políticos en los campos de concentración y en las cárceles. El Ejército Rojo, lamentablemente bajo la férula de la GPU staliniana, ha ocupado varios países de Europa. En todos ellos la URSS ha impuesto gobiernos reaccionarios y en ninguno se habla de parte del aparato stalinista, de una revolución proletaria. Masas de campesinos ukranianos [*sic*] que se revelaron últimamente han sido calificados de «cochinos trotskistas» a quienes hay que fusilar. Stalin ha patrocinado también al gobierno de Víctor Manuel en Italia. Ha proclamado a todos los vientos su amistad con los otros 'dos grandes' los 'demócratas' Churchill y Roosevelt. En esta guerra por la 'libertad y la democracia' ni un solo país colonial ha sido liberado organizando su gobierno propio, hoy lo han perdido.[74]

El órgano de la sección mexicana no solo quería concientizar a los trabajadores mexicanos del peligro que representaba para ellos y el mundo el curso imperialista de la política soviética, sino también del riesgo que significaba la hegemonía de Estados Unidos para México y América Latina:

> Los países semicoloniales están atados más que nunca al carro de los imperialismos. El ejemplo palpable lo tenemos en México: jamás habíamos sido entregados a Wall Street como lo somos ahora [...] Obreros de México ahora que termina esta nueva matanza imperialista, es ocasión de meditar sobre los hechos arriba señalados. Si lo hacéis vuestra conciencia proletaria os conducirá a las filas de la IV Internacional.[75]

---

73. BRG, «A propósito del nuevo 'Partido Comunista Alemán'. Qué cosa es el 'comunismo' actual de Stalin», *Lucha Obrera*, órgano de la sección mexicana de la IV Internacional, México, DF, primera quincena de julio de 1945, p. 4.

74. BRG, «La segunda matanza imperialista ha terminado», *Lucha Obrera*, órgano de la sección mexicana de la IV Internacional, México, DF, segunda quincena de agosto de 1945, pp. 1 y 3.

75. *Ibidem*, p. 3.

En un intento por mostrar el crecimiento de sus secciones, *Lucha Obrera* documentó los avances del trotskismo en Estados Unidos, la India, Ceilán y América Latina. *Lucha Obrera* había hecho circular el manifiesto titulado «Defended a las revoluciones coloniales» firmado por el CEI y los grupos trotskistas de Francia, Reino Unido, Bélgica, Países Bajos, Italia, Grecia, Alemania, Irlanda y Suiza.[76]

En los hechos, la Cuarta Internacional se encontraba muy debilitada por los estragos que había ocasionado la guerra en Europa. La persecución dejó un saldo rojo en secciones como la griega, en la que perecieron varios militantes trotskistas en 1944. En marzo de 1946, la sección mexicana de la IV Internacional publicaría en su órgano periodístico un comunicado del *Socialist Appeal* relativo a las omisiones que se presentaron en el jurado de Nuremberg acerca de los fusilamientos de los trotskistas en la URSS:

> Los archivos de las discusiones de Hitler y los planes de agresión, la conquista de cada uno de los países invadidos por los nazis incluyendo la Unión Soviética, han sido expuestos a la luz de amplios documentos. Y así, no se ha dicho una sola palabra ni se ha hecho la más simple insinuación que suponga relación alguna con Trotsky y los revolucionarios fusilados después de los jurados de Moscú.[77]

De igual forma, las constantes divisiones y disputas internas, como las que se presentaban en las secciones de Argentina, Estados Unidos, Suiza, entre otras, impidieron que hubiera una comunicación fluida entre las secciones de la Cuarta Internacional.

Por otra parte, en marzo de 1946, se realizó una Preconferencia Internacional con el propósito de cambiar la dirección del CEI y del SI y analizar el rumbo que tomaría la Cuarta Internacional después de la «segunda guerra imperialista mundial». En este evento, que adquirió la categoría de congreso, se dieron a conocer los militantes que integrarían el CEI: un italiano, dos británicos, dos franceses, un alemán, un belga, un español, cuatro canadienses (observadores del SWP), un vietnamita, un secretario de Sudamérica (Michel Raptis) y un grupo de miembros suplementarios

---

76. BRG, «Defended a las revoluciones coloniales», *Lucha Obrera*, órgano de la sección mexicana de la IV Internacional, México, DF, primera quincena de enero de 1946, p. 1.

77. BRG, «Las calumnias de Moscú al desnudo: los trotskistas se dirigen al Jurado de Nuremberg», *Lucha Obrera*, órgano de la sección mexicana de la IV Internacional, México, DF, 1 de marzo de 1946, p. 3.

formado por un chino, un holandés, un suizo y un hindú.[78] El si estaba conformado por Sam Gordon, Jimmy Deane, Pierre Frank, Sherry Mangan, Yvan Craipeau, Jack Haston, Eduardo Mauricio, Le-Van, Sal Santen, Heinrich Buchbinder, Jacques Grinblat y Paul Parisot. En octubre de 1946 se incorporó Ernest Mandel. Al año siguiente, en septiembre de 1947, llegaron al si el indio V. Sastry y Morris Lewit del swp.[79] Se pretendía cambiar la sede del cei de Nueva York a Europa. *Lucha Obrera* publicó una versión sucinta de las actividades que se llevaron a cabo en dicha conferencia; se destacó que la Cuarta Internacional quería realizar la revolución socialista mundial a partir de la unificación económica de los Estados Unidos de Europa y el mundo.[80]

Vale la pena señalar aquí que aunque *Lucha Obrera* reportó el comunicado oficial de la Cuarta Internacional relativo al congreso de 1946, es decir, que la sección mexicana no tuvo ningún reparo con la decisión tomada por la mayoría del cei; en cambio el Grupo Español en México de la IV Internacional manifestó su rechazo porque consideró hermética la forma en la que se condujeron los organizadores. G. Munis expresó su inconformidad en una carta que envió a los nuevos cei y si el 29 de abril de 1946:

> Camaradas: Tras haber leído algunas comunicaciones que bruscamente revelan la celebración de la Preconferencia Internacional, y de manera totalmente inesperada la transformación de ésta en *conferencia*, elevo ante vosotros y ante la Internacional toda mi más viva protesta.[81]

Munis alegó que no hubo una preparación adecuada para realizar un evento de tal magnitud, porque el recién constituido cei no estableció contacto con las secciones y se atribuyó prerrogativas que no le correspondían:

> Ni un documento escrito con la antelación debida y que fuera conocido al menos de la mayoría, ni siquiera la petición de una opinión general sobre

---

78. Apagc, *Les congrès de la Quatrième Internationale (manifestes, thèses, résolutions). 2 L'Internationale dans la guerre (1940-1946)* (1981, 2: 437).

79. *Idem*.

80. Brg, «Se realizó en Bélgica la Conferencia de la IV Internacional», *Lucha Obrera*, órgano de la sección mexicana de la IV Internacional, México, df, primera quincena de abril de 1946, p. 1.

81. «Carta de Munis al si y al cei», México df, 29 de abril de 1946, reproducida en Guillamón (1996, 357).

la preconferencia a las secciones y al antiguo CEI; absolutamente nada que puede ser considerado como un intento de preparación.[82]

Sorpresivamente, él, que había formado parte del antiguo CEI, solo recibió escasa información relativa a la Preconferencia para la cual emitió su voto a favor, pero no para que se elevara a conferencia o congreso.[83]

Esta protesta solo fue la antesala de la discusión que se suscitaría entre la facción de Grandizo Munis y Benjamín Péret, en oposición a la «defensa incondicional de la URSS» que el CEI amparaba. Dicha controversia no fue menor, porque concernía directamente a la función política que desempeñaba *Lucha Obrera* para los trotskistas, y porque formaba parte de la visión internacionalista que este periódico proyectó.

En 1946, Munis publicó su folleto intitulado *Los revolucionarios ante Rusia y el Stalinismo Mundial*, en el que puso en entredicho la permanencia de un concepto: «el Estado obrero degenerado», y una práctica colectiva de la Cuarta Internacional: la «defensa incondicional de la URSS». Para Munis, la participación de la burocracia estalinista en la Segunda Guerra Mundial había llevado a la Unión Soviética a una fase de deterioro imperialista superior a la que desarrolló el nazismo alemán; la dirección que estaba tomando el Gobierno de Stalin era tan diferente y acelerada a la vez que no podía ajustarse a una categoría rígida y estática como la de Estado obrero para referirse al sistema económico, y burocracia estalinista para referirse a la oligarquía gobernante, sino que había que encontrarle una forma nueva de concebirla. El dirigente de la sección española, y que por un tiempo militara en la sección mexicana, no propuso un concepto tajante, pero por momentos se refirió a la URSS como un Estado capitalista, y a la élite gobernante como un colectivismo burocrático (Munis 1946, 363). Munis sostenía que el sistema económico soviético y el régimen estalinista eran las dos claves para comprender que del Estado obrero solo quedaba el mito. Primero, no había cifras suficientes para afirmar que la economía seguía siendo planificada, es decir, socialista. Todo lo contrario, la burocracia contrarrevolucionaria había mostrado signos que podían interpretarse como característicos de una sociedad burguesa, porque simple y llanamente en la URSS se partía de los intereses de la clase propietaria (Munis 1946, 361). Segundo, Munis explicaba que la categoría de burocracia había sobrepasado la etapa degenerativa, porque se había transformado en una «casta

---

82. *Idem.*
83. *Idem.*

tiránica» comparable con la cúpula hitleriana, posibilitando que la brecha entre la burguesía y el proletariado fuera amplia (1946, 360).

Asimismo, la vigencia de un régimen opresor se complementaba con una política exterior imperialista peor que la nazi y similar a la que ejercían Estados Unidos e Inglaterra en Occidente. Para Grandizo Munis, el intervencionismo de la URSS en Polonia Checoslovaquia y Yugoslavia eran muestras de que la contrarrevolución soviética podía considerarse como un «capitalismo colectivo ideal» de naturaleza totalitaria (Munis 1946, 366).

Benjamín Péret, alias Peralta, respaldó esta posición en su folleto que lleva por título *El «Manifiesto» de los exégetas* publicado por la Editorial Revolución en 1946. Al igual que Munis, Péret criticaba el *Manifiesto* que puso en circulación el SI concerniente a las tareas de la Cuarta Internacional después de la guerra; lo consideraba inútil para los tiempos que se vivían en esa época (Peralta 1946, 372):

> En realidad, en lugar de entregarse a un trabajo crítico, los redactores del 'manifiesto' han recogido piadosamente los textos sagrados que han sometido a una exégesis detallada puesto que declaran fríamente, aunque de forma implícita, que nuestras tesis de antes o del inicio de la guerra, en su conjunto, han resistido la pruebas de los hechos, lo que es una falsedad irritante.

Para Péret, concebir a la URSS como un Estado obrero degenerado resultaba obsoleto e infructuoso no solo para explicar la situación política y social del régimen soviético, sino para establecer una acción conjunta revolucionaria que fuera aplicable a la realidad que se les presentaba. Aunque Péret no ofreció una categoría específica para nombrar la situación política en la que se encontraba el régimen de la URSS, la colocaba al mismo nivel que la Alemania nazi; ni más arriba, ni más abajo. En términos programáticos, el militante francés dio un paso más allá que Munis; consideró que el Programa de Transición ofrecía la vía revolucionaria más adecuada para afrontar los nuevos tiempos (Peralta 1946, 376):

> Formación de consejos obreros democráticamente elegidos en los lugares de trabajo [...] formación de milicias obreras que obedecen únicamente a los comités elegidos por las masas, desarme de las fuerzas burguesas, congresos de los comités obreros, disolución del Estado burgués y creación del Estado obrero.

Sin embargo, estos planteamientos fueron los ecos que produjo la postura de Natalia Sedova en 1944, en relación con el mismo tema. En una carta dirigida a un amigo, no se especifica de quién se trata, la esposa de León Trotsky sugería que el eslogan «defensa de la URSS» no desapareciera, pero que debía «rebajarse de nuevo a un segundo o tercer plano», porque la burocracia soviética, «la más reaccionaria del mundo está empujando la economía planificada no hacia el socialismo sino hacia el capitalismo».[84]

En otra misiva, más extensa, cuyo destinatario ahora se encontraba en plural, «amigos», se pronunciaba por una revisión de las viejas consignas de la Cuarta Internacional, siempre y cuando se tomaran en cuenta los cambios internos y externos producidos en el territorio soviético.[85] Fiel al materialismo histórico practicado por Trotsky, Natalia Sedova quería que el análisis de los trotskistas sobre la situación en la URSS contemplara los períodos históricos por los que había atravesado el Gobierno de Stalin para establecer las tendencias de su desarrollo «y sacar conclusiones y esbozar perspectivas».[86]

Munis, Sedova y Péret unieron fuerzas para intentar cambiar la política de la Cuarta Internacional. *Lucha Obrera*, que no hizo pronunciamiento alguno al respecto, ofreció sus páginas para dar a conocer la propuesta de Natalia Sedova. Con motivo del mitin celebrado en la Ciudad de México para conmemorar el sexto aniversario del asesinato de Trotsky, en agosto de 1946, la sección mexicana publicó el saludo que enviara Sedova, acompañado del texto llamado «Trotskistas sin fetichismos hacia el esclarecimiento de los problemas de la revolución», en el cual daba a conocer que en el seno de la Cuarta Internacional habían aparecido divergencias ideológicas, producidas, primero, por el aislamiento físico al que se vieron sometidas las filas de la Cuarta Internacional durante el transcurso de la guerra y, segundo, por el nuevo panorama político-social que surgía de la posguerra.[87] Lo siguiente, fue una propuesta insólita, que seguramente incomodó a más de uno de los militantes que conformaban el ala oficial del trotskismo; Sedova aseguró que la consigna de la defensa de la URSS con el paso del tiempo se había vuelto anticuada:

La consigna de la defensa de la URSS contra el cerco capitalista fue dada por Trotsky hace 18 años. Durante su emigración de 1928 a 1940, Trotsky,

---

84. «Carta de Natalia Sedova a un amigo», 23 de septiembre de 1944», disponible en http://marxismo.school/ICE/1947%20La%20IVa%20Internacional%20en%20peligro.pdf.

85. *Idem.*

86. *Idem.*

87. Brg, Natalia Sedova, «Trotskistas: sin fetichismos hacia el esclarecimiento de los problemas de la revolución», en *Lucha Obrera*, órgano de la sección mexicana de la IV Internacional, México, DF, núm. 42, primera quincena de septiembre de 1946, p. 1.

infatigablemente, en la multitud de sus artículos analíticos, constató en la URSS una infatigable tendencia a la derecha que dejaba abierto el paso a la tendencia al sistema capitalista.[88]

Parafraseando a Trotsky, exigía una revisión de la teoría que fuera acorde con los nuevos acontecimientos: «nuestra tarea más inmediata consiste en continuar el trabajo de Trotsky, mediante el esclarecimiento de los problemas ideológicos tal como se presentan en las condiciones actuales, así como en la unificación de nuestras filas en un partido trotskista bajo el programa de la Cuarta Internacional».[89]

En la página 2 del mismo número de *Lucha Obrera* se encuentra la respuesta que dio la sección mexicana a la solicitud de Natalia Sedova:

> Unánimemente coincidimos con usted en la necesidad inaplazable de redoblar nuestros análisis sobre las tendencias degeneradoras en el país de la revolución de Lenin y Trotsky. En este problema, igual que en los demás, que deciden en gran parte el futuro de la Revolución Proletaria, se evidencia el golpe mortal de los agentes estalinistas al destrozar el cerebro del C. Trotsky. Pero la Sección Mexicana de la IV Internacional confía en que la suma de los esfuerzos de las diferentes secciones de la IV Internacional en torno a estos problemas vitales, una vez más le permitan mostrar su fortaleza interna.[90]

La respuesta de los trotskistas mexicanos es breve, muy general y un tanto complaciente, de hecho, se puede apreciar en ella que no contaban con una reflexión profunda relativa a la defensa incondicional de la URSS y el Estado obrero degenerado. Se nota también que dependían de Trotsky para encarar los problemas internacionales y estaban a la expectativa de lo que las otras secciones decidieran al respecto.

A la vez, en *Lucha Obrera* tuvieron cabida los análisis que Munis y Péret realizaron sobre la política internacional, en los que como era de esperarse, criticaban a las tres grandes potencias imperialistas, como llamaban a Estados Unidos, Inglaterra y Rusia. Nótese que dejaron de referirse a esta última como la URSS. Munis se encargó de examinar los planes

---

88. *Idem.*

89. *Idem.*

90. BRG, Comité de la Sección Mexicana de la IV Internacional, «Contestación de la Sección Mexicana de la IV Internacional a la camarada Natalia Sedov Trotsky», *Lucha Obrera*, órgano de la sección mexicana de la IV Internacional, México, DF, núm. 42, primera quincena de septiembre de 1946, p. 2.

geopolíticos que los «Tres grandes» querían implantar en Europa. El militante de la sección española era un firme partidario de la creación de los Estados Unidos Socialistas de Europa cuya dirigencia sería establecida por la Cuarta Internacional, por tal motivo, condenaba cualquier proyecto unificador que Churchill, Stalin y Truman propusieran para remediar los problemas económicos que padecían las naciones europeas más afectadas por la guerra. Para Munis, cualquier pretensión de esa índole, tenía como trasfondo «la perpetuación de la opresión imperialista de Europa».[91] Daba igual si los miembros de la Organización de las Nacionales Unidas (ONU) desconocían el régimen fascista de Francisco Franco en España, porque se mantenían al margen de la lucha clandestina contra el dictador.[92]

El programa de penetración y dominio económico que Estados Unidos presentó en junio de 1947 para auxiliar a los países más afectados por la guerra, mejor conocido como Plan Marshall, ocasionó el descontento de Stalin, quien en una abierta actitud hostil, impulsó el centralismo en el movimiento comunista internacional (Crespo 2016, 668). Horacio Crespo (2016, 669) señala que «la Kominform fue el organismo que instrumentó hacia el movimiento comunista internacional el excesivo centralismo y el culto a Stalin». Grandizo Munis, como analista y militante de su época, tenía la certeza de que los dos ejes rivales estaban poniendo en funcionamiento métodos de unidad nacional capitalista que tenían la finalidad de «dominar y absorber totalmente a Europa y el mundo».[93] El Plan Marshall y la Kominform solo eran dos mecanismos que las potencias imperialistas en pugna echaron a andar para ampliar su hegemonía global. Para Munis, las acciones de Rusia se presentaban más alarmantes, en primer lugar, porque su desventaja económica y armamentista frente a Estados Unidos era evidente y, en segundo lugar, porque en su afán por limitar la expansión del eje opositor, había destruido la revolución socialista.[94]

Por otra parte, Péret, quien compartía el análisis internacionalista de Munis y que, al igual que este, se refería a la URSS únicamente como Rusia,

---

91. BRG, G. Munis, «Unificación reaccionaria en Europa», *Lucha Obrera*, órgano de la sección mexicana de la IV Internacional, México, DF, primera quincena de febrero de 1947, p. 3.

92. BRG, G. Munis, «Franco y la ONU», *Lucha Obrera*, órgano de la sección mexicana de la IV Internacional, México, DF, primera quincena de enero de 1947, p. 3. Para conocer las resoluciones efectuadas por la ONU en contra del Gobierno de Franco, en diciembre de 1946, véanse los documentos digitales disponibles en https://undocs.org/es/A/RES/39%28I%29.

93. BRG, G. Munis, «El eje Moscú-Belgrado contra el eje Washington-Londres», *Lucha Obrera*, órgano de la sección mexicana de la IV Internacional, México, DF, 5 de octubre de 1947, p. 2.

94. *Idem*.

el Kremlin, Moscú o la burocracia estalinista, mostró en sus artículos que los movimientos de resistencia y liberación nacional como los que estallaron en Indochina y Grecia en 1946 resultaban proclives para que los trotskistas intentaran tomar su dirigencia y, de paso, desplazaran la presencia que mantuvieran los partidos comunistas locales en dichas movilizaciones.[95] Para Péret no había otra solución revolucionaria que la agitación en las fábricas y la organización de las huelgas para contrarrestar la expansión estadounidense y la contrarrevolución rusa en territorio europeo; tenía la firme esperanza de que los obreros sabrían reconocer a los trotskistas como sus aliados y a los países imperialistas como sus enemigos.[96] Tanto Munis como Péret habían radicalizado su postura revolucionaria desde que fracasara el Gobierno republicano en España y ascendiera el fascismo. Para ellos, las condiciones objetivas para la toma del poder estaban dadas, solo había que cambiar la dirección revolucionaria por una que no vacilara y estuviera dispuesta a enfrentar a Moscú y al bloque estadounidense.

El tipo de análisis internacionalista que Munis, Péret y Sedova realizaban de la situación mundial y las condiciones sociales de la lucha revolucionaria, era a su vez, la directriz ideológica que ellos querían implantar en la Cuarta Internacional. En una carta abierta al Partido Comunista Internacionalista de Francia, fechada en junio de 1947, los susodichos expusieron sus deseos de proporcionar un nuevo programa revolucionario en el que el Gobierno ruso y sus filiales comunistas en el mundo aparecían como «la causa más potente y peligrosa de la crisis del movimiento obrero mundial», muy por encima de la socialdemocracia.[97] La defensa de la URSS aparecía como la causante de todos los males de la revolución internacional y de los problemas al interior de las secciones de la Cuarta. El grupo de Munis quería que la sección francesa, una de las más reconocidas, pero que se encontraba dividida, discutiera los objetivos programáticos que se le proporcionaban en la carta, con miras a que rectificara su postura considerada reformista. Los franceses hicieron caso omiso.

En un escrito más, intitulado *La Cuarta Internacional en peligro*, Sedova, Munis y Péret acusaron al SI y CEI de manipular la dirección internacional que presidiría el Segundo Congreso Mundial de la IV Internacional previsto

---

95. BRG, V. Peralta, «Sobre la guerra civil griega», *Lucha Obrera*, órgano de la sección mexicana de la IV Internacional, México, DF, primera quincena de febrero de 1947, p. 3.

96. BRG, V. Peralta, «En Europa ocupada», en *Lucha Obrera*, órgano de la sección mexicana de la IV Internacional, México, DF, primera quincena de marzo de 1947, p. 3.

97. BRG, Sedova-Trotsky, Natalia; Péret, Benjamin; Munis, G., «Carta abierta al Partido Comunista Internacionalista», México, DF, junio de 1947, reproducida en Guillamón (1996, 383).

para 1948. Los quejosos argumentaron que los organismos rectores del trotskismo mundial habían organizado a una mayoría representativa de militantes favorable a la actual dirección, en detrimento de las minorías, como las secciones latinoamericanas, las cuales no podrían hacerse oír y votar en el Congreso.[98] Munis y Péret fueron acusados de deslealtad e indisciplina.[99]

El II Congreso Internacional de la IV Internacional tuvo verificativo en París entre el 2 y el 21 de abril de 1948. En él se reunieron cerca de 22 organizaciones de 19 países y se discutieron las tareas que seguirían las secciones de la Cuarta Internacional durante los años de la posguerra (Frank 1970, 66). Fue así como se impulsó la lucha de «los pueblos coloniales» contra la dominación que ejercía sobre de ellos Estados Unidos (1970, 67). Además, se abordó de nueva cuenta el tema de la expansión soviética en Alemania y los países de Europa oriental; se precisó el nivel de «degeneración» al que el Gobierno de Stalin había llegado; se concluyó que «en esos países la estructura y la función burguesa del Estado habían sido mantenidas» (1970, 68). También se reiteró que los recientes acontecimientos de la posguerra acrecentaron el reformismo de los partidos comunistas.

Munis participó en el Congreso, no obstante, su postura antidefensa de la URSS y en pro de la reformulación del Programa de Transición, fue aplastada por la mayoría del SI. Únicamente tuvo como aliados a Cornelius Castoriadis (Chaulieu), miembro de la oposición disidente del Partido Comunista Internacionalista; Grace Lee (Stone) militante americana del SWP; Bob Armstrong del Partido Socialista Revolucionario de Irlanda y George Jungclas (Edouard) de la sección alemana. Para Munis, el evento careció de seriedad, además el CEI lo condicionó; si quería pertenecer al nuevo Comité Ejecutivo tendría que someterse a la disciplina de la Cuarta Internacional, eso significaba aceptar los términos que él rechazaba por completo.[100]

Munis y Péret siguieron trabajando juntos; no cambiaron su postura crítica, para ellos era revolucionaria. En París dirigieron el Comité Central del Grupo Comunista-Internacionalista de España, en el que militaban Esteban Bilbao, Jaime Fernández (J. Costa), Agustín Rodríguez y Roberto Montero.

---

98. Sedova-Trotsky, Natalia; Péret, Benjamin; Munis, G., «La IV Internationale en danger» [La IV Internacional en peligro], México, DF, 27 de junio de 1947, carta reproducida en Guillamón (1996, 393).

99. G. Munis, «Índice de mi deslealtad», agosto de 1947 y G. Munis y Benjamin Péret, «Haz lo que digo no lo que hago», 22 de agosto de 1947, disponible en http://marxismo.school/ICE/1947%20La%20IVa%20Internacional%20en%20peligro.html.

100. G. Munis, «Informe sobre el Congreso Mundial (París, mayo de 1948)», en Grupo Comunista Internacionalista, *Boletín de Discusión*, París, núm. 25, enero de 1949, reproducido en Guillamón (1996, 406).

Este nuevo GCI lanzó un llamado a los grupos, secciones y militantes de la Cuarta Internacional, en septiembre de 1949, para que se sumaran al Comité Internacional de Izquierda Marxista, cuyo objetivo era convocar a una conferencia internacional que estableciera «las bases ideológicas y programáticas de un partido mundial».[101] La ruptura con la Cuarta Internacional era inminente y definitiva. El GCI no podía continuar bajo el liderazgo de una cúpula (James P. Cannon, Michel Raptis, Pierre Frank, Jock Haston y Colvin Reginald de Silva) que consideraba oportunista, nacionalista, reformista, centrista, raquítica y conservadora.[102]

Previamente, en mayo de 1949, el VII Pleno del CEI hizo oficial que Munis y su grupo ya no formaban parte de la Cuarta Internacional por abandonar públicamente la línea política del II Congreso y desatender sus obligaciones en el seno de la sección española.[103] Natalia Sedova quedó absuelta, por ser la viuda de Trotsky.

Esta ruptura impactó en la sección mexicana y, por consiguiente, en *Lucha Obrera*. Los trotskistas mexicanos estuvieron en medio de dos posturas: la oficial que defendía el CEI junto con el SWP y la crítica que proponía Munis de la sección española. La sección mexicana optó por acatar los postulados del Segundo Congreso; por ejemplo, en *Lucha Obrera* publicó un artículo para conmemorar el XXX aniversario de la Revolución rusa, en el que apuntalaba que la URSS era el único baluarte revolucionario que ni Stalin y los países imperialistas habían podido destruir durante la guerra.[104] En el mismo número de dicho periódico, el SI proclamó su repudio en contra de la Kominform, en la que sostuvo que esta institución era una simple estrategia orquestada por «el régimen absolutista» de la URSS, (como la línea oficial trotskista seguía designando a Rusia) para preservar sus posesiones en Europa y hacer frente al bloque estadounidense.[105]

El último artículo que Munis escribió para *Lucha Obrera* llevó por título «¿Thorez contra De Gaulle, o Thorez con De Gaulle?» y apareció en el

---

101. Grupo Comunista-Internacionalista de España, «Explicación y llamamiento a los militantes, grupos y secciones de la IV Internacional (París, julio de 1949)», editado por el Comité Central del Grupo Comunista- Internacionalista de España, París, septiembre de 1949, reproducido en Guillamón (1996, 416).

102. *Idem*.

103. «Resolution sur l'Espagne», *Bulletin Interieur du SI de la IV Internationale*, mayo de 1949, reproducido en Guillamón (1996, 417).

104. BRG, «El ejemplo de octubre está vivo», *Lucha Obrera*, órgano de la sección mexicana de la IV Internacional, México, DF, 5 de noviembre de 1947, pp. 1 y 4.

105. BRG, Declaración del Secretariado Internacional de la IV Internacional, «¡Acción revolucionaria de clase contra el imperialismo!», *Lucha Obrera*, órgano de la sección mexicana de la IV Internacional, México, DF, 5 de noviembre de 1947, pp. 1 y 4.

ejemplar número 59 del 28 de diciembre de 1947. En él, en primer lugar, el entonces militante de la sección española agregó una nota aclaratoria: «Este artículo no expresa la opinión de la sección mexicana sino de su autor».[106] En segundo lugar, insistía en que la única vía revolucionaria para acabar con los dos bloques capitalistas era transformar la guerra imperialista en una guerra civil internacional. Cualquier otra alternativa le parecía reformista.

Después del II Congreso Internacional, la sección mexicana, por su parte, adoptó la visión internacionalista del CEI. Sin embargo, a pesar de que en varios artículos que aparecieron en *Lucha Obrera* posteriores a esa fecha se reflejaba una línea del trotskismo oficial, que consistía en defender a toda costa a la URSS del régimen estalinista e impulsar el proyecto para la creación de los Estados Unidos Socialistas de Europa, también se hacían patentes reminiscencias de la tendencia de Munis. Esto es notorio porque en la mayor parte de los artículos que se publicaron en 1948 no se habló de la URSS ni de la Unión Soviética, sino de Stalin, Moscú y Rusia. A continuación se presenta un listado de los textos en los que se deja ver esta tendencia política:

- La stalinización de Checoslovaquia, corta la tierra de nadie y acerca la guerra[107]
- Checoslovaquia amordazada[108]
- ¿Entendimiento temporal entre Stalin y Washington?[109]
- Las contradicciones Stalin-Tito[110]
- Guerra fría stalinista contra Tito[111]

---

106. BRG, G. Munis, «¿Thorez contra De Gaulle, o Thorez con De Gaulle?», *Lucha Obrera*, órgano de la sección mexicana de la IV Internacional, México, DF, 28 de diciembre de 1947, p. 3.

107. BRG, «La stalinización de Checoslovaquia, acorta la tierra de nadie y acerca la guerra», *Lucha Obrera*, órgano de la sección mexicana de la IV Internacional, México, DF, abril de 1948, pp. 2 y 4.

108. BRG, «Checoslovaquia amordazada», *Lucha Obrera*, órgano de la sección mexicana de la IV Internacional, México, DF, 1 de mayo de 1948, p. 4.

109. BRG, Juan Martín, «¿Entendimiento temporal de Stalin y Washington?», *Lucha Obrera*, órgano de la sección mexicana de la IV Internacional, México, DF, 1 de junio de 1948, p. 2.

110. BRG, Juan Martin, «Las contradicciones de Stalin y Tito», *Lucha Obrera*, órgano de la sección mexicana de la IV Internacional, México, DF, 20 de agosto de 1948, pp. 1 y 4.

111. BRG, «Guerra fría stalinista contra Tito», *Lucha Obrera*, órgano de la sección mexicana de la IV Internacional, México, DF, Primera quincena de septiembre de 1949, p. 2.

- Democracia dirigida en Checoslovaquia[112]
- La rusificación de Bulgaria: el paraíso de Dimitrov[113]
- Wallace, su tercer partido y la clase obrera[114]
- ¿Quiénes son los criminales de Berlín?[115]

Los escritos que preservaron por completo la orientación del CEI fueron los siguientes:

- El presupuesto de la URSS y la subalimentación[116]
- Nueva cabriola del stalinismo[117]
- ¿Crisis de Francia o crisis del capitalismo mundial?[118]
- El Congreso de la Paz, ¿paz auténtica o presión para negociar?[119]

Como hipótesis se puede suponer que en la sección mexicana había dos corrientes: una que adoptó el tipo de crítica internacionalista que plan-teaba Munis y otra que defendía la postura del CEI. ¿Qué hubiera pensado Trotsky al respecto?, no se puede saber con certeza, pero con seguridad hubiera impuesto tajantemente la directriz irrefutable, sin que por supues-to faltaran las expulsiones.

La idea internacionalista que puso en circulación la sección mexicana fue el resultado de las resoluciones del Congreso de Emergencia de la IV Internacional en 1940 y de las polémicas que se suscitaron entre el CEI y los militantes españoles radicados en México, quienes, dicho sea de paso,

---

112. BRG, «Democracia dirigida en Checoslovaquia», *Lucha Obrera*, órgano de la sección mexicana de la IV Internacional, México, DF, 1 de junio de 1948, p. 3.

113. BRG, J. Alonso, «La rusificación de Bulgaria: el paraíso de Dimitrov», *Lucha Obrera*, órgano de la sección mexicana de la IV Internacional, México, DF, 20 de agosto de 1948, pp. 2-3.

114. BRG, «Wallace, su tercer partido y la clase obrera», *Lucha Obrera*, órgano de la sec-ción mexicana de la IV Internacional, México, DF, 1 de junio de 1948, pp. 3-4.

115. BRG, «¿Quiénes son los criminales de Berlín?», *Lucha Obrera*, órgano de la sección mexicana de la IV Internacional, México, DF, 10 de julio de 1949, p. 3.

116. BRG, «El presupuesto de la URSS y la subalimentación», *Lucha Obrera*, órgano de la sección mexicana de la IV Internacional, México, DF, 1 de junio de 1948, p. 3.

117. BRG, «Nueva cabriola stalinista», *Lucha Obrera*, órgano de la sección mexicana de la IV Internacional, México, DF, 1 de mayo de 1948, p. 2.

118. BRG, «Crisis en Francia o crisis del capitalismo mundial», *Lucha Obrera*, órgano de la sección mexicana de la IV Internacional, México, DF, 20 de octubre de 1948, p. 3.

119. BRG, «El Congreso de la Paz, ¿paz auténtica o presión para negociar?», *Lucha Obrera*, órgano de la sección mexicana de la IV Internacional, México, DF, primera quincena de septiembre de 1949, p. 1.

tenían autoridad en *Lucha Obrera*. Por tal motivo, esta concepción internacionalista, aunque en el fondo representaba una noción de revolución socialista, no era homogénea porque el procedimiento para ponerla en práctica dependía de la postura que se considerara más adecuada. Por supuesto, estas dos expresiones revolucionarias que confluían en *Lucha Obrera* solo podían ser vistas y entendidas por los militantes de la Cuarta Internacional, ya que querían aparentar una homogénea radicalidad revolucionaria y ofrecer un análisis «materialista» y «objetivo» de la situación geopolítica. Con esta representación o representaciones del internacionalismo revolucionario se puede constatar que el tránsito de las ideas no era para nada pasivo, sino que estaba sujeto a intereses grupales que se disputaban la dirección de la Cuarta Internacional y del movimiento marxista-leninista mundial. Los trotskistas más avezados teóricamente, como los españoles, estaban en posición de cuestionar las decisiones verticales que la cúpula de la Cuarta Internacional pretendía imponer en sus secciones. Mientras que una organización de menor jerarquía, como la mexicana, tenía que proporcionar sus espacios propagandísticos, ya fuera, en el periódico o en los folletos, para que los militantes extranjeros de más alto rango polemizaran entre ellos. En todo caso, un periódico como *Lucha Obrera* servía también para darle mayor proyección internacional a estos grupos que buscaban tener el pleno control de la Cuarta Internacional. Por lo tanto, la idea internacionalista no solo era un método revolucionario para realizar la revolución a escala mundial, sino que también era una palestra ideológica en la que se formaban tendencias políticas.

Pero, a la par del pensamiento internacionalista, en *Lucha Obrera* también predominó la idea de una democracia sindical. Esta noción resultó más fructífera para la sección mexicana, porque prácticamente fue la estrategia con la que penetró en diferentes sindicatos oficiales o independientes. La democracia sindical se convirtió en un símbolo programático que tenía el atributo –según los trotskistas– de otorgarles el pleno control político a los obreros y campesinos para instaurar un gobierno socialista.

6. LA IDEA DE LA DEMOCRACIA SINDICAL

Desde antes de su ingreso a la Cuarta Internacional, entre 1938 y 1939, los trotskistas mexicanos ya combatían lo que para ellos era la burocracia sindical, esto quería decir que el movimiento obrero, en su mayoría, se encontraba controlado por una élite capitalista (patrones) y corrupta, que debía ser derrocada para implantar un mandato democrático en el que los obreros tuvieran el control total de las fábricas y, por ende, de los medios de producción. Se pensaba que este tipo de gobierno obrero sería el primer paso para instaurar un régimen socialista mundial.

Los militantes mexicanos, en 1940, con ayuda de Munis elaboraron el Programa de Demandas Transitorias que se publicó en *Lucha Obrera* en octubre de 1941. Con excepción de los puntos correspondientes a la libertad ejidal y el reparto de tierras, que eran demandas propias del contexto mexicano, los restantes formaban parte de la directriz emanada del Congreso de Emergencia y el Programa de Transición, como «el control obrero de la producción mediante comités de fábrica» y «la democracia al interior de los sindicatos».[120]

Con este fundamento programático, el POI aceleró su campaña revolucionaria para derrocar la alianza por la unidad nacional que constituyeron el Gobierno federal, el PCM, la CTM, otras organizaciones sindicales, así como el sector empresarial. El POI promovió la democracia sindical, que consistía en la creación de administraciones obreras compuestas por consejos (soviets) que garantizaran el control fabril. Por ejemplo, con motivo de las divisiones que se generaron al interior del Sindicato de Trabajadores de la Educación de la República Mexicana (STERM), *Lucha Obrera* enfatizó:

> Desde el punto de vista sindical los estalinistas están perdidos, ni siquiera pudieron simular una votación a favor de su comité y tuvieron que desenmascararse sin tapujos imponiendo –o pretendiendo imponer– una dirección estalinista a cuya cabeza colocaron un pelele que se llama Efraín Bonilla [...]. Los maestros que eligieron una dirección con todos los procedimientos democráticos, están luchando contra la imposición del partido stalinista con apoyo de la Federación de Trabajadores del D. F. es decir, con los dirigentes de ese sector de la clase obrera. Esta situación crea para los maestros revolucionarios, principalmente para los militantes y amigos de la IV Internacional un campo de acción en extremo favorable.[121]

El 23 de septiembre de 1941, varios trabajadores de la fábrica Materiales de Guerra que exigían la regulación de las relaciones obrero-patronales fueron masacrados frente a Los Pinos por militares que custodiaban el

---

120. BRG, «Nuestro programa de demandas transitorias», *Lucha Obrera*, órgano del Partido Obrero Internacionalista (sección mexicana de la IV Internacional), México, DF, 1 de octubre de 1941, p. 1.

121. BRG, «¡Los maestros del D. F. en pie de lucha!», *Lucha Obrera*, órgano del Partido Obrero Internacionalista (sección mexicana de la IV Internacional), México, DF, 1 de junio de 1941, p. 2.

recinto presidencial. El saldo rojo fue de 12 manifestantes asesinados, un cuantioso número de heridos y otra cifra más de encarcelados. Se sabe que la mayor parte de los afectados fueron mujeres (el POI reportó la participación de al menos trescientas) que marchaban al frente, llevando consigo canastillas de flores para obsequiarlas a la esposa del presidente.[122] A partir de este desafortunado incidente, *Lucha Obrera* no solo se pronunció por una democracia sindical, sino que se declaró abiertamente enemigo del Gobierno de Manuel Ávila Camacho:

> Muy claro está, en consecuencia, que la burguesía en el poder ha resuelto desatar la represión contrarrevolucionaria por encima de toda clase de escrúpulos, se prepara a destruir los propios sindicatos que le merecen «viejos afectos», y a reprimir toda manifestación de la lucha de clases por medio de la ley hitleriana que castiga supuestos delitos de «disolución social».[123]

Para el POI, el Estado pasó rápidamente «al asesinato y al terror», y tuvo a su disposición «líderes rompehuelgas» como el secretario del Trabajo Ignacio García Téllez, de origen cardenista, quien se vanagloriaba de mantener un ambiente de «paz social».[124] De acuerdo con Luis Medina, el anticomunista Maximino Ávila Camacho usurpó funciones en esta secretaría para «mantener un verdadera armonía entre el capital y el trabajo» (Medina 1978, 155).

De allí en adelante los trotskistas concibieron al avilacamachismo como el «enterrador de la democracia cardenista».[125] Además, aumentó su actitud radical; tenían la intención de crear un movimiento obrero y campesino armado (autodefensas) que tuviera la capacidad de repeler cualquier agresión policiaca en contra suya. *Lucha Obrera*, órgano de agitación y propaganda, sirvió para proyectar la imagen de un sistema político mexicano represor y servil a los intereses de Estados Unidos. El sindicalismo

---

122. Valentín Campa (2014, 172). Véase también BRG, «Trabajadores: ¡Castigo para los masacradores del 23 de septiembre!», *Lucha Obrera*, órgano del Partido Obrero Internacionalista (sección mexicana de la IV Internacional), México, DF, 20 de noviembre de 1941, p. 4.

123. BRG, «¡Castigo a los masacradores del 23 de septiembre!», *Lucha Obrera*, Órgano del Partido Obrero Internacionalista (sección mexicana de la IV Internacional), México, DF, segunda época, 1 de octubre de 1941, p. 1.

124. BRG, «¡Levantaos contra el terror!», *Lucha Obrera*, órgano del Partido Obrero Internacionalista (sección mexicana de la IV Internacional), México, DF, segunda época, 1 de octubre de 1941, p. 1.

125. BRG, «El avilacamachismo enterrador de la 'democracia cardenista'», *Lucha Obrera*, órgano del Partido Obrero Internacionalista (sección mexicana de la IV Internacional), México, DF, segunda época, 20 de noviembre de 1941, p. 1.

cetemista fue retratado como un producto de esa degeneración guberna-mental, que tenía las mismas cualidades autoritarias y corruptas. Por consi-guiente, *Lucha Obrera*, no solo era el mecanismo informativo, sino que era el portador de una imagen gloriosa del trotskismo que mostraba la tiranía del régimen político presidencial y de la organización sindical corporativi-zada en el partido oficial.

La sección mexicana aprovechó el atentado que sufrieron los trabaja-dores de Materiales de Guerra a manos del Estado para exhibirse pública-mente como una organización obrera auténtica que defendía los intereses de los trabajadores y luchaba por instaurar un régimen revolucionario. Por ello, *Lucha Obrera* sirvió como instrumento mediático para introducir a los trotskistas en la disputa por el control obrero mexicano, que entonces se encontraba en poder de la CTM y, en mucha menor medida, del PCM. La Cuarta Internacional había desarrollado un programa, cuyo eje central era el marxismo bolchevique, con el que pretendía poner al descubierto «la moral reaccionaria y reformista», de los gobernantes a quienes consideraba capitalistas, socialdemócratas o estalinistas. Los trotskistas habían adecuado este proyecto a la realidad mexicana de modo que se dieran a conocer las carencias del sistema político nacional. Así que ante una represión como la que se suscitó el 23 de septiembre de 1941, la sección mexicana exi-gió «descubrir y denunciar a los verdaderos culpables, los altos funcio-narios militares, los inspiradores de la política contrarrevolucionaria del gobierno».[126] Prácticamente, el contenido informativo de *Lucha Obrera* es-tuvo regido por el principio militante del desenmascaramiento.

No es extraño que la sección mexicana culpara a los periódicos *La Voz de México* y *El Popular* de confabularse para ocultar la participación de Ávila Camacho en ese atentado y achacarle lo ocurrido al sinarquismo y a los quintacolumnistas (entre los que se encontraban, según el discurso oficial, los trotskistas). Otra práctica que estaba asociada a la idea leninis-ta, que la sección mexicana preservaba en *Lucha Obrera*, era aquella que reivindicaba la solidaridad obrera. En primer lugar, presentar una nota in-formativa y formativa a la vez implicaba a los militantes, como a cualquier otro periodista, visitar el lugar de los hechos o hablar con las personas que estuvieran involucradas en determinados acontecimientos. En segundo lugar, la administración del periódico decidiría el orden de importancia y el sentido que tendría el reportaje. De tal manera que integrantes de la sección mexicana asistieron al funeral de los trabajadores y trabajadoras

---

126. BRG, «Castigo para los masacradores del 23 de septiembre», *Lucha Obrera*, órgano del Partido Obrero Internacionalista (sección mexicana de la IV Internacional), México, DF, 1 de octubre de 1941, p. 2.

asesinados. El reporte del sepelio apareció como apéndice del artículo «El avilacamachismo enterrador de la democracia cardenista» en señal de que el «paraíso democrático», tan promovido por el Gobierno federal, se encontraba en una fase «militar policíaca», de tal magnitud que, si el proletariado no formaba un frente único revolucionario y rompía con sus viejos líderes, peligrarían sus conquistas laborales.[127]

La solidaridad militante involucraba un fuerte sentido de la confraternidad obrera, así que esa fue una estrategia marxista y propagandística que no faltó en las páginas de *Lucha Obrera*. En el ejemplar número 9, del 20 de noviembre de 1941, el POI publicó una carta de los integrantes de la Unión General de Trabajadores de Materiales de Guerra, en la que se ofrecía una relación de los hechos ocurridos el 23 de septiembre. La nota llevó por título: «Frente a la versión impuesta a la prensa "libre" e independiente. Los Trabajadores de Materiales de Guerra presentan la suya».[128] Los afectos personales, grupales y la sed de justicia, propios de la militancia política, eran una parte constitutiva del imaginario de un grupo minoritario que aspiraba a realizar una revolución a imagen y semejanza de la soviética de 1917.

Otro elemento que se complementaba y potencializaba con el de la camaradería trotskista era el de la veracidad. *Lucha Obrera* tenía que aprovechar su situación de prensa militante y disidente para conferirse un atributo que sus rivales en su lógica oficialista parecían olvidar, el de la verosimilitud obrera. El periódico trotskista le dio voz a los testimonios de los trabajadores agraviados, en oposición a los fríos relatos que hizo circular la prensa comercial afín al régimen.

La misma estrategia reflexiva y crítica se hizo presente en *Lucha Obrera* en marzo de 1942, después de que centenares de estudiantes del Instituto Politécnico Nacional (IPN), que se declararon en huelga, fueron reprimidos por las fuerzas de seguridad del Estado (Guevara Niebla 1978, 6-7). Policías armados con máusers y bomberos que portaban armas blancas agredieron a los manifestantes. Jóvenes de 14 y 15 años cayeron asesinados y decenas resultaron heridos. Al respecto *Lucha Obrera* declaró:

---

127. BRG, «El avilacamachismo enterrador de la 'democracia cardenista'», *Lucha Obrera*, órgano del Partido Obrero Internacionalista (sección mexicana de la IV Internacional), México, DF, segunda época, 20 de noviembre de 1941, p. 1.

128. BRG, «Frente a la versión impuesta a la prensa 'libre' e independiente. Los Trabajadores de Materiales de Guerra presentan la suya», *Lucha Obrera*, órgano del Partido Obrero Internacionalista (sección mexicana de la IV Internacional), México, DF, segunda época, 20 de noviembre de 1941, p. 4.

Es así como continuando la masacre de Materiales de Guerra, se trata de ahogar en sangre los derechos democráticos de manifestación y huelga. Como de costumbre y por boca de todos los periódicos (excepción de «La Prensa»), la versión 'oficial' presenta a los estudiantes como «agresores de los inocentes policías».[129]

La sección mexicana culpó directamente a Ávila Camacho y al PCM de persuadir al Comité de Huelga para que capitulara: «Los líderes estudiantiles han suspendido el estado de huelga y recomendado reanudar las clases y esperar pacientemente que el Sr. Presidente cumpla sus promesas».[130] Para *Lucha Obrera* la fachada democrática presidencial seguía quedando intacta, puesto que las críticas no solo escaseaban, sino que se dirigían a mandos inferiores del Gobierno de la República.

Ávila Camacho quería encauzar el movimiento obrero por la ruta del proyecto modernizador; la idea de fondo era proteger al sector empresarial nacional y extranjero mediante la conciliación obrero patronal. Esto significaba la reducción y criminalización de las huelgas, pese a que los salarios de los trabajadores iban en picada durante el sexenio (Durand Ponte 1986, 565). La inflación ocasionó que el costo de la vida aumentara de «100 en 1940 a 135.6 en el bienio de 1942-1943 a 20.3 en 1944-1945 y a 276.3 en el último año de esa administración» (Basurto 1996, 43).

Los partidos de izquierda arreciaron la lucha contra la «carestía de la vida». Sin embargo, mientras que el PCM y el lombardismo convencían a sus seguidores de que solo la unidad nacional resolvería sus problemas inmediatos, *Lucha Obrera* aseguraba todo lo contrario:

> «Producir más cada día», dice la propaganda oficial, pero, ¿para qué y para quienes? Porque no se trata de producir más trigo, más frijol, más productos elaborados, para que el hambriento pueblo mexicano, alimentado por hoy a base de una exigua ración, pueda estarlo como corresponde a los seres humanos [...]. Desde los explotadores, acaparadores y otros sectores privilegiados de la burguesía nativa, hasta los imperialista de Norteamérica, pasando por todos los estratos de la burocracia sindical del país se llenan los bolsillos «de ganancias de guerra» a costa de la miseria y el hambre del

---

129. BRG, «Los estudiantes huelguistas del politécnico masacrados cobarde o salvajemente por las policías o bomberos democráticos», *Lucha Obrera*, órgano del Partido Obrero Internacionalista (sección mexicana de la IV Internacional), México, DF, segunda época, 10 de marzo de 1942, p. 1.

130. BRG, «Tras la máscara de unidad y producir más», *Lucha Obrera*, órgano del Partido Obrero Internacionalista (sección mexicana de la IV Internacional), México, DF, segunda época, 15 de abril de 1942, p. 1.

pueblo. «Producir más» significa, en boca de los propagandistas oficiales, trabajar más para el imperialismo, y la unidad nacional tiene su equivalente en la aceptación paciente y silenciosa del hambre y la escasez.[131]

Para los trotskistas, las características reaccionarias, contrarrevolucionarias y pro imperialistas del avilacamachismo aumentaban conforme transcurría su sexenio.[132] *Lucha Obrera* insistió en la creación de un gran movimiento obrero y campesino oposicionista que reivindicara el derecho a la huelga, la independencia sindical y el incremento salarial.

En 1943, cuando la sección mexicana de la IV Internacional dejó de llamarse POI, su discurso antiavilacamachista cobró nuevos bríos, ahora se trataba de someter a una revisión meticulosa la retórica del régimen presidencial:

> Haciendo a un lado el lenguaje de abogados chicaneros en que está redactado, este decreto quiere decir lo siguiente: el gobierno pretende fijar los precios de los artículos alimenticios «nivelándolos» con los precios de los artículos industriales; pero estos no ponen ningún límite, lo que significa que unos y otros pueden elevarse indefinidamente. Tenemos así que esta medida dice fijar los precios y evitar la especulación, en realidad no se fija nada, y en cambio se exhibe al gobierno de Ávila Camacho, como aliado y protector de los especuladores.[133]

Lucha Obrera quiso revelar lo que había «detrás» del discurso público oficialista. Cuando se celebró el primer aniversario del Pacto de Unidad firmado por las organizaciones obreras en junio de 1942, José Galván publicó el artículo titulado «El presidente Ávila Camacho reclama sacrificios a cambio de más palabras y más palabras», en el cual ofreció una versión crítica acerca de la política social y económica del régimen:

> La unidad nacional significa sacrificio para los trabajadores y ganancia para los patrones. Las palabras del presidente son reveladoras. «Quiero repetir que en cualquier desequilibrio en los salarios el Gobierno ocurrirá a darle pronta solución». Los precios de los artículos de consumo popular han

---

131. Brg, «Tras la máscara de unidad y producir más», *Lucha Obrera*, órgano del Partido Obrero Internacionalista (sección mexicana de la IV Internacional), México, DF, segunda época, 15 de abril de 1942, pp. 1-2.

132. *Ibidem*, p. 2.

133. Brg, «Editorial», *Lucha Obrera*, órgano de la sección mexicana de la IV Internacional, México, DF, 15 de junio de 1943, p. 1.

subido en forma a penas concebible; y por consiguiente el poder adquisitivo de los trabajadores se ha reducido en forma alarmante. Y qué ha hecho el gobierno ¡Nada, nada! ¿Por qué el señor Gaxiola en lugar de estar en la cárcel ocupa un cómodo sillón de ministro?[134]

En este análisis de la política nacional no faltaron las referencias negativas hacia los dirigentes cetemistas que permanecían aliados con el Gobierno (Vicente Lombardo Toledano y Fidel Velázquez) de quienes se dijo que eran «unos líderes vendidos». José Galván le imprimió un último efecto concientizador a su texto, el de la «confianza». Para ello, su lenguaje se tornó más sugestivo cuando pidió a los obreros que «abrieran bien los ojos», en referencia a que estos debían desconfiar de los líderes que ofrecían banquetes al presidente.

En otro artículo, el mismo autor analizó el discurso que el presidente Ávila Camacho pronunció en un banquete al que asistieron 10.000 personas, en agosto de 1943. Galván cuestionó y, a su manera, desarticuló cada una de las partes del texto oficial para «revelar» lo que había entre líneas: primero, un aplazamiento indefinido de los problemas sociales del momento, pero que permanecían encubiertos bajo un manto ficticio de «cordialidad» y «benevolencia», y, segundo, la colaboración de los líderes sindicales en la perpetuación de la desigualdad social. Ante la demagogia avilacamachista, los trotskistas emplearon en *Lucha Obrera* un estilo cada vez más combativo, como aquel en el que la política social del Gobierno era sinónimo de «hambre y miseria».

En una nota de septiembre de 1943, la sección mexicana dirigió su crítica a los diputados, a quienes acusó de impedir que se «debatieran los problemas que más le interesaban al pueblo mexicano en defensa de la unidad nacional». Los trotskistas advertían que la política oficial beneficiaba directamente a los comerciantes acaparadores y «los grandes capitalistas». Ante la aplicación de un proyecto «modernizador», la sección mexicana se mostró como la única solución posible para instaurar el socialismo: «los obreros revolucionarios sabremos encontrar una salida a la situación insostenible en que la clase capitalista nos tiene sometidos e invitamos a los explotados a unirse al Programa de Transición de la Cuarta Internacional».[135]

---

134. Brg, José Galván, «El presidente Ávila Camacho reclama sacrificios, a cambio de palabras y más palabras», *Lucha Obrera*, órgano de la sección mexicana de la IV Internacional, México, DF, segunda época, julio de 1943, p. 1.

135. Brg, «Los diputados se niegan a hablar del hambre popular», *Lucha Obrera*, órgano de la sección mexicana de la IV Internacional, México, DF, segunda quincena de septiembre de 1943, p. 3.

Durante este período dominaron las exportaciones de México hacia Estados Unidos debido a las condiciones de la guerra mundial, pero la abundancia económica no quería decir equidad social, a la par hubo un proceso inflacionario que perjudicó el poder adquisitivo de los sectores populares (Loyola Díaz y Martínez 2010, 44-46). Los precios de los productos aumentaron, mientras que el salario de los trabajadores disminuyó (2010, 47). Los trotskistas no solo pretendían darle una solución revolucionaria al problema, sino que también querían dejar en claro quiénes eran los causantes del deterioro salarial. Pese a que entre 1942 y 1943 hubo peticiones para que se incrementaran los salarios hasta un 50 %, el Gobierno federal «solo expresaba su preocupación por la angustiosa situación y prometía estudiar el caso» (Basurto 1996, 43).

Así que a la imagen ominosa de Ávila Camacho, *Lucha Obrera* sumó la de los banqueros, el PRM, Vicente Lombardo Toledano y el PCM. En oposición a la incompetencia gubernamental, la sección mexicana lanzó su programa de acción obrera que contenía los siguientes objetivos:

- Por el control del comercio exterior mediante comités de obreros y ejidatarios.
- Por el esclarecimiento de las maniobras del secretario de economía nacional.
- Por la constitución de comités obreros de barrio y campesinos en cada ejido.
- El pueblo debe comer bastante. Si la guerra trae carestía, que sea sobre los artículos de lujo que consumen los burgueses.

Los marxistas concebían la información periodística como el mecanismo para incidir en la toma decisiones de los trabajadores. En un ambiente político mexicano en donde los movimientos independientes del Estado y del sindicalismo oficialista eran criminalizados y reprimidos, los trotskistas ofrecían una estructura comunicativa alternativa que procuraba ser confiable y mantenerse en armonía con los intereses sociales y económicos más apremiantes de los trabajadores. Esta forma de explicar los hechos se enmarcó en una disputa por ofrecer a las masas los significados «reales» de los acontecimientos políticos del momento. Esto implicaba, en el caso de los trotskistas, ofrecer un tipo de análisis marxista que tenía como eje la conformación de un liderazgo autónomo y democrático que desplazara las viejas prácticas coercitivas de la cúpula sindical oficial, como la CTM y derribar así las imágenes triunfalistas y hegemónicas de la coalición por la «unidad nacional». En tanto, el Gobierno y sus aliados estigmatizaban y sancionaban el derecho de huelga, los trotskistas en *Lucha Obrera* lo reivindicaban.

Los sutiles mecanismos textuales que empleaban los militantes de la sección mexicana para concientizar a las masas tenían como fuente el Programa de Transición y las coyunturas políticas que repercutían de forma inmediata en el sector obrero industrial. La noción del «desenmascaramiento», que era uno de estos mecanismos, consistía en la acción de provocar en la audiencia un efecto de veracidad e inconformidad por medio de escritos redactados con un lenguaje desafiante, crítico, combativo, internacionalista, marxista, destinado a un público que no se reducía al sector obrero. Hablar en términos de confianza y desconfianza, «abrir los ojos» o «mantenerlos cerrados» era un intento de los trotskistas por tocar las fibras sensibles de los trabajadores y activistas insatisfechos con el régimen, para ganarse su simpatía, y articular así un liderazgo autónomo que desembocara en un gran movimiento revolucionario.

Cabe destacar que el contenido de *Lucha Obrera* incluía frases cortas o adelantos temáticos, por ejemplo, «en nuestro próximo número nos referiremos al empréstito de 200 millones que gestiona el gobierno para obsequiar a la burguesía». También se introducían consignas de Trotsky e invitaciones de ingreso a las filas de la sección mexicana. Estas medidas estratégicas si bien podían parecer simples, en un contexto político dominado por el presidencialismo, promovían la aparición de organismos disidentes que buscaban autonomía. Recuérdese que la prensa militante, en la concepción leninista, era una prensa que se denominaba «popular», es decir, que pretendía romper con la tradición decimonónica de la prensa intelectual; en su lugar incorporaba recursos propagandísticos adecuados para la formación política de los sectores iletrados o menos educados.

En *Lucha Obrera* observamos que su naturaleza oposicionista revolucionaria, con una vocación que se decía bolchevique leninista, le permitía utilizar sin titubeos el lenguaje persuasivo antisistema, a diferencia de sus adversarios el PCM, la CTM, la CNOP, que únicamente defendían la política de Unidad Nacional. Si revisamos el programa político del PCM encontramos que hay puntos similares a los que proponían los trotskistas, los más parecidos son dos: el que combatía el alto costo de la vida y el que pretendía integrar comités de trabajadores en las fábricas. No obstante, los métodos para conseguirlo eran sumamente distintos en ambos casos. Por ejemplo, para beneficiar el aumento salarial de los trabajadores, la sección mexicana quería cambiar las viejas prácticas corruptas del sindicalismo y el régimen imperante, así como difundir la idea de un sistema democrático basado en la autogestión obrera, mientras que el PCM convencía a sus militantes que la única solución para mejorar la situación laboral era mediante el sostenimiento del pacto de unidad nacional. De estos planteamientos se derivaban los siguientes: los trotskistas proponían organizar comités de fábricas tipo soviets que estuvieran regidos por obreros. En cambio, el PCM pretendía crear comités obreros para mejorar los sistemas de trabajo, pero sin recurrir a la huelga o el paro (Basurto 1996, 456). Los trotskistas exaltaron el principio asociativo internacionalista y el PCM el nacionalismo (Concheiro Bórquez y Payán Velver 2014, 1: 459). El PCM se pronunció por la legalidad democrática del régimen, *Lucha Obrera* quería instaurar su propio sistema democrático (2014, 1: 458).

Como se ha reiterado, a pesar de que los grupos afines al Gobierno reivindicaban las bondades que generaba la industrialización para la modernización del país, la inflación desfavorecía la economía de un sector considerable de trabajadores industriales. A ojos de los afectados, la intervención del Estado, como mediadora de patrones y sindicalizados, no era tan efectiva como los líderes sindicales oficialistas pregonaban.

El máximo beneficio que los trabajadores alcanzaron en 1943 fue la Ley de Compensaciones de Emergencia al Salario Independiente, en la cual se dispuso que si los obreros no percibían los suficientes ingresos económicos para adquirir mercancías de primera necesidad, recibirían una compensación salarial (López Villegas-Manjarrez 1983, 45). En la práctica las empresas burlaron esta ley, puesto que eran ellas las que podían declarar si estaban en la posibilidad o no de otorgar las compensaciones a los trabajadores. Se trató de una medida paliativa, hábilmente tramada, con la que el Gobierno y los patrones podían declarar ilegales los paros.

La sección mexicana quería evitar que ese tipo de convenios frenara la movilización obrera y le proporcionara mayor poder al régimen presidencial y al oficialismo sindical. *Lucha Obrera* incrementó las señales de alerta como aquellas en las que se aseguraba que los líderes sindicales corruptos, en contubernio con el Gobierno, tenían intenciones de encarcelar y multar a los «obreros revolucionarios».[136] La sección mexicana supo empalmar las invectivas dirigidas al alza de los precios y la carestía de la vida con el apoyo incondicional a las huelgas. La postura sindical que *Lucha Obrera* proponía estaba bien definida; quería formar un gobierno obrero y campesino que tuviera como sustento la democracia obrera, la independencia del Estado y la creación de comités que controlaran los precios y los salarios. Esto suponía la destitución de los líderes que, en su concepción, llamaba «traidores del proletariado» o «burocracia».

---

136. Brg, «El decreto democrático contra los paros: cárcel y multas para los obreros revolucionarios», *Lucha Obrera*, órgano de la sección mexicana de la IV Internacional, México, DF, segunda quincena de septiembre de 1943, p. 1.

En 1943, los trotskistas ya habían configurado una imagen antiavilaca-machista, con la que intentaban abrirse paso en la dura competencia por la dirigencia de los trabajadores de la ciudad y el campo. Recordemos que los periódicos y revistas militantes como *La Voz de México*, *El Popular y Futuro* superaban con creces la exigua distribución de *Lucha Obrera*. Pero la sección mexicana trataba de filtrarse por las grietas que las inconformidades obreras habían ocasionado en la compleja estructura cetemista, abanderando un programa que ofrecía un modelo de sociedad socialista, diametralmente opuesto al sistema presidencialista y corporativista del régimen. La siguiente etapa de la comunicación trotskista se singularizó porque en ella se hicieron patentes los avances políticos que la sección mexicana comenzó a tener en algunos sindicatos.

7. LA IDEA DE LA ACCIÓN REVOLUCIONARIA

En 1943, la sección mexicana redobló el trabajo militante para adentrarse en las filas de las secciones sindicales de la CTM que se oponían a la dirección oficial. Durante este período que va de 1943 a 1948, buena parte de la información que se presentó en *Lucha Obrera* corresponde a la solidaridad que los trotskistas mexicanos establecieron con aquellos sectores inconformes con la cúpula del sindicalismo cetemista. Se hace evidente que la sección mexicana luchaba por obtener la dirigencia de estos grupos, los cuales, más que una dirigencia revolucionaria, bolchevique leninista, únicamente querían que sus derechos como trabajadores sindicales fueran respetados. De hecho, en la práctica, los trotskistas tuvieron que flexibilizar sus postulados teóricos; gradualmente pasaron de un radicalismo revolucionario a un reformismo político.

Desde 1939, cuando la sección mexicana todavía era el POI, intentaba abrirse paso en los grupos sindicales que manifestaban actitudes críticas. En primer lugar, en el STERM organizó el Grupo Magisterial de Izquierda y luego la Oposición Sindical Revolucionaria. Los trotskistas querían disputarle el control magisterial al PCM. De hecho, la sección mexicana ganó adeptos entre los maestros y formó la Sección Local de Zacatecas.[137]

La idea de constituir comités estatales trotskistas le permitió a *Lucha Obrera* reportar los problemas que se suscitaban al interior de las secciones

---

137. Brg, «Por la sección de Zacatecas», *Lucha Obrera*, órgano del Partido Obrero Internacionalista (sección mexicana de la IV Internacional), México, DF, segunda época, 1 de octubre de 1941, p. 2.

regionales de la CTM. Por ejemplo, en el escrito «¿Qué ocultan los líderes ce-temistas y el gobernador de Veracruz?» se habló del contubernio que reali-zaron el senador cetemista Vidal Díaz Muñoz y el gobernador Jorge Cerdán para deshacerse de los grupos rivales, como el que dirigía José Fernández Gómez.[138] Se sabía públicamente que los comités cetemistas de Durango, Oaxaca, Nuevo León, Guanajuato, Aguascalientes, Michoacán y Chihuahua habían desafiado la autoridad del comité central (López Villegas-Manjarrez 1983, 47). Fidel Velázquez, quien fungía como el representante del Comité Ejecutivo de la CTM, pudo aminorar estas pugnas con la firma del Pacto de Unidad de las Organizaciones Obreras en la que participaron la CGT, CROM, COCM, CON y el SME. Las organizaciones obreras se aliaron con el Gobierno, ambos se prometieron cooperación recíproca y acordaron la suspensión de las huelgas (Basurto 1996, 62-63). De acuerdo con Jorge Basurto «se trataba de maniobras para ocultar las pugnas a observadores extraños pues los conflictos volvían a aflorar pasando un corto tiempo» (1996, 64).

Así, en 1943, la Federación de Trabajadores del DF, una de las orga-nizaciones más importantes de la CTM, expulsó de sus filas, por órdenes de Fidel Velázquez, a Pedro L. González, quien, tras este incidente fundó la Federación Libertaria de Obreros y Campesinos (FLOC) con la ayuda de un número considerable de seguidores. La sección mexicana de la IV Internacional, que estaba al tanto de la situación, en 1944 se sumó a la nueva organización porque quiso aprovechar que su dirigente tenía una enconada rivalidad con Velázquez. La presencia de la FLOC sacó a relucir los mecanismos ilegales y represivos con los que operaban la CTM y el propio Gobierno para acabar con los sindicatos independientes que representaban un peligro para su hegemonía. De hecho, la estrategia oficialista de la CTM también consistía en calumniar y tratar como vándalos a los líderes que se escindían de sus filas. Por ejemplo, Fidel Velázquez hizo circular entre los agremiados cetemistas la versión oficial que daba cuenta de la expulsión de Pedro L. González, en la cual decía que este último era un «gánster» que se burlaba de los intereses obreros «ya sea coludiéndose con los patrones o bien con las autoridades locales que en determinados casos son las que más empeño ponen para lograr que los dirigentes de los sindicatos y de las federaciones estatales se desvíen de su papel» (Basurto 1996, 65).

No obstante, los mecanismos represivos de la coalición por la unidad nacional desembocaron en la agresión física. El 20 de julio de ese año, policías, cetemistas y militantes del PCM capturaron a los dirigentes y varios

---

138. BRG, «Qué ocultan los líderes obreros y el gobernador de Veracruz», *Lucha Obrera*, órgano del Partido Obrero Internacionalista (sección mexicana de la IV Internacional), México, DF, segunda época, 1 de octubre de 1941, p. 3.

integrantes de la FLOC que se manifestaban en el Zócalo, entre los que se encontraban el propio Pedro L. González, Manuel Cecua, Pedro Hernández y otros 55 obreros. Uno de ellos, de nombre Genaro Cruz Santos, murió en la Penitenciaría producto de la golpiza que le propinaron elementos de la Sexta Delegación, en combinación con la negligencia médica.[139] El cadáver fue recogido por militantes de la Libertaria y velado en su local. Los trotskistas enviaron una ofrenda floral y montaron guardia al cuerpo. *Lucha Obrera* describió a Genaro Cruz como «un joven valiente y de los primeros en la lucha sindical, era muy temido por sus camaradas, así como temido y odiado por la burocracia cetemista».[140] El periódico de la sección mexicana de la IV Internacional se dedicó a denunciar las agresiones gansteriles y exigir la libertad de los trabajadores detenidos; en cada artículo empleó el tono crítico que lo identificaba.[141] En septiembre de 1944, según el reporte de *Lucha Obrera*, pistoleros de la CTM y el PCM atacaron de nueva cuenta a un grupo de obreros de la construcción, pertenecientes a la FLOC, que se manifestaban en las obras del parque de futbol del club «España». En el lugar cayeron heridos de muerte los obreros Mateo Palestina, José Cruz Bautista y Alfonso Rosas. La sección mexicana reveló que este acto representaba:

> La culminación de la campaña tendiente a liquidar a la Libertaria, campaña sostenida por la burocracia cetemista, el Partido Comunista y la policía. Así, a la represión, el encarcelamiento, tortura y muerte de sus militantes, han seguido el asalto a su local, el soborno a los militantes inconscientes y ahora el asesinato por pistoleros.[142]

Los trotskistas anunciaron que exigirían justicia y de no conseguirla se enfrascarían «en una lucha a muerte contra los pistoleros de la CTM». Para la sección mexicana de la IV Internacional resultaba imperativo que la FLOC

---

139. BRG, «Muere en la penitenciaría el obrero Genaro Santos Cruz, uno de los procesados por el mitin del Zócalo», *Lucha Obrera*, órgano de la sección mexicana de la IV Internacional, México, DF, primera quincena de septiembre de 1944, p. 2.

140. *Idem*.

141. BRG, «El proceso de los 58 obreros encarcelados por el motín del 20 de julio del Zócalo», *Lucha Obrera*, órgano de la sección mexicana de la IV Internacional, México, DF, segunda quincena de septiembre de 1944, p. 1 y L. Red., «Los obreros procesados por la demostración del 20 de julio no deben ser abandonados», *Lucha Obrera*, órgano de la sección mexicana de la IV Internacional, México, DF, segunda quincena de 1944, p. 1.

142. BRG, L. Red, «Las corrientes revolucionarias contra la Federación Libertaria», *Lucha Obrera*, órgano de la sección mexicana de la IV Internacional, México, DF, primera quincena de septiembre de 1944, p. 2.

preservara su unidad sindical y adoptara un programa revolucionario. Los trotskistas luchaban para que las organizaciones independientes se orientaran bajo la dirección de la Cuarta Internacional, porque para ellos esta era la única guía para transformar una central sindical en una organización democrática que defendiera «realmente a los trabajadores».[143] Para intentar alcanzar ese objetivo, *Lucha Obrera* golpeó acremente la prestigiosa imagen que ostentaba la CTM; siguió tratando de formar cuadros políticos independientes mediante la difusión de información proletaria que comúnmente era eclipsada por el régimen presidencialista, y además quería frenar las imágenes y narrativas oficialistas que buscaban estigmatizar la disidencia sindical. Por tal motivo, *Lucha Obrera* caracterizó a la organización dirigida por Fidel Velázquez como una «gran central sindical con pretensiones totalitarias»:

> Y para eso tiene su propia Gestapo: hordas de pistoleros dóciles. La CTM intenta romper la libre voluntad de los obreros con el terror; la amplia democracia sindical de las masas es así 'corregida' con pistolas en favor de los grandes líderes.[144]

En oposición al autoritarismo de la cúpula cetemista, L. Red, un militante no identificado, como se ha dicho, pero que tuvo una destacada participación en la sección mexicana, trató de proyectar una imagen virtuosa de la Libertaria y sus representantes, como Pedro L. González. De esa forma, *Lucha Obrera* quería difundir un nuevo símbolo de la lucha sindical, y contratacar también los comentarios distorsionados de la prensa que le era adversa como *La Voz de México*, *El Insurgente* y *El Popular*:

> El Partido Comunista ataca difama e intenta destruir a una central sindical, a la Libertaria. Y los stalinistas se sirvieron del nombre del Comité Ejecutivo de la Libertaria para atacar calumniosamente a la Sección Mexicana de la IV Internacional, utilizando a esa central para los propios fines anti-sindicalistas del Partido Comunista y entre los cuales figura de manera preeminente la destrucción de la misma Libertaria, de los sindicatos revolucionarios del

---

143. BRG, Jorge Santiago [Luciano Galicia], «Los dirigentes sindicales y la carestía de la vida», *Lucha Obrera*, órgano de la sección mexicana de la IV Internacional, México, DF, primera quincena de septiembre de 1944, p. 3.

144. BRG, « ¿La corrupción una arma sindical?», *Lucha Obrera*, órgano de la sección mexicana de la IV Internacional, México, DF, primera quincena de septiembre de 1944, p. 4.

Frente Nacional Proletario y el envío de Pedro L. González y demás detenidos a las Islas Marías.[145]

En febrero de 1945, L. Red narró la forma en la que trabajadores de la construcción, que pertenecían a la Federación Libertaria, trataron de ser intimidados por integrantes de la CTM, quienes tenían a su disposición a elementos de la policía. En primer lugar, los albañiles que laboraban en la edificación del inmueble de la Lotería Nacional y que pertenecían a la FLOC, se percataron de que su sueldo llegaba incompleto; en segundo lugar, se les notificaba, mediante un recibo, que ya no pertenecían a la Libertaria sino a la CTM.[146]

En el relato contestatario de L. Red, los albañiles de la Libertaria recibieron el apoyo de «una considerable cantidad de trabajadores», quienes se dirigieron al director de esta institución, el coronel Wenceslao Pedro Celestino Labra García, para que pusiera fin al conflicto. Finalmente, el coronel resolvió a favor de los obreros que se decían afectados. L. Red tomó este fallo como una victoria de la FLOC sobre el diputado cetemista Jesús Yurén y la esgrimía como una prueba más de los «métodos fascistizantes» que empleaba la CTM para desarticular los sindicatos independientes.[147] Nótese que quien resolvió el conflicto no fue un líder trotskista, sino un funcionario avilacamachista. En la visión de L. Red, se trataba de un progreso, pues el triunfo revolucionario llegaría cuando la sección mexicana tomara la dirección de la FLOC.

Esta narrativa marginal, con la que se quería impactar en el ánimo de los trabajadores escindidos del sindicalismo oficial, se complementaba gracias a que *Lucha Obrera* creó un calendario en el que se rememoraban el primer aniversario de la formación de la FLOC y del Frente Nacional Revolucionario, la detención de un contingente de trabajadores independientes y el asesinato del albañil Genaro Santos Cruz.[148] La sección mexicana construyó su

---

145. Brg, L. Red, «Las corrientes revolucionarias contra la Federación Libertaria», *Lucha Obrera*, órgano de la sección mexicana de la IV Internacional, México, DF, primera quincena de septiembre de 1944, p. 2.

146. Brg, L. Red, «En la lucha contra la Libertaria, la burocracia cetemista usa métodos fascistas y cobra cuotas con el apoyo de la policía», *Lucha Obrera*, órgano de la sección mexicana de la IV Internacional, México, DF, primera quincena de febrero de 1945, p. 1.

147. *Ibidem*, p. 4.

148. Entre los detenidos figuraban: Pedro L. González, Manuel Cecua, Bolaños, Minor, Torres Cedeño, Amaya Rodríguez, Martínez Temporal, y otros más por la Libertaria. De la CGT seguían detenidos: Rita Rivera, Emilia Vielna Figueroa, Úrsula Gómez, entre otros que no se mencionan. De igual forma se encontraban encarcelados Miguel Vargas, y varios choferes y trabajadores de la cooperativa 18 de marzo, así como algunos choferes no

propio símbolo de independencia sindical y su propio símbolo de la represión gubernamental, una representación en donde la democracia mexicana solo era una falsedad que se mostraba «despiadada cuando se trataba de perseguir trabajadores».

Esta versión contrahegemónica de los acontecimientos formaba parte del mecanismo productor de imágenes tendientes a informar y movilizar a los grupos oposicionistas y anticetemistas. Además, se trataba de un intento propagandístico de la sección mexicana por reforzar la alianza política con la FLOC y cualquier grupo rebelde. *Lucha Obrera* fungía también como un espacio de comunicación antisistema que incorporaba sucesos que eran omitidos, minimizados o calumniados en cualquier otro medio de comunicación oficial. En las páginas de dicho periódico se buscaba concientizar al proletariado mediante la proyección de un discurso militante que tenía como ejes rectores no solo el Programa de Transición, sino la indignación, la represión y el sufrimiento que tenían que padecer las organizaciones que desafiaban el Pacto de Unidad Nacional y el autoritarismo cetemista, los cuales se mostraban insuficientes para resolver las demandas obreras, pero complacientes con las empresas capitalistas. En otras palabras, se trató de producir un retrato «fiel» del avance de los trabajadores más radicales y la desesperación «totalitaria» de las fuerzas oficiales que buscaban por métodos represivos mantener una unidad cada vez más endeble y ficticia.

Estas características permitieron que el periódico de la sección mexicana se ganara la confianza de un número reducido, pero significativo, del sindicalismo que repudiaba las viejas prácticas verticales impuestas por una cúpula corrupta y antidemocrática. No era novedad que *Lucha Obrera* quisiera atraer a todos los trabajadores que Fidel Velázquez acusaba de divisionistas, pero era un hecho que se enfrentaba a una maquinaria evidentemente más poderosa que tenía como engranes la fuerza del presidencialismo y el corporativismo. Aun así, *Lucha Obrera* no solo quería devolverles el nombre y la dignidad a los trabajadores asesinados por el régimen y a quienes todavía se mantenían luchando por sus derechos, sino ofrecerles también una fórmula de autogestión que visualizaban como la única posibilidad para democratizar el sistema político y sindical. De allí, que en 1945, el órgano de la sección mexicana de la IV Internacional le diera amplia cobertura a los paros, que estaban catalogados como «ilegales». Su intención era devolver a los trabajadores críticos la imagen revolucionaria que el bloque por la unidad nacional les había arrebatado.

---

sindicalizados. BRG, «Conmemoraron el primer aniversario del mitin del Zócalo», *Lucha Obrera*, órgano de la sección mexicana de la IV Internacional, México, DF, primera quincena de agosto de 1945.

En abril de 1945, representantes de la CTAL, CTM, CONCAMIN y la Cámara Nacional de la Industria y la Transformación (CANACINTRA) firmaron el Pacto Obrero Industrial que inhabilitaba el uso de la huelga sindical como medida de presión política. En un escrito editorial de *Lucha Obrera*, la sección mexicana calificó el convenio y sus signatarios, Vicente Lombardo Toledano, Manuel Ávila Camacho y Fidel Velázquez de «imperialistas», «entreguistas» y «traicioneros».[149]

El órgano de difusión trotskista reiteró que el Pacto Obrero Industrial contenía acuerdos tácitos, fabricados a conveniencia de «Lombardo Toledano y Wall Street», que invalidaban y criminalizaban el derecho a la huelga, «la única arma efectiva de la clase obrera».[150] Para la sección mexicana resultaba conveniente mantener a los trabajadores en un estado permanente de agitación porque quería transmitir el programa político que tenía como ejes de acción la protesta y la movilización obrera; se pensaba que con la difusión de una representación revolucionaria que estimulara el sentido crítico de las masas, empezaría a resquebrajarse el bloque oficial.

La sección mexicana no solo se presentaba públicamente como la única alternativa política que permanecía en defensa de la clase obrera, sino que sintetizaba en pocas líneas la imagen contrarrevolucionaria que había creado de sus contrincantes: el Gobierno mexicano pro imperialista, la burguesía acaparadora de los recursos económicos y las organizaciones obreras oficialistas, enemigas del pueblo de México.[151] Esta estrategia mediática se mantuvo en la línea militante que consistía en trabar contacto con los trabajadores insatisfechos, así como reportar y exaltar cualquier expresión oposicionista que tendiera a despertar el espíritu crítico o revolucionario de las masas.

L. Red –quien era el responsable de cubrir las manifestaciones de las organizaciones que repudiaban el pactismo oficial– publicó un amplio ensayo titulado «El principio del fin del totalitarismo cetemista», en el que recurrió nuevamente a la connotación política fascista que el vocablo «totalitario» adquirió durante el transcurso de la Segunda Guerra Mundial para exhibir los métodos autoritarios con los que procedía la CTM. Las imágenes que L. Red articuló quedaron construidas de la siguiente manera:

---

149. BRG, «¿Es posible la industrialización por los patrones, dentro del orden burgués?», *Lucha Obrera*, órgano de la sección mexicana de la IV Internacional, México, DF, primera quincena de abril de 1945, p. 1.

150. BRG, «El secreto del pacto V. L.-Patronal», *Lucha Obrera*, órgano de la sección mexicana de la IV Internacional, México, DF, segunda quincena de abril de 1945, pp. 1 y 4.

151. BRG, «¿Es posible la industrialización...?», *Lucha Obrera*, órgano de la sección mexicana de la IV Internacional, México, DF, primera quincena de abril de 1945, p. 4.

- Velázquez-Yurén-PCM-pandilla dirigente, burocracia servil al imperialismo.
- CTM-organización totalitaria implantada desde Moscú.
- Organizaciones anticetemistas, valientes, rebeldes, independientes.[152]

Una vez más, los trotskistas reafirmaron su programa político que consistía en la creación de un régimen democrático al interior de los sindicatos, lo que para ellos era el significado del «verdadero sindicalismo», y cuyos elementos centrales pueden sintetizarse de la siguiente manera:

- La independencia del movimiento obrero respecto de la burocracia, los líderes y el Estado.
- La realización de una política obrera clasista de defensa de los intereses económicos y sociales del proletariado y del pueblo pobre de México.
- La creación de un movimiento sindical revolucionario.[153]

Para L. Red, la situación de la «lucha de clases en México» favorecía la puesta en práctica del proyecto trotskista de «democratización sindical». A su parecer, el movimiento obrero estaba superando «la etapa de traición al proletariado» que la dirigencia había impuesto, y progresivamente transitaba hacia formas «independientes» y «revolucionarias» de organización. Con este razonamiento marxista se hacía lo posible por propagar la idea de que los sindicatos disidentes se encontraban en pleno crecimiento.

L. Red ofreció un repertorio de símbolos militantes que sirviera de contrapeso a la versión patriótica, exitosa y hegemónica que la coalición obrera por la Unidad Nacional y el Pacto Obrero Industrial proclamaba. *Lucha Obrera* trataba de colocarse como la «conciencia» de los trabajadores independientes, pero esto implicaba que los obreros escindidos de la coalición oficialista reconocieran y aceptaran el programa bolchevique leninista que la Cuarta Internacional les ofrecía. Mientras que eso no sucediera, en la lógica trotskista, las organizaciones que lograran su independencia no tendrían una orientación revolucionaria y correrían el riesgo de permanecer en la «inconciencia»:

---

152. BRG, «El principio del fin del totalitarismo cetemista», *Lucha Obrera*, órgano de la sección mexicana de la IV Internacional, México, DF, segunda quincena de mayo de 1945, pp. 1 y 4.

153. *Ibidem*, p. 4.

La formación de la Confederación Proletaria Nacional, de la Federación Libertaria, de la Confederación de Electricistas y de la CTN; las escisiones en una gran cantidad de organismos sindicales como en Cinematografistas y la separación de las Federaciones enteras, la orientación general contra el cetemismo, no son simples maniobras o reagrupamientos de líderes igualmente voraces, son la expresión de una gran corriente, por hoy inconsciente o casi inconsciente en lo más profundo de la clase obrera de México.[154]

Lucha Obrera, que afanosamente pregonaba el Programa de Transición que tenía la intención de conformar y representar a un gran movimiento obrero revolucionario –que fuera similar o igual al que en Rusia derrocara al régimen zarista en 1917– se solidarizó y se involucró en las actividades de cuanta organización anticetemista tenía a su alcance. Resultaron relevantes, para el sindicalismo independiente, las coberturas periodísticas y militantes que la sección mexicana realizó de las organizaciones obreras como la Confederación de Electricistas, la sección 30 del Sindicato de Trabajadores Petroleros de Poza Rica, el paro de los Telégrafos Nacionales, la huelga de los obreros zapateros, el Sindicato Nacional de Trabajadores de la Educación, los obreros gráficos, entre otros, que emprendieron acciones para mejorar las relaciones laborales.

8. LA TÁCTICA ELECTORAL EN EL PAOM

En esta tentativa de *Lucha Obrera* por formar una Oposición Sindical Revolucionaria (OSR), llegaron los preparativos para que se efectuara la elección del candidato presidencial y quien representaría al partido oficial en la contienda electoral que se llevaría a cabo en 1946. A estas alturas de la década, el aparato político avilacamachista era caracterizado, por los trotskistas, como una «dictadura militar policíaca» dotada de mecanismos bien delineados como «los huesos, las chambas y los privilegios que eran repartidos entre líderes vendidos y una burocracia obrera, capaz de convertir a un candidato impuesto, en un candidato del pueblo», en referencia a Miguel Alemán, el candidato oficial elegido desde el Ejecutivo Federal.[155]

---

154. *Idem*.

155. BRG, L. Red, «La clase obrera ante la campaña electoral», *Lucha Obrera*, órgano de la sección mexicana de la IV Internacional, México, DF, primera quincena de septiembre de 1945, p. 1.

Lucha Obrera ni siquiera se molestó en hablar de los precandidatos Miguel Henríquez Guzmán y Javier Rojo Gómez. La proclamación de la CTM, en junio de 1945, a favor del que fuera secretario de Gobernación, destapó la identidad del aspirante oficial a la presidencia. Alemán Valdés, también contaba con el apoyo de Lombardo Toledano, la CNC, la FTSE y el PCM (Servín 2001, 79). Luciano Galicia, bajo sus seudónimos Jorge Santiago y Rodolfo Blanno, sería el encargado de «desenmascarar» el discurso público que el precandidato oficial pronunciaba en sus giras.[156]

En este punto se debe precisar que la sección mexicana dio un giro político de tipo electoral. Con este cambio de estrategia se hacía transparente que los trotskistas se encontraban divididos entre los radicales y los moderados (reformistas). Pero fueron estos últimos los que consiguieron la hegemonía dentro de la organización. La opción electoral fue una maniobra que ponía en evidencia la desesperación que sentía una facción de la sección mexicana por salir de la marginalidad y convertirse rápidamente en un movimiento de masas. En buena medida, este giro también se debió a la violenta campaña que la CTM y el PCM emprendieron para acabar con los trotskistas. Durante el IX Congreso del PCM celebrado del 12 al 18 de mayo de 1944, Blas Manrique, secretario de organización y el hombre de confianza de Dionisio Encina, declaró que el PCM pugnaba contra «los provocadores trotskistas que agitan demagógicamente a la clase obrera contra el Gobierno, contra el pueblo y en favor del nazi-fascismo» (Concheiro Bórquez y Payán Velver 2014, 1: 459). La sección mexicana también era proyectada como «sectaria» y «quintacolumnista».

Por lo tanto, los militantes de la Cuarta Internacional quisieron frenar la propagación de este estigma pernicioso que recaía sobre ellos. Pensaban que una coalición electoral fungiría de remolque con el que se empujaría «a la burguesía y la pequeña burguesía de izquierda» a adoptar el Programa de Transición del proletariado.[157] *Lucha Obrera* no quería una fusión, sino un movimiento «con fisonomía propia e independencia orgánica y política» que acompañara a un candidato que representara «objetivamente a la izquierda real», pero sin abandonar sus actitudes críticas.[158]

---

156. BRG, Jorge Santiago, «El Candidato Miguel Alemán y sus discursos», *Lucha Obrera*, órgano de la sección mexicana de la IV Internacional, México, DF, primera quincena de septiembre de 1945, p. 2.

157. BRG, L. Red, «La clase obrera ante la campaña electoral», *Lucha Obrera*, órgano de la sección mexicana de la IV Internacional, México, DF, primera quincena de septiembre de 1945, p. 1.

158. *Idem*.

No obstante, el frente único nunca se concretó, pero la intención llevó a la sección mexicana a incursionar en la contienda electoral por la gubernatura del estado de Morelos. Así que ofreció su apoyo al dirigente campesino del Partido Agrario Obrero Morelense (PAOM), Rubén Jaramillo.

Para ello, *Lucha Obrera* desarrolló una campaña propagandística que consistía en legitimar la imagen revolucionaria de Rubén Jaramillo, en oposición a la contraparte, el partido oficial, que le representaba todo lo contrario: la revolución traicionada y los mecanismos represivos (persecución, encarcelamiento y asesinato) con los que obstaculizaba el desenvolvimiento político de sus rivales.[159] Desafiar al régimen, proyectar sus deficiencias y su autoritarismo, y devolverle el distintivo revolucionario a un candidato como Jaramillo que era hostigado, vilipendiado y deslegitimado por el régimen, no era una tarea fácil. Léase el siguiente fragmento en el que se expone brevemente aquello que el análisis histórico contemporáneo llamaría la designación del gobernante sucesor:

> El PRM no tiene candidatos obreros y campesinos, sino candidatos impuestos a los obreros y a los campesinos. El Estado de Morelos no es por supuesto la excepción: el candidato a Presidente apoyado por el gobierno y por los ricos, es Alemán; el candidato a Gobernador, apoyado por el Gobierno del Estado y por los ricos de Morelos es un tal Escobar Muñoz.[160]

En enero de 1946, la sección mexicana de la IV Internacional anunció el «entierro del PRM», con motivo de la creación del Partido Revolucionario Institucional (PRI). Para los trotskistas, no solo se trataba de un cambio de sigla, sino del abandono de los postulados de la Revolución mexicana. De acuerdo con *Lucha Obrera*, el hecho de que el nuevo candidato de la familia revolucionaria fuera un civil, ponía al descubierto que la política burguesa detendría «las conquistas obreras y campesinas porque atentarían contra sus propios intereses».[161]

Pronto la participación de los trotskistas en la campaña de Jaramillo se vio afectada por los intentos de desprestigio que emprendió, en contra

---

159. BRG, «El encarcelamiento de Rubén M. Jaramillo», *Lucha Obrera*, órgano de la sección mexicana de la IV Internacional, México, DF, primera quincena de agosto de 1945, p. 3.

160. BRG, «Rubén M. Jaramillo, candidato revolucionario a gobernador del Estado de Morelos», *Lucha Obrera*, órgano de la sección mexicana de la IV Internacional, México, DF, segunda quincena de octubre de 1945, p. 3.

161. BRG, «El entierro del PRM ¡algo más que una farsa!», *Lucha Obrera*, órgano de la sección mexicana de la IV Internacional, México, DF, primera quincena de enero de 1946, pp. 1 y 3.

suya, *El Popular* de Toledano. Una fotografía que circuló en *Lucha Obrera*, en la que se captó a la multitud asistente a un mitin del PAOM, fue calificada por el órgano de la CTM como apócrifa.[162] No era para menos, la maquinaria priista trataba de ofuscar las actividades de los partidos opositores y, con ello, restarle presencia a los numerosos seguidores de Jaramillo. Este viejo revolucionario se había ganado la simpatía de un amplio sector de los trabajadores agrícolas pertenecientes a los municipios de Zacatepec, Cuautlixco, Cuernavaca, entre otros, quienes no solo lo acompañaban a sus reuniones, sino que además lo protegían de los abusos policíacos o de cualquier posible atentado (Ravelo Lecuona 2007, 87).

Para Tanalís Padilla, el reconocimiento que el pueblo le otorgó al líder zapatista y cardenista, residía, en buena medida, en la conexión que existía entre el programa del PAOM y los ideales revolucionarios que numerosos campesinos, resentidos e inconformes, con la modernización avilacamachista, entendían y sustentaban (Padilla 2015, 171).

En un mitin celebrado en Cuautla, Luciano Galicia, en representación de *Lucha Obrera*, expuso que Jaramillo revivía las luchas por la tierra que iniciara Emiliano Zapata; invitó a los cerca de 2.000 asistentes a que «lucharan por la tierra y la organización de la producción colectiva en los ejidos, por el crédito, contra la carestía de la vida y la tiranía de los políticos enriquecidos».[163] La sección mexicana de la IV Internacional repartió 2.000 volantes que llevaban impresa la consigna «El zapatismo vuelve a la lucha», y 300 ejemplares más de *Lucha Obrera*. En abril de 1946, el grupo trotskista hizo un llamado a los simpatizantes de Jaramillo para que exigieran al gobernador de Morelos que respetara el voto popular.[164]

La sección mexicana decía que la única forma de derrotar al representante del PAOM sería el fraude.[165] Para su mala fortuna, las estadísticas electorales arrojaron que Jaramillo solo obtuvo 1.500 votos, cuando extraoficialmente sus simpatizantes conocían que en el padrón del PAOM se inscribieron más de 8.000 campesinos. Durante la elección, en diferentes

---

162. Brg, «El Popular, la campaña de Rubén M. Jaramillo y Lucha Obrera», *Lucha Obrera*, órgano de la sección mexicana de la IV Internacional, México, DF, 15 de febrero de 1946, p. 2.

163. Brg, «El candidato revolucionario en Cuautla», *Lucha Obrera*, órgano de la sección mexicana de la IV Internacional, México, DF, 1 de marzo de 1946, p. 2.

164. Brg, «El pueblo de Morelos apoya la candidatura de Jaramillo», *Lucha Obrera*, órgano de la sección mexicana de la IV Internacional, México, DF, primera quincena de abril de 1946, p. 3.

165. Brg, «Solo el fraude puede evitar que Jaramillo gobierne a Morelos», *Lucha Obrera*, órgano de la sección mexicana de la IV Internacional, México, DF, primera quincena de Mayo de 1946, p. 2.

municipios morelenses se reportaron serias irregularidades, entre una larga lista: el robo de urnas; la intervención armada de autoridades civiles y militares para evitar que los jaramillistas emitieran su voto y la movilización de pistoleros priistas (Padilla 2015, 173).

Por lo tanto, *Lucha Obrera* declaró que desde la cúpula del PRI se había orquestado una gran farsa electoral:

> La lucha electoral en el Estado de Morelos terminó naturalmente con la burla del voto popular. Es el viejo procedimiento de la democracia burguesa mexicana. El candidato Escobar Muñoz, después de una serie de sainetes políticos en los cuáles la Cámara Local de Diputados representó la más ridícula de las farsas, fue declarado gobernador con la bendición del Presidente Camacho, y ha tomado posesión de la gubernatura.[166]

Sin embargo, los militantes de la Cuarta Internacional declararon que «la campaña electoral de Jaramillo lejos de ser un fracaso fue un verdadero triunfo en el camino de las luchas campesinas del Estado de Morelos».[167] Tenían la expectativa de que los campesinos convirtieran al PAOM en un partido revolucionario que luchara por sus intereses.[168]

No obstante, entre 1946 y 1951, los jaramillistas fueron nuevamente reprimidos por el Gobierno priista y obligados a operar en la clandestinidad (Padilla 2015, 176). Durante este período, *Lucha Obrera* dio cuenta de las múltiples agresiones físicas que padecieron los campesinos y las familias que buscaban resolver los problemas económicos de la venta de caña, por parte de las guardias blancas al servicio del gerente del ingenio de Zacatepec.[169]

Incluso Rubén Jaramillo participó en el mitin de la sección mexicana de la IV Internacional, celebrado el 21 de agosto de 1946 en el local del Sindicato de Trabajadores de la Industria Textil, para conmemorar el sexto aniversario del asesinato de León Trotsky. A la reunión concurrieron alrededor de 200 personas, entre las que se encontraban representantes de la sección mexicana (Luciano Galicia), del SWP y del Grupo Español en México de la IV Internacional. Por su parte, Jaramillo se pronunció a favor de la alianza de obreros y campesinos «para crear un México sin explotación». Se

---

166. BRG, « ¡Hacia el fortalecimiento del Partido Agrario Obrero Morelense!», *Lucha Obrera*, órgano de la sección mexicana de la IV Internacional, México, DF, 15 de junio de 1946, p. 2.

167. *Idem.*

168. *Idem.*

169. BRG, «Alto el terror contra el PAOM», *Lucha Obrera*, órgano de la sección mexicana de la IV Internacional, México, DF, primera quincena de septiembre de 1946, p. 1.

refirió a la persecución y amedrentamiento a los que él y sus compañeros se enfrentaban cotidianamente en Morelos. Aseguró que ahora sabía «por qué asesinaron a Trotsky».[170]

Rubén Jaramillo publicó en *Lucha Obrera* –al que consideraba «un periódico defensor de los obreros y los campesinos»– una extensa carta en la que describía el tipo de alianza que el gobernador del estado y el presidente municipal de Jojutla establecieron para impedir que los cañeros del ingenio de Zacatepec se organizaran. Sostenía que no había otra opción, más que combatir la dictadura antidemocrática y anticonstitucional que empleaba al ejército para amordazar y humillar a los campesinos morelenses.[171]

En números posteriores, *Lucha Obrera* dio a conocer las demandas de los ejidatarios cañeros de Zacatepec; los asesinatos de varios militantes del PAOM;[172] así como los mecanismos represivos que ponía en práctica el gerente del ingenio de Zacatepec contra los trabajadores.[173]

Aunque la sombra del fraude opacó la elección presidencial del 7 julio de 1946, Miguel Alemán Valdés entró en funciones el 1 diciembre de ese año. La sección mexicana de la IV Internacional sabía que el régimen había creado una fuerte pantalla de legitimidad para asumirse como heredera de la Revolución mexicana y que tenía tras de sí al partido hegemónico, los empresarios y un amplio sector del movimiento obrero. Alemán representaba la continuidad del régimen que construyó Ávila Camacho. La estrategia política que los trotskistas emplearon para combatir el nuevo gobierno seguía siendo la formación de oposiciones sindicales revolucionarias y conseguir aliados para crear un partido obrero y campesino.[174]

Durante el gobierno de Miguel Alemán, *Lucha Obrera* mantuvo su política contraria al Pacto Obrero Industrial firmado en 1945 por la CTM, la CTAL y algunas agrupaciones de empresarios nacionales. Los fracasos de

---

170. BRG, «El mitin de la sección mexicana de la IV Internacional, el 21 de agosto», *Lucha Obrera*, órgano de la sección mexicana de la IV Internacional, México, DF, primera quincena de septiembre de 1946, p. 4.

171. BRG, Rubén Jaramillo, «Carta de Rubén Jaramillo», *Lucha Obrera*, órgano de la sección mexicana de la IV Internacional, México, DF, 5 de septiembre de 1947, p. 4.

172. BRG, «Sigue la ola de terror contra los campesinos de Morelos», *Lucha Obrera*, órgano de la sección mexicana de la IV Internacional, México, DF, primera quincena de mayo de 1947, p. 1.

173. BRG, «Notas del estado de Morelos», *Lucha Obrera*, órgano de la sección mexicana de la IV Internacional, México, DF, 25 de julio de 1947, p. 1.; «Orden en Zacatepec», 25 de febrero de 1948, p. 1 y «En Zacatepec aumenta la explotación de los cañeros», abril de 1948, p. 2.

174. BRG, «Después del 7 de julio de 1946», *Lucha Obrera*, órgano de la sección mexicana de la IV Internacional, México, DF, 15 de julio de 1946, pp. 1 y 3.

la sección mexicana en el terreno obrero se dieron en este período, debido a que la osr continuó siendo marginada y excluida por los dirigentes de la ctm.

9. LA OPOSICIÓN SINDICAL REVOLUCIONARIA EN LA UNIÓN DE ARTES GRÁFICAS

En 1945, la sección mexicana de la IV Internacional ganó adeptos pertenecientes a la Unión de Obreros de las Artes Gráficas de los Talleres Comerciales, con quienes formó la osr. Esta organización quería hacer efectiva la Ley de Compensaciones de Emergencia al Salario Insuficiente, que consistía en incrementar el salario de los trabajadores que tenían los ingresos más precarios. En una asamblea plenaria convocada por el Comité Ejecutivo de la Unión de Artes Gráficas, la osr propuso que se compensaran, en un 50 %, los sueldos de los trabajadores que ganaban menos de 10 pesos. La mayoría de los obreros presentes en la reunión votaron a favor de esa solicitud, en oposición a la propuesta del 40 % realizada por el secretario general de la Unión, Ismael Marenco Jr.

Aunque la mayoría estuvo de acuerdo con el porcentaje estipulado, no quería decir que Marenco estuviera dispuesto a cumplirlo. No obstante, para *Lucha Obrera* se trataba de un logro que contribuiría a mejorar la situación salarial de los obreros. Lo que siguió a este aparente triunfo, fue la respuesta agresiva del Secretario General de la Unión de Artes Gráficas. Comenzó una etapa en la que se impidió la circulación de *Lucha Obrera* entre los integrantes de ese gremio:

> Si «Lucha Obrera» dice la verdad ¿Tiene derecho el Comité Ejecutivo de impedir que los obreros traten de mejorar su suerte? ¿Por qué le tiene miedo y en lugar de discutir quiere poner espías y «grupos de choque» para que nosotros los obreros no leamos «Lucha Obrera»? En este asunto los que tienen que decir la última palabra, no son, ni el Comité Ejecutivo, ni sus «cuñaos», sino nosotros, los obreros. Si el Comité Ejecutivo, a trancazos, trata de evitarlo, siempre ¡óiganlo bien! Siempre tendremos la manera de adquirir «Lucha Obrera» y de distribuirla y de hacer que nuestros camaradas la lean.[175]

---

175. Brg, «¡Obreros gráficos: adelante hasta conseguir el 50 %!», *Lucha Obrera*, órgano de la sección mexicana de la IV Internacional, México, df, segunda quincena de octubre de 1945, p. 2.

A partir de allí, inició un forcejeo político entre la dirección sindical de Marenco y la pequeña oposición sindical liderada por la sección mexicana. El desequilibrio de fuerzas era evidente, y la intolerancia con la que actuó el representante de la Unión de Artes Gráficas para acallar las voces críticas, también. La información que publicó *Lucha Obrera* en respuesta a la campaña de desprestigio y censura en su contra, contenía noticias que ofrecían una respuesta militante acerca del impacto positivo que la organización estaba generando entre los trabajadores gráficos. Por ejemplo, *Lucha Obrera* publicó la transcripción, a manera de instructivo, de las preguntas y respuestas que intercambiaron, en un diálogo, la OSR y un grupo de trabajadores gráficos. Estos querían saber cuál era el objetivo concreto que perseguía *Lucha Obrera* y por qué este medio informativo era rechazado y requisado por el Comité Ejecutivo de la Unión de Artes Gráficas.[176] La sección mexicana aprovechó para explicar el sentido revolucionario de su programa político. En el ejemplar de abril de 1945 se publicó la carta de un prensista de mecánica de artes gráficas, cuyo destinatario era Marenco Jr., en la cual proponía que se tomara en cuenta la opinión de todos los trabajadores que componían el gremio, para fijar el porcentaje del aumento salarial. Así, *Lucha Obrera* quería demostrar que su propósito era «defender a la clase trabajadora».[177]

La sección mexicana también apoyó a los obreros gráficos de los Talleres Tipográficos Modelo, que pedían el aumento salarial y las indemnizaciones de los trabajadores. La empresa se negó, pues declaró que no contaba con el presupuesto necesario. *Lucha Obrera* propuso que se conformara una cooperativa de participación estatal, que garantizara el capital suficiente para proporcionarle mantenimiento a los talleres y realizar el pago de las indemnizaciones.[178]

Marenco arremetió nuevamente contra *Lucha Obrera* y la OSR; las acusó de fomentar el divisionismo.[179] El aparato de control marenquista fue eficaz para expulsar a los trotskistas de sus filas, impidiendo así que se formara una oposición cuartainternacionalista que combatiera las prácticas antide-

---

176. BRG, «Los obreros gráficos, *Lucha Obrera* y el iracundo señor Marenco», *Lucha Obrera*, órgano de la sección mexicana de la IV Internacional, México, DF, primera quincena de octubre de 1945, p. 1.

177. BRG, «Carta de un obrero de artes gráficas», *Lucha Obrera*, órgano de la sección mexicana de la IV Internacional, México, DF, primera quincena de octubre de 1945, p. 4.

178. BRG, «En artes gráficas los patrones fijan las indemnizaciones ¿liquidación de los talleres modelos?», *Lucha Obrera*, órgano de la sección mexicana de la IV Internacional, México, DF, segunda quincena de diciembre de 1945, p. 1.

179. BRG, «Siguen las bilis de Marenco», *Lucha Obrera*, órgano de la sección mexicana de la IV Internacional, México, DF, primera quincena de enero de 1946, p. 4.

mocráticas de los cabecillas al interior de los sindicatos cetemistas. De tal manera que la participación política de los trotskistas se vio oprimida y ceñida casi por completo a la agitación que *Lucha Obrera* lograba realizar al interior, por ejemplo de Artes Gráficas. Los ataques que la burocracia cetemista de este gremio emprendió para eliminar a la OSR estaban muy bien estructurados. La sección mexicana de la IV Internacional denunció en su órgano periodístico que la camarilla de Artes Gráficas conformó un grupo de choque denominado Acción Progresista Gráfica cuyo propósito era defender a los dirigentes corruptos y defenestrar a los obreros críticos.[180] Aunque el trabajo sindical de los trotskistas se veía afectado por los artilugios preparados por la jefatura de Artes Gráficas encabezada por Marenco, en confabulación con los representantes de la CTM y el Gobierno, la sección mexicana y *Lucha Obrera* seguían combatiendo «por la regeneración clasista de los sindicatos».[181] Sin embargo, el proyecto para crear el Grupo de Obreros Gráficos de la IV Internacional también quedó inconcluso.[182]

La Voz de México, por su parte, seguía frenando cualquier intento de ascenso trotskista.[183] La OSR de artes gráficas se encontraba tan disminuida que quienes resolvieron las demandas de aumento salarial de los trabajadores fueron Fidel Velázquez y Vicente Lombardo Toledano. En una asamblea extraordinaria, Fidel Velázquez destituyó a Marenco, mientras que el Comité de la Unión de Artes Gráficas buscó la mediación de Toledano. Por tal motivo, los manifestantes suspendieron las protestas que tenían programadas para los días siguientes. Era evidente que se prefirió el diálogo con los máximos representantes del sindicalismo oficialista mexicano, antes que adoptar el programa marxista que ofrecía *Lucha Obrera*. La sección mexicana de la IV Internacional concluyó que la decisión aprobada por mayoría de los trabajadores gráficos fue el resultado de una orientación

180. BRG, «Tres enemigos para la lucha de los obreros gráficos», *Lucha Obrera*, órgano de la sección mexicana de la IV Internacional, México, DF, primera quincena de abril de 1946, p. 4.

181. BRG, «Obreros gráficos: la Oposición Sindical Revolucionaria de la Unión de Artes Gráficas no es una maniobra, sino un arma de combate», *Lucha Obrera*, órgano de la sección mexicana de la IV Internacional, México, DF, 20 de marzo de 1946, p. 4. Y véase «Tres enemigos para la lucha de los Obreros Gráficos», *Lucha Obrera*, órgano de la sección mexicana de la IV Internacional, México, DF, primera quincena de abril de 1946, p. 4.

182. BRG, «Los obreros gráficos asestan el primer golpe a Marenco-Martínez», *Lucha Obrera*, órgano de la sección mexicana de la IV Internacional, México, DF, primera quincena de mayo de 1946, p. 2.

183. BRG, «Obreros gráficos: ¡atrás las maniobras reformistas!», *Lucha Obrera*, órgano de la sección mexicana de la IV Internacional, México, DF, 15 de junio de 1946, p. 4, y «La fatal experiencia del reformismo en artes gráficas», México, DF, 15 de agosto de 1946, p. 4.

«reformista» y la falta de «una dirección revolucionaria».[184] *Lucha Obrera* llegó a declarar que de la coalición antimarenquista «no quedaba ni la sombra».[185]

Finalmente, la Unión de Artes Gráficas solo obtuvo el 15 % del aumento salarial. Aquel 50 % por el que alguna vez se luchó, quedó en el olvido. Si se hace una lectura contextualizada de los artículos que aparecieron en *Lucha Obrera*, entre 1947 y 1948, y que abordan la situación política de los obreros gráficos, se observa que la sección mexicana analizaba, desde el margen, la forma en la que procedían los nuevos líderes, aquellos que ahora se decían democráticos, pero que eran cercanos a Velázquez.[186] Resulta interesante conocer que, ante la cerrazón de los representantes cetemistas de Artes Gráficas, la circulación de *Lucha Obrera* se convirtió en el resquicio por donde se filtraban las ideas trotskistas, que por mínimo que fuera su impacto, consiguió atraer el interés de algunos trabajadores. Todavía, en agosto de 1948, el PCM impedía que los obreros gráficos militaran en el trotskismo; quien se atrevía a hacerlo era calumniado y deshonrado.[187]

10. EL POI EN LA SECCIÓN 30 DEL STPRM

Los trotskistas también lograron ganar simpatizantes en la sección 30 del Sindicato de Trabajadores Petroleros de la República Mexicana (STPRM) de Poza Rica, Veracruz. *Lucha Obrera* logró enviar corresponsales a otros estados de la República (generalmente viajaban de manera individual o por parejas), donde veían posibilidades de reclutar militantes.

---

184. Brg, «La lucha en artes gráficas, Fidel, Gutiérrez y el pensamiento revolucionario», *Lucha Obrera*, órgano de la sección mexicana de la IV Internacional, México, DF, 15 de julio de 1946, p. 4.

185. Brg, «Del Frente de Coalición Gráfica a la Oposición Sindical Revolucionaria», *Lucha Obrera*, órgano de la sección mexicana de la IV Internacional, México, DF, primera quincena de febrero de 1947, p. 2.

186. Brg, ¿A quién sirve el rumbo gráfico? Al stalinismo o los obreros gráficos», *Lucha Obrera*, órgano de la sección mexicana de la IV Internacional, Véanse también los siguientes artículos de *Lucha Obrera*: primera quincena de marzo de 1947, p. 2.; «Revisión del contrato en Artes Gráficas», 5 de octubre de 1947, pp. 1 y 4; «La huelga de Artes Gráficas ¡Cuanta incapacidad y cobardía en la dirección!», 28 de diciembre de 1947, pp. 1-2; «A dos años de iniciada la lucha en contra de la corrupción en la Unión de Artes Gráficas Comerciales», 1 de mayo de 1948, p. 3.

187. Brg, «La democracia sindical triunfa en Artes Gráficas. La libertad política, la conquista de los obreros gráficos», *Lucha Obrera*, órgano de la sección mexicana de la IV Internacional, México, DF, 20 de agosto de 1948, p. 3.

En diciembre de 1943, la sección mexicana denunció el acuerdo firmado entre el Ejecutivo Federal y los dirigentes sindicales de Petróleos Mexicanos, en el cual se les pedía a los obreros renunciar a todas sus demandas presentadas desde 1938. La gerencia de la paraestatal quería embolsarse «no menos de 35 millones de pesos». *Lucha Obrera* expresó su solidaridad con los obreros de la sección 30 de Poza Rica, quienes en una asamblea verificada en septiembre de 1943, acordaron echar a los delegados firmantes y aplicarles una cláusula de exclusión.[188]

Después de que Ávila Camacho interviniera para que PEMEX y el sindicato llegaran a un acuerdo, la mayor parte de los paros «locos» (llamados así porque se realizaban aunque la ley no lo permitiera) que mantenían las secciones petroleras regionales llegaron a su fin. No obstante, la sección 30 permaneció combativa; quería evitar que se efectuaran acuerdos obrero-patronales que pusieran en peligro sus intereses. En 1944, *Lucha Obrera* había reportado la huelga de hambre que la sección 30 sostuvo por 84 horas para que la empresa reconociera el pliego petitorio que exigía la reinstalación de los obreros despedidos, la destitución del subjefe de personal y el mejoramiento del servicio médico.[189]

En febrero de 1945, Luciano Galicia, quien se había inmiscuido directamente en las actividades de la sección 30, le exigía al STPRM un salario equitativo para los perforadores mexicanos, ya que los estadounidenses que ocupaban el mismo puesto eran mejor pagados.[190]

Además, el sindicato dirigió al presidente de la República un balance de las cuantiosas irregularidades cometidas por la cúpula burocrática de la empresa, que iban desde el tráfico de influencias, hasta la negligencia y corrupción en el manejo de materiales para las refinerías (Basurto 1996, 172). En una asamblea verificada en Poza Rica, presidida por el Comité Ejecutivo Nacional, el representante sindical Arturo Barragán sustituyó a Lázaro Domínguez.[191]

La Voz de México atribuyó el constante malestar de los petroleros veracruzanos a la presencia que la sección mexicana de la IV Internacional

---

188. BRG, «Los obreros petroleros traicionados», *Lucha Obrera*, órgano de la sección mexicana de la IV Internacional, México, DF, diciembre de 1943, p. 1.

189. BRG, «Una huelga de hambre en Poza Rica», *Lucha Obrera*, órgano de la sección mexicana de la IV Internacional, México, DF, primera quincena de septiembre de 1944, p. 3.

190. BRG, Jorge Santiago, «Los 'bolillos' han regresado a Poza Rica», *Lucha Obrera*, órgano de la sección mexicana de la IV Internacional, México, DF, 17 de febrero de 1945.

191. BRG, Jorge Santiago, «De la lucha sindical en Poza Rica, Veracruz», *Lucha Obrera*, órgano de la sección mexicana de la IV Internacional, México, DF, primera quincena de marzo de 1945, p. 3.

tenía en la zona.[192] Por otra parte, *Lucha Obrera* quería ampliar la solidaridad que mantenía con los obreros de Poza Rica. Con esta finalidad se publicó la carta, aparentemente escrita por un trabajador de transportación, en la que se hacía gala de un fluido discurso militante. Es posible que quien estuviera detrás de la misiva fuera Galicia.[193] *Lucha Obrera* quería conformar en la sección 30, al igual que lo hiciera en la Unión de Artes Gráficas, una OSR.[194]

De hecho, el resultado que los trotskistas consiguieron en Poza Rica fue muy parecido al que alcanzaron en Artes Gráficas. De cierta forma, la influencia que tenían en los petroleros de la sección 30 era periférica. Estos últimos se reunían y dirimían sus controversias de manera colectiva, pero sin depender de una ideología marxista-leninista. Aunque algunos trotskistas, como el susodicho Galicia, presenciaban las asambleas y se encontraban en pláticas con algunos petroleros, su influjo se acotaba a la solidaridad obrera. Esta aseveración puede sostenerse porque la mayor parte de los artículos relacionados con la organización y la lucha de la sección 30 eran los fragmentos constitutivos de un proyecto político, que los trotskistas deseaban que los trabajadores del petróleo adoptaran. Se puede decir que la información que se plasmaba en *Lucha Obrera* tenía este objetivo. Por ejemplo, en septiembre de 1946 se realizó un paro petrolero en el que se exigían mejoras al nuevo contrato colectivo de trabajo. *Lucha Obrera* llamó a los trabajadores de ese gremio para que defendieran íntegramente las demandas del sindicato; lucharan contra la maquinaria del Gobierno y formaran un frente solidario con sus compañeros electricistas, ferrocarrileros, mineros y textiles.[195]

Cuando Miguel Alemán dio muestras claras de intolerancia hacia los trabajadores huelguistas, luego de que enviara al ejército para que tomara las instalaciones petroleras de PEMEX y rescindiera los contratos de los

---

192. BRG, Jorge Santiago, «Baba staliniana contra los obreros de Poza Rica», *Lucha Obrera*, órgano de la sección mexicana de la IV Internacional, México, DF, segunda quincena de mayo de 1945, p. 3.

193. BRG, Jorge Santiago, «¡Huelga petrolera o maniobra lideril!», *Lucha Obrera*, órgano de la sección mexicana de la IV Internacional, México, DF, primera quincena de 1945, pp. 1 y 2.

194. BRG, Jorge Santiago, «Los deberes de la Raza frente a la corrupción sindical», *Lucha Obrera*, órgano de la sección mexicana de la IV Internacional, México, DF, segunda quincena de marzo de 1945, p. 4. Véanse los siguientes artículos de *Lucha Obrera*: «Qué cosa quieren los obreros de Poza Rica», 1 de marzo de 1946, p. 2 y «Hablan los obreros de Poza Rica. La sección XXX en plena decadencia sindical», primera quincena de enero 1946, p. 3.

195. BRG, «Obreros petroleros ¡¡Adelante!!», *Lucha Obrera*, órgano de la sección mexicana de la IV Internacional, México, DF, primera quincena de septiembre de 1946, pp. 1 y 4.

trabajadores agitadores, la sección mexicana se pronunció por la construcción de un frente único sindical en defensa de los 50 dirigentes cesados.[196] En ese período, Fernando Amilpa y Luis Gómez Z. se disputaban la Secretaría General de la CTM. Aun así, ambos representantes firmaron un acuerdo que unificaba los tabuladores de salarios y reajustaban al personal de base (Medina 1982, 158). También crearon un nuevo Comité Ejecutivo y un Consejo de Vigilancia, cuyo secretario general fue Antonio Hernández Ábrego (1982, 156-157).

La nueva resolución no satisfizo las demandas planteadas por la sección 30 de Poza Rica, que rompió relaciones con el Ejecutivo General del sindicato, en agosto de 1947. La sección mexicana era uno de los pocos grupos externos, sino es que el único, que apoyaba la rebeldía de los petroleros de Veracruz y que ofrecía un marco programático para que no claudicaran en la lucha por instaurar una dirigencia democrática.[197]

Sin embargo, el nuevo secretario general de la CTM, Fernando Amilpa, tenía un objetivo muy específico: formar una base política de sindicalizados que se incorporara al PRI. Hernández Ábrego y Luis Kernión (dirigente de la sección 1 de Tampico) secundaron los planes del líder cetemista. En cambio, en una asamblea posterior, los petroleros votaron a favor de la libertad de afiliarse al partido político que mejor les pareciera conveniente (Basurto 1996, 191). La abierta postura proalemanista que sostenían los nuevos cabecillas causó tanto disgusto en las secciones regionales que en una convención extraordinaria realizada el 15 de diciembre de 1947, estas destituyeron a todos los miembros del Comité Nacional, del Consejo de Vigilancia y del Cuerpo de Consejeros (1996, 193). La expulsión de Hernández Ábrego se debió también a las múltiples acusaciones hechas en su contra, entre las que se encontraban «la difamación y la firma de un convenio adicional el 18 de julio, en el cual, se accedía a que los salarios de los trabajadores fueran rebajados» (1996, 193). La convención eligió como su representante a Eulalio Ibáñez.

El recién creado comité inició la renovación de la planta de trabajadores en diciembre de 1947, por lo que la Cuarta Internacional en México hablaba de un nuevo movimiento sindical revolucionario surgido en Poza Rica, compuesto por elementos «honrados». Si bien los principales cambios fueron hechos por los trabajadores sindicalizados, los trotskistas se

---

196. BRG, «Los obreros deben contestar», *Lucha Obrera*, órgano de la sección mexicana de la IV Internacional, México, DF, primera quincena de enero de 1947, pp. 1 y 4. Para mayores datos de la huelga petrolera véase Luis Medina (1982, 153).

197. BRG, «La Sección 30 desconoce al Comité Abrego», *Lucha Obrera*, órgano de la sección mexicana de la IV Internacional, México, DF, 15 de agosto de 1947, pp. 1-2.

mantuvieron como una organización solidaria que aguardaba el momento propicio para obtener el liderazgo del movimiento petrolero.[198] Todavía, en 1948, un corresponsal notificaba a David Rojas, el director en esa época de *Lucha Obrera*, que los militantes respaldaban al Grupo de Orientación y Unificación Obrera perteneciente al Departamento de Perforación de la Delegación 2, que defendía la unidad de la sección 30 de los ataques de la empresa.[199]

En junio de 1949, después de una ardua negociación salarial en la que PEMEX concedió un aumento anual global de 33 millones de pesos, es decir el 14 % en salarios y prestaciones para los trabajadores, la sección mexicana, que en ese tiempo se llamaba Liga Obrera Revolucionaria, aseguró en *Lucha Obrera*, cuyo administrador era Luciano Galicia, que ese incremento no era suficiente para resolver la situación económica de los petroleros.[200]

Si bien la sección mexicana no tenía el impacto ideológico que sus adversarios políticos, el discurso militante *sui generis* que se cristalizaba en *Lucha Obrera* sin duda era el mecanismo por el que circulaba y se mantenía vivo el pensamiento de la Cuarta Internacional. Uno de los principales aportes de los trotskistas en esta época, por mínimo que fuera, es que construyeron un bagaje crítico, con el que impulsaron y sentaron las bases de un estado permanente de insatisfacción política y social.

En un mitin que se realizó el 21 de agosto de 1947, para conmemorar el séptimo aniversario del asesinato de León Trotsky, la sección mexicana decía contar con locales en Zacatecas, La Laguna, Poza Rica, Morelia y Villa Sarabia, Veracruz. Se trataba de grupos seguramente muy pequeños, que por el mismo motivo nunca revelaban las cifras exactas de sus militantes. Y algunos, como el caso del comité de La Laguna, se constituyeron a finales de 1946 o inicios de 1947, es decir, que eran de reciente creación.[201] En ese mitin participaron dos obreros, uno de Artes Gráficas y otro de la fábrica

---

198. BRG, «Nueva etapa sindical en Poza Rica», *Lucha Obrera*, órgano de la sección mexicana de la IV Internacional, México, DF, 28 de diciembre de 1947, pp. 1 y 4.

199. BRG, Corresponsal de *Lucha Obrera*, «La Sección XXX del STPRM se pronuncia contra los divisionistas», *Lucha Obrera*, órgano de la sección mexicana de la IV Internacional, México, DF, 20 de octubre de 1948, p. 4.

200. BRG, «La verdad sobre el conflicto petrolero», *Lucha Obrera*, órgano de la Liga Obrera Revolucionaria (sección mexicana de la IV Internacional), México, DF, 17 de julio de 1949, pp. 1 y 4.

201. En el sexto aniversario de la muerte de León Trotsky, la sección mexicana hizo un llamado para constituir una sección local en La Laguna, el 21 de agosto de 1946. Véase, BRG, «El mitin de la Sección Mexicana de la IV Internacional», *Lucha Obrera*, órgano de la sección mexicana de la IV Internacional, México, DF, primera quincena de septiembre de 1946, p. 4. Y véase Jorge Basurto (1996, 194).

La Consolidada. Por su parte, G. Munis, del Grupo Español en México de la IV Internacional, vinculó las enseñanzas de Trotsky con el contexto global, en tanto que Julián Gorkin, miembro del POUM, leyó partes del libro que pronto publicaría, en el que ya abordaba las características del crimen de Stalin contra el exdirigente del Ejército Rojo. Aunque en el reporte no se especifica el título de esta obra, seguramente se trató de *Así asesinaron a Trotsky*.[202]

Las limitaciones de los trotskistas en el ámbito sindical, en parte, quedaban al descubierto por la falta de recursos económicos que ponían en peligro la emisión de *Lucha Obrera* y la carencia de espacios propios en los que se pudieran llevar a cabo las reuniones periódicas. En febrero de 1948, el entonces director de este órgano, Julio García, efectuó un nuevo llamado a sus suscriptores para que aportaran recursos, de lo contrario *Lucha Obrera* corría el riesgo de desaparecer. El aviso fue colocado en un recuadro de la parte inferior en la primera plana de dicho periódico, pero ahora con un rótulo en letras mayúsculas, en señal de que la necesidad era urgente e impostergable.[203]

Los cuadros que militaban en la sección mexicana de la IV Internacional se veían a sí mismos como uno de los pilares de la «regeneración del movimiento obrero». Ellos se sentían con el derecho moral de «orientar» a los trabajadores. Bajo esa idea construyeron una retórica que llamaron del «desenmascaramiento», la cual no era nueva, ya que tenía sus raíces en el discurso político del SI de la IV Internacional. Este modelo comunicativo contenía información que tenía como ejes rectores mostrar y analizar las fallas internas del sindicalismo oficial. Por tal motivo, para los trotskistas era común hablar de los defectos de la cúpula encinista del PCM y de los métodos represivos con los que operaba la CTM.

Se subraya que la sección mexicana, al ser una minoría y estar enfrascada en una lucha por el poder sindical, tenía que asumirse, para diferenciarse de sus enemigos, como una organización en construcción que defendía un proyecto revolucionario democrático. En tiempos de crisis, la sección mexicana decía ser la mejor opción política de los trabajadores. Para ello anteponía una imagen en la que prevalecían la libertad y la honestidad como ejes articuladores de su organización, en contraposición a lo que

---

202. BRG, «El mitin trotskista del día 21», *Lucha Obrera*, órgano de la sección mexicana de la IV Internacional, México, DF, 1 de septiembre de 1947, pp. 1 y 3.

203. BRG, «*Lucha Obrera* sigue nuevamente en peligro», *Lucha Obrera*, órgano de la sección mexicana de la IV Internacional, México, DF, 3 de febrero de 1948, pp. 1-2.

llamaba la representación ficticia y totalitaria del sindicalismo cetemista y del PCM.[204]

En un contexto adverso para la oposición radical trotskista y, en general, para la izquierda sindical, *Lucha Obrera* realizó un balance negativo del trienio alemanista y, en especial, de los métodos criminales que empleaba el charrismo sindical para llevar a la práctica su política modernizadora: el país –exclamaba el editorial– «demanda el progreso, la introducción de la nueva técnica, la construcción de las fábricas, la rehabilitación de los ferrocarriles; pero no sobre un campo sembrado de cadáveres y los buitres burgueses terminando el festín con las osamentas».[205]

Con este balance crítico *Lucha Obrera* cerró una etapa en la difusión del trotskismo mexicano. Si bien, no consiguió realizar una revolución mundial, pudo formar pequeños grupos de trabajadores y militantes marxistas que creyeron, discutieron e integraron a su imaginario un repertorio político cargado de conceptos y símbolos de la democracia y la autonomía sindical. Este es un ejemplo también de que el flujo de las ideas no necesariamente tiene que medirse por la cantidad de seguidores que llega a tener una organización, sino por la proyección pública que tienen sus artífices y los esfuerzos que como grupo realizan para permanecer activos y visibles en la arena política. La construcción de imágenes revolucionarias y contrarrevolucionarias son parte de ese trabajo militante. El proceso de transmisión ideológica de los grupos marxistas difería según el tipo de dinámica y programa que como núcleo establecieran. La información de *Lucha Obrera* reflejaba las aspiraciones, deseos, polémicas y problemáticas de un minúsculo grupo vanguardista que pretendía abrirse paso en la batalla por la dirigencia obrera.

El rumbo aliancista y gobiernista que el PCM y los lombardistas siguieron durante los años cuarenta pareció encajar en el modelo antiestalinista que los trotskistas del POI venían sustentando desde antes de la fundación de la Cuarta Internacional. De hecho, durante esta década, los trotskistas estuvieron convencidos de que los acontecimientos nacionales e internacionales no hicieron otra cosa más que reafirmar su programa revolucionario.

---

204. BRG, «Sectarismo y movimiento de Masas. Situación y perspectivas del trotskismo a cuatro años del asesinato del camarada León Trotsky», *Lucha Obrera*, órgano de la sección mexicana de la IV Internacional, México, DF, primera quincena de septiembre de 1944, pp. 1 y 4.

205. BRG, «Informe de Alemán. Balance de tres años de apropiación de recursos naturales», *Lucha Obrera*, órgano de la sección mexicana de la IV Internacional, México, DF, primera quincena de septiembre de 1949, pp. 1 y 4.

En este período, el POI trató de hacer crecer su movimiento contendiendo contra los gobiernos en turno y contra «la izquierda» reformista.

Estratégicamente, como se ha dicho, comunistas y lombardistas no rivalizaron entre sí, ni contra Ávila Camacho y solo contra Miguel Alemán a partir de 1949, pero tuvieron como enemigo común a los trotskistas, quienes fueron acusados de nazifascistas. Sin embargo, para el POI, el monopolio del marxismo y del movimiento obrero estaba en juego, y pretendía arrebatárselo a sus rivales. Para ello proyectaba un programa radical, bolchevique-leninista. Por tal motivo, frente a la «unidad nacional», la sección mexicana buscó la unidad internacional.

Ante el acercamiento oficial de los encinistas y cetemistas, el POI reafirmó su independencia, también amplió sus cuadros partidistas y proyectó su programa revolucionario en favor de un gobierno socialista que estuviera dirigido por obreros y campesinos. Frente a la claudicación de los líderes sindicales, los seguidores de la Cuarta Internacional defendieron los paros y las huelgas de los trabajadores inconformes. Para ello, la prensa ocupó un lugar central en la consecución de sus objetivos, ya que por esta vía la sección mexicana emprendió una batalla de «opinión revolucionaria» que en el fondo se trató de una lucha por la organización partidista y la formación de militantes trotskistas. *Lucha Obrera* reportó las acciones de sus contrincantes con el firme propósito de desprestigiarlos, señalando sus vicios y defectos, y con ello difundir el programa político del POI afiliado a la Cuarta Internacional, para ganar cada vez más espacios en el movimiento obrero y campesino, y contribuir a formar una vanguardia proletaria que en sus términos desencadenaría la revolución mundial.

CAPÍTULO II. COMUNICACIÓN TROTSKISTA EN EL MÉXICO DE LOS CINCUENTA: PROGRAMA Y PROYECTO POLÍTICO SOCIALISTA

En el presente capítulo se explorará el modelo de comunicación socialista creado por los trotskistas durante la década de los cincuenta en México. Se verá de qué manera la revista *¿Qué hacer?* fungió como un espacio y canal militante, con la que el grupo dirigido por Rafael Galván quería catapultar el programa socialista «marxista-leninista-trotskista» como la única opción revolucionaria en el país. Con la idea de que la Revolución mexicana necesitaba una nueva dirección revolucionaria, se quería sustituir el régimen político oficial por un «gobierno obrero y campesino». Asimismo, se conocerá la forma en la que transitaba la información escrita en el subcircuito comunicativo transnacional, Nueva York-Ciudad de México-La Paz, establecido entre el SWP, el grupo *¿Qué hacer?* y el POR boliviano. Se pondrá énfasis en la influencia que ejerció el SWP y el POR boliviano sobre los trotskistas mexicanos, por medio de los escritos políticos que intercambiaban dentro del mencionado subcircuito.

No se conocen las cifras exactas del número total de ejemplares de *Lucha Obrera* publicados durante y después de 1948. Pero la compilación de este periódico que perteneció a Rafael Galván, el líder electricista que militó en la sección mexicana, actualmente resguardada en la Casa Museo León Trotsky, cuenta únicamente con siete ejemplares correspondientes al año de 1948, tres de 1949 y uno de 1950. Después comienza un largo vacío de poco más de tres años, que se prolonga hasta 1954; solo se encuentra en existencia el número de diciembre. Estas cifras indican que el movimiento trotskista en México sufrió un duro tropiezo que lo llevó casi a su desaparición. Este hecho también se corrobora, porque los pocos ejemplares de *Lucha Obre*ra, disponibles físicamente, y que atañen a la década de los cincuenta, esclarecen que la sección mexicana sufrió cambios súbitos, tanto de administrador como de nomenclatura. Por ejemplo, en 1950, Julio García sustituyó a Luciano Galicia en la gerencia de *Lucha Obrera*. Pero eso no fue todo. Ese mismo año, la entonces LOR pasó a ser exclusivamente la sección mexicana de la IV Internacional, la cual desapareció entre 1952 y 1953. No obstante, en 1954, hubo un intento de revivirla, pero ahora bajo el nombre de Liga Obrera Marxista (LOM), aunque ya no se decía de la Cuarta Internacional. Su órgano periodístico seguía siendo *Lucha Obrera*, que no se mantuvo incólume; sufrió leves cambios tipográficos y muy abundantes de contenido. Este tampoco se proclamaba como órgano de la sección mexicana de la IV Internacional.

La LOM permaneció operando en la clandestinidad, puesto que su periódico había perdido su registro como artículo de segunda clase. La LOM, dirigida por Julio García, estaba ligada al grupo que editaba la revista *¿Qué hacer?*, cuyo dirigente más visible era el trabajador electricista Rafael Galván. *Lucha Obrera* se convirtió en un periódico exclusivamente de agitación proletaria; pretendía ofrecer a sus lectores información concreta de la situación obrera y campesina del país y aspiraba a conformar un movimiento social que cambiara el régimen político nacional por uno socialista.

En tiempos de fuerte persecución comunista, los trotskistas se mantuvieron trabajando cautelosamente para que sus militantes no fueran calumniados «como agentes soviéticos». Esta condición política se resintió en sus medios de comunicación. Por ejemplo, en *Lucha Obrera* desaparecieron de las planas las noticias del trotskismo en Europa, Asia y América Latina. En segundo lugar, ya no figuraba en las notas de dicho periódico ningún representante de la Cuarta Internacional, ni siquiera una mención de Trotsky, el Programa de Transición, o de James P. Cannon. Tampoco se publicitaban los periódicos revolucionarios de otras secciones trotskistas. Con veladas conexiones transnacionales, el objetivo público de la LOM era crear un gran movimiento obrero campesino mexicano de oposición política, que derrocara al régimen priista. Los militantes de este grupo en ciernes se nombraban a sí mismos obreros revolucionarios y socialistas.[206] No obstante, después de 1954, no se supo más de esta LOM ni de *Lucha Obrera*. Por su

---

206. Brg, «El gobierno, hechos y palabras», *Lucha Obrera*, órgano de la Liga Obrera Marxista, México, DF, diciembre de 1954, núm. 2, p. 1.

fugacidad, este periódico no fue tan representativo del trotskismo mexicano en los años cincuenta, como sí lo fue la revista *¿Qué hacer?*

1. *¿QUÉ HACER?*

Fruto de las escisiones internacionales y de las propias divisiones al interior de la sección mexicana, en 1953, surgió la revista *¿Qué hacer?*,[207] que contó con un total de once números, y se editó, de noviembre de 1953 a marzo de 1955. Dos números corresponden a 1953 (noviembre, diciembre), ocho a 1954 (enero, febrero, marzo, abril, mayo, junio, octubre, noviembre) y uno a 1955 (marzo).[208] El formato y contenido de dicha publicación tenía claras influencias de la revista teórica del swp, *Fourth International*, pues ambas ofrecían reflexiones trotskistas similares de la política nacional e internacional. No obstante, *¿Qué hacer?* padecía los obstáculos presupuestarios que tanto menguaban la operatividad de las organizaciones marxistas independientes y contestatarias. Aunados a la carencia material, el anticomunismo y el antitrotskismo que se vivían en la época, también fueron dos factores de gran peso que condicionaron y acotaron la difusión del pensamiento trotskista en México.

Detrás de esta revista se encontraba un grupo clandestino carente de un nombre colectivo, pero que reivindicaba una variante marxista-leninista denominada trotskismo ortodoxo. Su dirigente se hacía llamar Martín Arriaga, que era el seudónimo del líder electricista y exintegrante de la sección mexicana, Rafael Galván, según lo constata la información obtenida por Robert Alexander en una entrevista que le realizó a Félix Ibarra en 1971.[209] Este último también era uno de los colaboradores de *¿Qué hacer?*, quien junto con el electricista Agustín Sánchez Delint[210] y Luciano Galicia,

---

207. Aprecio mucho la generosidad del maestro Alejandro Gálvez Cancino, quien me permitió consultar su colección de *¿Qué hacer?*

208. Debido al escaso número de publicaciones de *¿Qué hacer?* hemos complementado este capítulo con información amplia y variada de otras publicaciones trotskistas como *The Militant, Fourth International, International Information Bulletin, Lucha Obrera, Órgano del Partido Obrero Revolucionario* y *Quatrième Internationale*.

209. A partir de aquí nos referiremos a este movimiento trotskista como la revista *¿Qué hacer?* o el grupo ¿Qué hacer?

210. Agustín Sánchez Delint fue un dirigente electricista clave en el proceso de democratización del sme, entre 1954 y 1959. En José Antonio Almazán González, «El centenario del sme», *La Jornada*, México, df, 10 de diciembre de 2014. https://www.jornada.com.mx/2014/12/10/opinion/028a2pol.

fungía como representante del grupo de telefonistas y sindicalistas electricistas que se consideraban trotskistas.[211]

En agosto de 1952, Galván, bajo el seudónimo de Clemente Arriaga (que después cambiaría a Martín Arriaga) y en nombre de la sección mexicana de la IV Internacional, dirigió una carta a *El Universal* para que se hiciera público su repudio en contra de un falso cartel trotskista: «Se pretende aparentar que tal cartel (en el cual aparece David Alfaro Siqueiros y Diego Rivera) es obra de los trotskistas para recordar a su líder asesinado y solicitar justicia para que el crimen no quede sin castigo».[212] Galván precisaba que el autor del cartel había errado la fecha del asesinato de Trotsky, lo cual representaba una «ofensa a la memoria del líder de la IV Internacional».[213] Este trotskista mexicano, que un año después se alinearía a la tendencia ortodoxa de Cannon, desplegaría en *¿Qué hacer?* su bagaje oposicionista, que traía desde la década de los cuarenta, cuando promovía en *Lucha Obrera* la unidad de los electricistas y la formación de una Confederación de los Electricistas.[214] Así que este trabajador sería uno de los líderes más versados en el trotskismo durante la primera mitad de los años cincuenta en México.

El nuevo grupo ofreció un derrotero socialista a la Revolución mexicana, que contenía un método «para erigir un gobierno obrero y campesino», con base en el Programa de Transición de Trotsky. A diferencia del periódico de agitación *Lucha Obrera*, que por sus características estaba destinado a la circulación en el medio obrero, la revista *¿Qué hacer?* era el nuevo utensilio «teórico» con el cual Rafael Galván pretendía formar una vanguardia revolucionaria trotskista. Dada la complejidad del contenido, su distribución era exclusiva, dirigida a personas mejor instruidas, que contaran con la solvencia económica para mantener una suscripción y realizar donativos. En sus páginas circulaba información militante que procedía de otras latitudes del continente americano, como Bolivia y Estados Unidos.

No se puede pasar por alto que esta revista estaba inserta en un subcircuito revolucionario transnacional que tenía como centro articulador al

---

211. Información proporcionada por Manuel Aguilar Mora el 15 de febrero de 2020, vía correo electrónico.

212. Hndm, «Repudia unos carteles de la IV Internacional», *El Universal*, México, DF, 24 de agosto de 1952.

213. *Idem*.

214. Brg, «La unidad de los electricistas: ¡un hecho!», *Lucha Obrera*, órgano de la sección mexicana de la IV Internacional, México, DF, núm. 21, primera quincena de marzo de 1945, pp. 1 y 3. Y «Electricistas: la pelea es de vida o muerte. La Confederación de Electricistas frente a una radical disyuntiva», *Lucha Obrera*, órgano de la sección mexicana de la IV Internacional, México, DF, núm. 24, segunda quincena de mayo de 1945, pp. 1-2.

SWP y, en menor medida, pero no por ello menos importante, al Partido Obrero Revolucionario (POR) boliviano. La organización liderada por James P. Cannon todavía era la máxima autoridad que otorgaba reconocimiento a la revista y al grupo galvanista. La influencia del SWP sobre *¿Qué hacer?* era de tal magnitud que cuando Cannon rompió políticamente con el SI de la IV Internacional en 1953, poco después de que se llevara a cabo el III Congreso de la IV Internacional, Rafael Galván no dudó en seguir la orientación estadounidense conocida como «ortodoxa». De hecho, esta revista permaneció distanciada del SI, entonces dirigido por Michel Pablo, Pierre Frank, Ernest Mandel y Livio Maitan. A manera de ejemplo, en junio de 1954, el grupo de Galván se pronunció por la organización de un partido leninista-trotskista.[215] Nótese que no se decía perteneciente o reivindicador de la Cuarta Internacional. Esta situación mantuvo a los mexicanos alejados de una reflexión profunda de lo que en ese período era el trotskismo, a diferencia de las secciones uruguaya, boliviana y argentina, que sí contaban con delegados internacionales. No obstante, *¿Qué hacer?* fue el mecanismo que, después del fracaso de la sección mexicana, preservó el legado trotskista en México, con miras a crear un pensamiento socialista independiente y preparar nuevos cuadros militantes.

Tabla 6.
Subcircuito comunicativo transnacional de la IV Internacional creado
en septiembre de 1953

País	Organización	Seudónimo	Nombres	
Estados Unidos (Nueva York)	Socialist Workers Party, tendencia ortodoxa		James P. Cannon Joseph Hansen William Warde Murry Weis Myra Tanner Art Sharon	*The Militant, Fourth International, Information Bulletin*

---

215. *¿Qué hacer?*, núm. 8, junio de 1954, p. 118.

País	Organización	Seudónimo	Nombres	
México (Distrito Federal)	¿Qué hacer?	Martín Arriaga	Rafael Galván	*¿Qué hacer?*
		Camilo Arriaga	Félix Ibarra	
		Jorge Santiago	Luciano Galicia	
Bolivia (La Paz)	Partido Obrero Revolucionario	Rosas	Guillermo Lora	*Lucha Obrera*
			Hugo González Moscoso	

El subcircuito de la IV Internacional se formó poco después de la ruptura del SWP con el SI de la IV Internacional en septiembre de 1953. En este circulaban material textual, revistas, folletos y periódicos trotskistas, bajo la línea del trotskismo ortodoxo. Fuente: Elaboración propia con datos de las publicaciones: *The Militant, Fourth International, International Information Bulletin, ¿Qué hacer?, Lucha Obrera, Órgano del Partido Obrero Revolucionario* (Bolivia).

2. LA COMUNICACIÓN Y LA ORGANIZACIÓN REVOLUCIONARIA: DE LA REVOLUCIÓN MEXICANA A LA REVOLUCIÓN SOCIALISTA

Para comprender el tipo de comunicación o concepción revolucionaria que estableció *¿Qué hacer?* es necesario hablar primero del circuito transnacional de la Cuarta Internacional que se encontraba vigente entre 1950 y 1955. Después de la guerra, el movimiento trotskista principalmente europeo entró en una fase de debilitamiento, a causa de la desmoralización que causó en varios militantes el no haber incrementado su fuerza durante los años de la guerra y permanecer como una organización débil y periférica ante las potencias imperiales: Estados Unidos y la URSS. La misma concepción que el SI tenía de la Unión Soviética como un Estado obrero deformado, había causado múltiples polémicas entre líderes de la Cuarta Internacional, como aquella que se suscitó entre Michel Pablo y Cannon contra G. Munis. Sin olvidar que en Europa las represiones fascistas y estalinistas causaron estragos en la estructura de las secciones nacionales, como la de Grecia, Francia, Alemania, España, Yugoslavia, entre otras (Bensaïd 2007, 49). A esa serie de obstáculos hay que agregarle uno más: el macartismo estadounidense, que había emprendido una cruzada anticomunista de dimensión continental, dificultando con ello el trabajo del SWP y las secciones latinoamericanas. Sin embargo, los triunfos de la revolución en la India en 1947 y China en 1949 fueron concebidos por los comunistas como certeros golpes al capitalismo mundial y representaron un impulso para las luchas de liberación nacional en los imperios coloniales de Europa, así como las luchas revolucionarias en Asia (Moreau 1990, 10: 39).

En este sentido, cobraron notoriedad internacional las independencias de Indonesia en 1949 e Indochina en 1954. La Malasia británica se encontraba en una etapa independentista con apoyo del Partido Comunista. África también entró en un proceso de descolonización. Egipto logró emanciparse del protectorado inglés, y por otra parte, en 1951, Nigeria y Ghana obtuvieron su autonomía. En 1954 comenzó el proceso de liberación nacional de Argelia. En América Latina sobresalió la revolución boliviana de 1952. Dos eventos más, que resultaron determinantes en la mentalidad de los trotskistas durante la Guerra Fría, fueron el modelo de autogestión obrera implementado en Yugoslavia, tras la ruptura de Tito con Stalin, y el inicio de la guerra de Corea en 1950.

En este período, Michalis N. Raptis, más conocido como Michel Pablo, desarrolló un paradigma teórico con el que pretendía definir el rumbo de la Cuarta Internacional.[216] Según él, los movimientos de liberación nacional, al recuperar algunos territorios anteriormente controlados por los países imperialistas, progresivamente generaron desequilibrios al interior del sistema capitalista. Pablo no descartaba que, para restablecer el *statu quo*, las potencias coloniales se prepararían militarmente y desencadenarían una tercera guerra «general». Más esta vez, dada la relación de fuerzas mundial, tocaba el turno de una «revolución-guerra», lo cual significaba que el nuevo conflicto bélico se transformaría en una guerra civil internacional, que tendría como eje central la opción revolucionaria.[217] Michel Pablo argüía que la transición política y económica que se estaba suscitando en la época clamaba por una flexibilización de la teoría, en oposición a quienes percibían el marxismo de forma «pura» o dogmática, en referencia al comunismo difundido por Stalin.[218] Pablo, quien decía comprender el proceso histórico de aquel momento, aseveraba que las victorias de la Revolución china, al igual que las otras movilizaciones anticoloniales (asiáticas sobre todo),

---

216. Para adentrarse a la concepción que Michel Pablo y sus seguidores tenían del trotskismo, véase la investigación de Daniel Gaido (2020) «Los orígenes del Pablismo: La Cuarta Internacional en la posguerra y la escisión de 1953».

217. Apagc, Michel Pablo, «¿Adónde vamos?», *Discusión preparatoria del III Congreso Mundial de la IV Internacional*, Boletín, núm. 2, marzo de 1951, p. 7.

218. *Idem.*

demostraban que los partidos comunistas mantenían «la posibilidad en determinadas circunstancias de delinear una orientación revolucionaria».[219]

El trotskista de origen griego sostenía que el movimiento de masas había encontrado en las secciones comunistas una forma de luchar contra el imperialismo. La presión de las masas era tal, que las dirigencias de los partidos comunistas, por muy burocráticas que parecieran, como en el caso de Yugoslavia y China, se vieron obligadas a adoptar una política revolucionaria. Estos nuevos cambios estratégicos en los partidos comunistas prosoviéticos, en lugar de aumentar la dependencia con el Kremlin, la acotarían, de tal manera que la burocracia soviética se vería obligada a adoptar un programa esencialmente revolucionario. El nuevo escenario internacional y la relación de fuerzas que había en este, siguiendo a Michel Pablo, ofrecían oportunidades inmejorables para el movimiento trotskista. ¿Cuál sería entonces su papel ante tales circunstancias? La táctica que planteó Pablo fue osada: los trotskistas, en lugar de atacar a los partidos comunistas influenciados por Stalin y aminorar las victorias revolucionarias que estos habían conseguido, formarían, junto con ellos, una oposición de izquierda que proporcionara un apoyo «crítico». En China, los trotskistas favorecerían «críticamente» al Partido Comunista Chino y al Gobierno de Mao Tse-Tung, pero reclamándoles la existencia legal de la sección trotskista China como una «tendencia comunista del movimiento obrero».[220]

En Europa, América Latina y Estados Unidos, las secciones de la IV Internacional, en la lógica de Pablo, se ligarían a los frentes únicos comunistas, para impedir que los países imperialistas desencadenaran la guerra planetaria. Los trotskistas serían los encargados de presionar a los dirigentes de los PC para que cortaran los lazos con la burocracia soviética; cualquier dirigencia impuesta por Stalin sería removida. Según Pablo, el porvenir del trotskismo dependería del éxito de este procedimiento. Esta política se conoció en la jerga de los militantes trotskistas como entrismo *sui generis*.

3. EL INTERNACIONALISMO EN *¿QUÉ HACER?*

El elemento con el que cerramos la reflexión de *¿Qué hacer?* es el tipo de internacionalismo que estableció con sus compañeros de ruta. Si el

---

219. *Ibidem*, p. 11.

220. APAGC, Michel Pablo, «¿Adónde vamos?», *Discusión preparatoria del III Congreso Mundial de la IV Internacional*, Montevideo, boletín núm. 2, marzo de 1951, p. 18.

empuje comunicativo de esta revista se concentraba en la formación de una conciencia obrera que tendía más hacia la reflexión y transformación del sistema político nacional, ¿qué función tenía la idea internacionalista para cumplir ese objetivo? El internacionalismo entendido como una concepción marxista-leninista que apuntala la unidad y la reciprocidad «entre las fuerzas revolucionarias de todo el mundo», consiste en la oposición al nacionalismo y al imperialismo, y supone la creación de asociaciones internacionales que hagan frente al capitalismo para erigir el socialismo (Biazzi et al. 1985, 223). El sentido que la revista le imprimió a este principio asociativo comunista estuvo marcado principalmente por dos eventos de impacto latinoamericano: la revolución en Bolivia y la política macartista.

Situémonos primero en Bolivia. El Partido Obrero Revolucionario (POR) fue creado en 1935 por Gustavo Adolfo Navarro Ameller, mejor conocido como Tristán Marof, durante la Guerra del Chaco. Sin embargo, según la afirmación del historiador del trotskismo boliviano Steven Sándor John, bajo la dirección de Marof el programa del recién creado POR distaba de representar a una sección de la Cuarta Internacional en América Latina, porque limitaba su programa al nacionalismo revolucionario y no aspiraba a una revolución socialista mundial: le faltaba «definición y claridad política» (Sándor 1998, 146-150)[221]. A mediados de la década de los cuarenta, un POR restructurado y mejor preparado pudo integrarse al Movimiento Nacionalista Revolucionario (MNR), gracias a los vínculos que estableció con el dirigente minero Juan Lechín Oquendo. De esta alianza surgió en diciembre de 1946, en el marco del Congreso de la Federación Sindical de Trabajadores Mineros, el documento conocido como la «Tesis de Pulacayo». En este se planteaba la formación de una alianza obrero-campesina como estrategia «de la revolución y la dictadura proletarias» y otras reivindicaciones tomadas del Programa de Transición, como la escalada móvil del salario, control obrero en las minas, la formación de piquetes armados en los sindicatos, etcétera (Coggiola 2006, 429; Sándor 1998, 233-234; Alexander 1972, 27).

La deposición del presidente Gualberto Villaroel, poco antes del Congreso Minero, amplió la influencia del POR en el movimiento obrero. Antes de la revolución nacionalista de 1952, los trotskistas bolivianos y los sectores de trabajadores radicalizados sostuvieron fuertes combates con los gobiernos «rosqueros» (término que los rebeldes emplearon para referirse a los mandatos represivos y reaccionarios). Uno de los triunfos

---

221. Un nuevo POR apareció en diciembre de 1938, poco después de la muerte de uno de sus promotores, José Aguirre Geinzborg.

más notables que obtuvieron el POR y su aliado el MNR tuvo lugar en las elecciones de 1947, cuando fueron elegidos para senadores Juan Lechín y el militante del POR Lucio Mendívil y, para diputados, los también poristas Guillermo Lora, Aníbal Vargas, Jesús Aspiazu y Humberto Salamanca (Sándor 1998, 245). Durante 1947 y 1948 el POR llegó a tener en sus filas, aproximadamente, entre 100 y 200 militantes (Sándor 1998, 250). Pero no fue hasta abril de 1952 cuando el MNR encabezó las operaciones revolucionarias en Bolivia, que los trotskistas, bajo el mando de Guillermo Lora Escobar, se consolidaron mediante su alianza con los mineros de estaño y los trabajadores citadinos. El POR consiguió que la Central Obrera Boliviana (COB) redactara un programa con base en la Tesis de Pulacayo (Lora 1977, 282). Eso habla de la relevancia que los trotskistas tuvieron en los sindicatos fabriles y las organizaciones campesinas. El SWP rápidamente ofreció en *The Militant* un análisis pormenorizado de la Revolución boliviana y su importancia para la lucha antiimperialista y anticapitalista.[222] Los militantes estadounidenses no ocultaban su entusiasmo por la Revolución boliviana, que pronosticaban se propagaría por toda América Latina: «… nuestra propia oligarquía observa ansiosamente este desarrollo, temerosa de que la revolución en Bolivia encienda grandes brotes entre sus esclavos semicoloniales en Chile, Venezuela, y en otras partes de Sudamérica».[223]

¿Qué hacer? buscó emular el triunfo conquistado por el POR. No era la primera vez que los trotskistas mexicanos tenían noticias de sus camaradas en Bolivia. En 1943, el periódico *Lucha Obrera*, órgano de la sección mexicana de la IV Internacional, reportó que un sector de los trabajadores bolivianos (militantes del POR) lanzó un manifiesto antiimperialista en protesta por el arribo de Vicente Lombardo Toledano a ese país.[224] En enero de 1944, los trotskistas mexicanos publicaron un extenso artículo titulado «Los acontecimientos en Bolivia», en el que se exhibió la actitud fascista del Gobierno golpista de Enrique Peñaranda Castillo.[225] La noticia se publicó a destiempo, porque en diciembre de 1943, Gualberto Villarroel se convirtió en presidente provisional tras un golpe de Estado. En la *Tribuna Socialista* de Octavio Fernández, apareció el artículo «Triunfo de los trots-

---

222. George Breitman, «Defended the Bolivian Revolution!», *The Militant*, Nueva York, 5 de mayo de 1952, p. 3. Consúltese también en Steven Sándor John (1998, 279).

223. Guillermo Lora, «The Great Decade of Class Struggles», *Fourth International*, Nueva York, vol. XIII, núm. 3, mayo-junio de 1952, p. 89.

224. BRG, «A Lombardo lo reconocen en Bolivia», *Lucha Obrera*, julio de 1943, p. 2. Véase también Steven Sándor John (1998, 222).

225. BRG, «Los acontecimiento en Bolivia», *Lucha Obrera*, órgano de la sección mexicana de la IV Internacional, México, DF, enero de 1944, pp. 2 y 4.

kistas bolivianos en las elecciones», con la finalidad de exaltar el ingreso de militantes del POR al parlamento en 1947 (Sándor 1998, 245). Pero en 1953, el programa del POR se le reveló a ¿Qué hacer? como un modelo revolucionario aplicable en México. Poco importó si los contextos políticos de ese momento poseían similitudes, era evidente que no.

El objetivo de Galván consistía en adoptar y aplicar una alternativa revolucionaria, para él y sus aliados, diferente y vanguardista, jamás implantada en México. La lucha del POR en Bolivia le demostraba que el socialismo no se trataba de una utopía, sino de un gobierno factible. La figura de Guillermo Lora fue otro ingrediente de peso que avivó en ¿Qué hacer? la atracción por el movimiento trotskista boliviano. Este líder, en 1953, poseía un reconocido prestigio en las organizaciones trotskistas pablistas o antipablistas. En el POR, Lora había tenido nexos con militantes cuartainternacionalistas de Argentina (Liborio Justo) y Brasil (Fúlvio Abramo, Marcelo Aviamo Dunancy, Mario Pedrosa) (Sándor 1998, 205-207). El Buró Latinoamericano de la IV Internacional que se estableció en Uruguay después del Segundo Congreso, en 1948, trataba los problemas concernientes a la sección boliviana directamente con Guillermo Lora (1998, 263). Aunque no asistió al III Congreso Internacional,[226] Lora fue uno de los pocos trotskistas latinoamericanos que escribieron en la revista del SI *Quatrième Internationale*, cuya versión castellana estaba a cargo del Grupo Cuarta Internacional de Argentina.[227] Además, a principios de 1952, Guillermo Lora fue entrevistado en París por un militante de *La Verité*, órgano del PCI, en el que detalló las tareas del POR y el Gobierno de Víctor Paz Estenssoro en la formación de un gobierno revolucionario.[228] La editorial del periódico francés proporcionó una copia de este testimonio al SWP, que fue publicado en los números 19 y 20 de *The Militant*, de mayo de 1952. Este es un ejemplo de cómo el liderazgo de Guillermo Lora permanecía movible en el circuito comunicativo transnacional de la Cuarta Internacional, por medio del intercambio de información impresa.

---

226. Quien representó al POR boliviano en el III Congreso Internacional de la IV Internacional fue Hugo González Moscoso, alias Rosas.

227. BRG, Guillermo Lora, «Les luttes de classes en Bolivie», *Quatrième Internationale*, París, núms. 2-4., febrero-abril de 1952, p. 29. Y Guillermo Lora «La lucha de clases en Bolivia», *Cuarta Internacional*, Grupo Cuarta Internacional, Argentina, núms. 2-4., febrero-abril de 1952, p. 39. Véase la versión en inglés: Guillermo Lora, «Class Struggles in Bolivia (II)», *Fourth International*, Nueva York, núm. 4, vol. XIII, Julio-agosto de 1952, pp. 125-128.

228. «Bolivian Leader Defends Revolts In Interview», *The Militant*, vol. XVI, núm. 19, 12 de mayo de 1952, pp. 1 y 2 y Guillermo Lora, «POR Leader Defends Revolution in Bolivia», *The Militant*, Nueva York, vol. XVI, núm. 20, 19 de mayo de 1952, pp. 1-2.

Regresemos a México. Los trotskistas no contaban con un liderazgo de ese calibre y sus impresos tenían una movilidad exigua entre las secciones trotskistas. De tal forma que en *¿Qué hacer?* los textos de Guillermo Lora se convirtieron en el ejemplo programático que debía ser emulado. No se conoce con exactitud cómo se estableció el intercambio informativo entre ellos –un tanto más abultado para Lora, quien era un escritor prolífico– pero en 1953 ya habían trazado un puente comunicativo, en el que transitaban periódicos, revistas y balances políticos. La circulación de estos textos tenía su origen en el subcircuito comunicativo del «trotskismo ortodoxo» al que Lora y Galván pertenecían. Era un tránsito informativo en pequeña escala, muy acotado a la literatura militante. A México, por ejemplo, llegaron algunos números del periódico *Lucha Obrera* del POR[229] y la revista mensual *Masas*, así como varios documentos escritos por Guillermo Lora y el Buró Político del POR. En dirección a Bolivia se enviaban ejemplares de *¿Qué hacer?*, en la que, de hecho, Lora figuraba como colaborador. El intercambio era desequilibrado; predominaban los envíos de Bolivia hacia México. Precisamente porque el grupo de Rafael Galván, Félix Ibarra, Agustín Sánchez Delint y Luciano Galicia, era diminuto, para nada equiparable con el peso político que tenía el POR boliviano.

¿Qué hacer? encontró, en las reflexiones de Lora, elementos contextuales similares al caso mexicano; incluso creó la impresión de que el programa del POR encajaba plenamente en la realidad política del México de los cincuenta. Haciendo un comparativo entre el «análisis clasista» elaborado en *¿Qué hacer?*, y el programa del POR, encontramos coincidencias evidentes, porque compartían el mismo paradigma político. Verbigracia, para uno y otro grupo la pequeña burguesía resultaba incapaz de realizar la revolución proletaria; el cambio estaba en manos de los trabajadores «conscientes». Ambas organizaciones estaban dispuestas a apoyar a sus respectivos gobiernos siempre y cuando estos cumplieran los postulados socialistas. Los trotskistas tenían una agenda programática que incluía la formación de un gabinete obrero y milicias sindicales, así como la nacionalización de los medios de producción. Exigían revolucionar el sistema agrario y no aceptaban otro régimen político que no fuera el obrero campesino.

---

229. En la biblioteca Rafael Galván, encontramos únicamente tres ejemplares de *Lucha Obrera*, uno correspondiente a la segunda quincena de agosto de 1958, otro perteneciente a octubre de 1958 y, uno más, referente a agosto de 1959.

4. UN MODELO REVOLUCIONARIO BOLIVIANO Y UNA UTOPÍA SOCIALISTA MEXICANA

¿Cuáles eran las diferencias que los trotskistas mexicanos y bolivianos consideraban que exitían entre ellos? En primer lugar, que en México *¿Qué hacer?* ansiaba darle una nueva dirección a la revolución e instaurar un régimen socialista, mientras que en Bolivia una nueva transformación marxista se encontraba en curso. Además en México, el trotskismo era en extremo débil, objeto de burla para algunos grupos anticomunistas, como el que se organizaba en torno a la revista *Resaca*, en la que participaba Rodrigo García Treviño.[230] Las fuerzas antitrotskistas lograron aislar y marginalizar al movimiento trotskista mexicano. En cambio en Bolivia, como ya se ha mencionado, el POR llegó a ocupar puestos legislativos, por lo que podía actuar desde el interior del sistema político en construcción.

En el lapso de vida de *¿Qué hacer?* los escritos políticos procedentes de los militantes bolivianos fueron percibidos como un modelo que marcaba las pautas de cómo hacer y cómo no hacer la revolución socialista. La tesis del POR no solo era una proyección del socialismo, sino una guía que mostraba una estrategia organizada, en la cual había pautas de negociación con los grupos obreros, campesinos y el propio gobierno; un sistema económico; formas de reclutamiento y un tipo de liderazgo capaz de desplazarse, lo mismo en la tribuna, que en las calles y el campo. Todas estas piezas se sintetizaban en el horizonte político de los trotskistas mexicanos, en la idea del Partido Obrero y Campesino, a imagen y semejanza del boliviano, que les permitiera transitar, de la formación ideológica (crítica, análisis social) a la acción revolucionaria.

Precisamente, la utilidad de *¿Qué hacer?* se encontraba sujeta al primer plano, el de la preparación de una vanguardia revolucionaria que pudiera constituir el partido imaginado, y cambiar así el rumbo de la dirección revolucionaria. En este nivel, el análisis del sistema político mexicano que ofrecía la revista seguía pautas conceptuales y discursivas similares a las que utilizaba el POR, y en específico Lora, en su programa. Por ejemplo, cuando los trotskistas bolivianos empezaron a ser excluidos del Gobierno progresista, el POR incrementó los señalamientos de que la pequeña burguesía era representada por el presidente Paz Estenssoro y el MNR. Los sectores proletarios victoriosos, decía el POR, habían entregado el poder «a una dirección que no era la suya». El Gobierno surgido en abril de 1952

---

230. Para conocer los proyectos editoriales marxistas que García Treviño emprendió durante los años treinta del siglo XX, véanse las investigaciones de Sebastián Rivera Mir (2016, 112-131; 2018, 71-95).

tenía un carácter «pequeño-burgués».[231] Los bolivianos encontraban idóneo que, para restablecer la dirección revolucionaria, se necesitaba eliminar políticamente a la derecha y tener la simpatía del sector izquierdista del MNR. Con esta estrategia el POR atisbaba la posibilidad «de que el gobierno se transforme en etapa previa del gobierno obrero-campesino».

Por su parte, *¿Qué hacer?* determinaba que el Gobierno de Ruiz Cortines, más cercano a la facción pequeñoburguesa, tenía la opción de adoptar un modelo socialista; dado que si la revolución había iniciado en 1910, solo había que modificar su dirección. No obstante, para Galván y su grupúsculo, obtener la simpatía obrera le presentaba mayores desafíos. Al no tener una presencia parlamentaria y no gozar de una amplia dirigencia obrera (como sí lo poseía el POR en la COB[232]) ellos querían formar militantes y organizaciones independientes que derrocaran los viejos liderazgos que dominaban las acciones, por ejemplo de la CTM. Recuérdese que esta organización había expulsado de sus filas a las tendencias comunistas, por lo tanto, una alianza con ella no era la opción para los trotskistas, sino la lucha por la transformación radical del sindicalismo. Además, detrás del Gobierno pequeñoburgués de México, *¿Qué hacer?* encontraba la injerencia estadounidense, así como la presencia de grupos poderosos que tenían peso en las decisiones del presidente y gozaban de popularidad entre las masas, como el cardenismo y el avilacamachismo.

Los textos que Lora puso en circulación en *¿Qué hacer?*, a partir de 1954, fueron delineando una nueva fase en el proceso de transformación boliviana, a la cual se le llamó de «traición». El Gobierno de Paz Estenssoro dio la espalda a los trotskistas e inició una campaña para romper las alianzas que mantenía el POR con diferentes organizaciones obreras (Sándor 1998, 320). Lora daba cuenta de cómo el Gobierno y el MNR se apoderaban de la COB y fomentaban la rabia anticomunista.[233] Mediante estos escritos, *¿Qué hacer?* conoció de primera mano las denuncias del POR que detallaban los mecanismos represivos de la campaña antitrotskista orquestada por el Gobierno boliviano. Se divulgó en la revista que policías de la Coordinación del

---

231. APAGC, El Buró Político de la IV Internacional, «Viraje a la derecha del MNR boliviano», *¿Qué hacer? En defensa de los intereses obreros y campesinos*, México, núm. 7, 20 de mayo de 1954, p. 98.

232. Los trotskistas Edwin Moller y José Zegada Terceros formaron parte de la Central Obrera. Guillermo Lora y Hugo Sánchez Moscoso fueron delegados de la COB y de las Centrales Obreras Departamentales (COD) (Sándor 1998, 302-304).

233. APAGC, Guillermo Lora, «Viraje en la Revolución Boliviana», *¿Qué hacer? En defensa de los intereses obreros y campesinos*, México, núm. 5, 15 de marzo de 1954, pp. 77-78.

Ministerio de Gobierno asaltaron el local donde operaba la redacción de *Lucha Obrera*, y sustrajeron libros, folletos y publicaciones del POR.[234]

El Buró Político también denunciaba que su imprenta había quedado inhabilitada. A diferencia del escaso tiraje e inestabilidad que caracterizaban a las publicaciones trotskistas fabricadas en México, el semanario *Lucha Obrera* de la sección boliviana había permanecido como el órgano del POR desde 1942 (Sándor 1998, 214). En 1946 tenía un tiraje aproximado de 10.000 ejemplares y un número considerable de ventas (1998, 2223). Los ataques del bloque oficialista en contra de los trotskistas también incluían asesinatos de líderes campesinos, encarcelamiento, el quiebre de las direcciones sindicales y una campaña calumniosa.[235] A la par del hostigamiento dirigido a las secciones locales del POR, la dupla oficial implementó una estrategia antidemocrática de control sindical, a fin de aislar y expulsar a los obreros desafectos al Gobierno.[236] Estenssoro y el MNR viraron abruptamente hacia la derecha.[237] La última intervención de Lora en *¿Qué hacer?* fue una cavilación sobre los intereses políticos que había detrás de la campaña antitrotskista, incitada por el aparato oficial, y la táctica que el POR debía seguir para revertir las hostilidades que dañaban a su movimiento: capacidad de adaptación al trabajo ilegal, unidad del partido y fomentar la radicalización antiburocrática de las masas.[238]

¿Qué hacer? y el POR eran dos organizaciones que actuaban en contextos y ritmos diferentes, pero estaban emparentados por tres variables políticas: luchaban contra gobiernos autoritarios (en el discurso trotskista se trataba de una burocracia), comulgaban con un mismo credo revolucionario y formaban parte de un movimiento nacional e internacional. Sin duda, el primer grupo aprendía más del segundo, en lo concerniente al método de acción revolucionaria que, según ellos, se les presentaba como el más adecuado para transformar la sociedad en beneficio del proletariado.

Aunque los mexicanos eran conscientes de que su revolución era anterior a la boliviana, consideraban que la operatividad de un partido trotskista y su injerencia gubernamental eran experiencias innovadoras aún no

---

234. APAGC, Buró Político del Partido Obrero Revolucionario Boliviano, «Viraje a la derecha del MNR boliviano», *¿Qué hacer? En defensa de los intereses obreros y campesinos*, México, núm. 7, 20 de mayo de 1954, p. 98.

235. *Idem.*

236. APAGC, Guillermo Lora, «El control del MNR sobre las masas», *¿Qué hacer? En defensa de los intereses obreros y campesinos*, México, núm. 9, 20 de octubre de 1954, p. 142.

237. *Ibidem*, p. 98.

238. APAGC, Guillermo Lora, «El anti-trotskismo del gobierno boliviano», *¿Qué hacer? En defensa de los intereses obreros y campesinos*, México, núm. 10, 20 de noviembre de 1954, pp. 162-164.

establecidas en México. En suma, el conjunto de textos bolivianos no solo representaba el prototipo de la revolución socialista bajo los cánones marxista, leninista y trotskista, sino que le daba centralidad a la funcionalidad del anhelado Partido Obrero y Campesino. Anhelado, porque para *¿Qué hacer?* no existía otro instrumento idóneo para restituirle el sendero revolucionario al sistema político mexicano. Otras fórmulas, como la vuelta al cardenismo, le parecían obsoletas. Al mismo tiempo que esta revista exhibía y divulgaba en México el auge, declive y el posible resurgimiento del POR Boliviano, el grupo que estaba detrás de ella, encabezado por Galván, se instruía, procurando así hacer efectiva la comunicación transnacional que los impresos circulantes ponían a su disposición. Como consecuencia, la idea del Partido Obrero y Campesino edificado en la mentalidad de los productores de *¿Qué hacer?* encontraba un soporte empírico más.

5. LA BATALLA CONTRA EL MACARTISMO

La necesidad de construir un partido confluía, en esta revista, con un fenómeno de escala internacional, producto de la Guerra Fría, que ponía en peligro la vida de los movimientos comunistas en América Latina; se trató del macartismo, también conocido como «cacería de brujas». El macartismo, denominado así porque fue una ofensiva policíaca anticomunista, impulsada en Estados Unidos por el senador republicano por Wisconsin Joseph McCarthy, tuvo su vigencia al menos durante diez años. El macartismo era una herencia de las políticas que pretendían contener las movilizaciones sindicales y disminuir los derechos laborales de los trabajadores en favor de los patrones, bajo el pretexto de que los comunistas, en especial del Partido Comunista de Estados Unidos (PCUSA), confabulaban con los soviéticos para apoderarse de las fórmulas atómicas, poniendo en peligro la seguridad nacional estadounidense (Fontana 2011, 107). En los años cincuenta, la guerra de Corea sirvió como aliciente para que el anticomunismo se propagara no solo en Estados Unidos, sino en América Latina. Tan solo en Estados Unidos, con ayuda del Federal Bureau of Investigation (FBI), se abrieron miles de carpetas de investigación en contra de varios miembros del Departamento de Estado, algunos científicos, artistas, intelectuales y profesores universitarios (2011, 110-113). Se hizo célebre la ejecución en la silla eléctrica de los esposos Ethel Greenglass Rosenberg y Julius Rosenberg, en 1953, acusados de espionaje por revelar secretos atómicos (Anders 1978, 388-400). El acecho hacia los trotskistas no fue menor.

Durante el conflicto político que rompió los nexos entre Yugoslavia y la URSS, el FBI tenía información falsa, que la Central Intelligence Agency (CIA) le enviaba, extraída de noticias de radio extranjeras y periódicos tendenciosos, en los que se acusaba a Tito y su camarilla de intentar convertir el Partido Comunista en un partido «trotskista nacionalista»[239] bajo fórmulas «terroristas» supuestamente empleadas por Trotsky.[240]

Otro extracto del periódico serbocroata, *Nova Borba* (escrito por exiliados yugoslavos en Praga), también en posesión del FBI, estimulaba la idea de que el Partido Comunista de Yugoslavia estaba formando departamentos de información y política internacional al servicio del «terrorismo trotskista», cuyo método de escrutinio consistía en establecer un «red de agencias de espionaje» en las embajadas y delegaciones en el extranjero.[241] Ahora situémonos en suelo mexicano, puesto que aquí se llevó a cabo la persecución y captura del miembro del PCUSA Gus Hall, en 1951 (Hernández y Lazo 2015, 490). Luciano Galicia, quien había dirigido por varios años la sección mexicana de la IV Internacional y su periódico *Lucha Obrera*, manifestó su inconformidad ante este desagradable atropello. Por medio de una carta que envió a *The Militant*, le recordaba al SWP que era su obligación defender el derecho de asilo, sin discriminar la militancia política de los perseguidos políticos:

> Editor: el hecho de que Gus Hall, Secretario Nacional interino del Partido Comunista de los EE. UU., fuera secuestrado por el FBI estadounidense en octubre pasado aquí en la ciudad capital de México, sin ninguna protesta, excepto la de la prensa estalinista mexicana, me impulsa a enviar a usted los siguientes comentarios: como trabajador mexicano ordinario, quiero decir que apoyo plenamente el derecho de Hall a disfrutar del asilo que la Constitución mexicana de 1917 permite a los refugiados políticos de cualquier país. A mí también me gustaría protestar, debido a la conducta ignorante del gobierno mexicano que permitió a los hombres del FBI secuestrar a un refugiado político en México. El derecho de asilo es un derecho

---

239. Esa información era completamente errónea. Tito había combatido a los trotskistas yugoslavos desde mediados de los años treinta. Vladimir Claude Fisera (1988, 67-70).

240. Immigrations, Migrations and Refugees: Global Perspectives, 1941-1996, From the Archives of Central Intelligence Agency, base de datos, Foreign Broadcast Information Service Daily Reports, «NAPRED Article Scores Tito Clique», 14 de junio de 1949, Bucarest, pp. 1-3.

241. Immigrations, Migrations and Refugees: Global Perspectives, 1941-1996, From the Archives of Central Intelligence Agency, base de datos, Foreign Broadcast Information Service Daily Reports, «Tito Slavichly Follows Ideas Trotsky Ideas», 30 de junio de 1949, pp. 1-3.

democrático. Su práctica fue honorable para el gobierno que surgió de la Revolución mexicana de 1910. Durante 40 años, la frontera mexicana estuvo abierta a personas políticamente perseguidas. La frontera ahora se ha abierto a los perseguidores. Debemos recordar que fue México el único país del mundo que le otorgó el verdadero derecho democrático de asilo a León Trotsky.

Debido a estas razones, no me es posible permanecer en silencio cuando el Gobierno del señor Miguel Alemán no solo pisotea el derecho de asilo, sino también todas las tradiciones democráticas de México. La actitud de los periódicos mexicanos y de los llamados intelectuales mexicanos que respaldaron la acción del Gobierno no nos sorprende. Desde hace algún tiempo, la ignominia ha sido la única ética de tales personas. ¡Pero qué pasa con los líderes de los trabajadores y campesinos que deben su poder a la existencia de tales derechos democráticos! Estos supuestos líderes están cometiendo un acto de traición que pone en peligro la existencia de las organizaciones de las que obtienen sus ingresos y su poder político. A la larga, esta política será suicida. Espero que al menos quede claro que los derechos democráticos deben defenderse en cualquier lugar donde se violen. Que no es necesario tener en cuenta el partido político de la persona en cuestión o el país del que dicha persona es ciudadano. Creo que los estalinistas que lucharon furiosamente contra la concesión de asilo por parte de México a León Trotsky (hasta que lograron asesinarlo) ahora tienen en el caso de Hall una lección dramática que aprender.[242]

La carta, que dicho sea de paso, no fue comentada por el editor de *The Militant*, también era un llamado de atención a los comunistas de diferentes tendencias para que mostraran su solidaridad internacionalista. Pero como se verá más adelante, en *¿Qué hacer?* y el SWP, no existía camaradería con los partidos comunistas estalinistas y, al contrario, se odiaban hasta la médula. En México, durante el Gobierno de Ávila Camacho, el FBI había capacitado a elementos policíacos y, con su sucesor, Miguel Alemán, la Dirección Federal de Seguridad (DFS) inició sus operaciones de vigilancia (Carr 1996, 153). Elisa Servín ha documentado la forma represiva con la que el régimen quebrantaba la campaña política de sus opositores, en especial, de la que emprendiera Miguel Henríquez Guzmán a nombre de la Federación de Partidos del Pueblo Mexicano. Básicamente el Gobierno disponía de agencias de espionaje y una red de informantes diversos compuesta principalmente por policías y agentes de la DFS, para enturbiar o

---

242. Jorge Santiago, «A Letter From Mexico», *The Militant*, Nueva York, vol. XVI, núm. 1, 7 de enero de 1952, p. 4.

criminalizar las actividades proselitistas de sus contrincantes (Servín 2016, 144-156).

En tiempos de la Unidad Nacional emprendida por Ávila Camacho, la unión entre el presidente, el PCM y los cetemistas había dirigido sus ataques hacia los trotskistas y los movimientos socialistas independientes, puesto que estos eran las escasas voces críticas que bregaban dentro y fuera del sindicalismo mexicano. Con el final de la Segunda Guerra Mundial, la alianza nacional se modificó; el Gobierno quiso tener el control total de la política y la economía del país. Para ello, impulsó la alianza con los empresarios, cooptó a casi la totalidad de los liderazgos del sindicalismo mexicano e inició la expulsión de los comunistas de los puestos tanto gubernamentales como sindicales. No es ajena a esta nueva estrategia política la desaparición de la sección mexicana de la IV Internacional, la cual estaba minada por la segregación ideológica emprendida por el régimen y las pugnas en su interior. En los albores de los años cincuenta los comunistas habían perdido a varios de sus militantes y los trotskistas luchaban por resurgir. En 1954, se llevó a cabo en la Ciudad de México un Congreso Anticomunista, en relación con Guatemala, en el que se denunció a dos secretarios de Estado de fungir como agentes de Moscú.[243] Los pocos periodistas críticos sabían que el anticomunismo que promovían algunos grupos mexicanos recibía apoyo nacional e internacional.[244] En un clima altamente desfavorable para sus intereses programáticos, *¿Qué hacer?* recibió y difundió escritos del SWP en los que se pretendían esclarecer las entretelas del macartismo.

Tanto *The Militant* como *Fourth International*, ambos editados por el SWP, estaban contendiendo directamente contra las políticas incriminatorias y anticomunistas de McCarthy y su instrumento delator, el FBI, con J. Edgar Hoover a la cabeza. Los trotskistas, desde 1950, habían advertido de la demagogia fascista fabricada y empleada por el macartismo para deshacerse de sus enemigos políticos.[245] Entre 1953 y 1954, *The Militant* documentó diversos casos de actividades de infiltración antisindical y cooptación como

---

243. Comisión Permanente del Primer Congreso Contra la Intervención Soviética en América Latina, *El Libro Negro del Comunismo en Guatemala*, México, Secretaría General, pp. 327. Véase también, Francisco Martínez de la Vega, «Un negocio estupendo: ser anticomunista», *Siempre*, México, núm. 50, 5 de junio de 1954, p. 18.

244. Francisco Martínez de la Vega, «Un negocio estupendo: ser anticomunista», *Siempre*, México, núm. 50, 5 de junio de 1954, p. 18.

245. Paul G. Stevens, «Super Witch-Hunt Set Off by Senator McCarthy» *The Militant*, Nueva York, 10 de abril de 1950, p. 3.

la intromisión de una red de agentes en el sindicato General Electric y la campaña para controlar el senado estadounidense.[246]

En la revista *Fourth International*, el SWP realizó un cuidadoso análisis de las visiones que se tenían del macartismo en la prensa liberal y obrera. Para ello, comparó las opiniones que los periódicos obreros,[247] liberales,[248] conservadores,[249] del PCM y del grupo trotskista de Shachtman ofrecían acerca de la campaña macartista, con la que el SWP había diseñado y divulgado. La conclusión fue que la mayor parte de estos medios de comunicación habían suscitado un debate público causando un impacto positivo en el creciente movimiento en contra de esta política, pero tenían una postura blandengue «incapaz de enfrentar el peligro fascista».[250] El SWP reiteraba que frente a una apabullante marcha anticomunista, se necesitaba una opinión radical, es decir, un «análisis exhaustivo» (programa político) que exhibiera y combatiera la estructura del macartismo, una forma de fascismo estadounidense, que a su parecer, pronto superaría «la política capitalista tradicional».[251]

El SWP quería que esta idea transitara en el subcircuito comunicativo transfronterizo establecido entre Nueva York y la Ciudad de México, con la finalidad de que llegara a los otros nodos militantes como Bolivia y Guatemala, con miras a la propagación y articulación de un movimiento antifascista como el que emergía en Estados Unidos. Precisamente el SWP envió a *¿Qué hacer?* un panfleto traducido al español, titulado: «McCartismo: ¡el fascismo americano en marcha!».[252] En él se daba cuenta de los efectos perniciosos que el macartismo estaba causando entre los disidentes políticos, grupos minoritarios y los sindicatos: «… terror por la guerra atómica, angustias por las continuas crisis internacionales, trastornos emocionales

---

246. Art Pries, «Ge Adopts M' Carthy Formula For Union-Busting Campaing», *The Militant*, Nueva York, 21 de diciembre de 1953, p. 1., Murry Weiss, «President Eisenhower Wilts Under Heat From McCarthy», *The Militant*, Nueva York, 28 de diciembre de 1953, p. 1. y Manuel Rodríguez, «McCarthy Opens 54» Drives to Grab Control of Congress», *The Militant*, Nueva York, 4 de junio de 1954, p. 1.

247. Se trataba de *News Report, East Tennessee Labor News, Textile Labor, Justice, Hat Worker, Labor's Daily.*

248. *Progressive, The Nation, Labor's Daily.*

249. *New Leader.*

250. Art Sharon, «The Opposition to McCarthysm», *Fourth International*, Nueva York, vol. 15, núm. 2, 1954, pp. 39-43.

251. *Ibidem*, pp. 43-44.

252. Comité Político del Socialist Workers Party, *McCarthyism: American Fascism On The March*, Segunda reimpresión, Nueva York, Pioneer Publishers, 1954, p. 16. *¿Qué hacer?* publicó este panfleto en tres entregas. No tenemos información del responsable de la traducción.

motivados por la propaganda de guerra, miedos a los espías y a la cacería política, frustraciones sobre el futuro. Todos estos son los sentimientos que McCarthy explota».[253] El swp esperaba formar un contrapeso político que hiciera frente a la cacería comunista: «tomar medidas para la formación de un partido obrero».[254] En los siguientes dos extractos del «McCartismo: ¡el fascismo americano en marcha!» que fueron publicados en *¿Qué hacer?*, los trotskistas estadounidenses dejaron ver, primero, a los sectores más afectados por el hostigamiento policíaco: empleados del Gobierno, artistas, científicos, obreros «subversivos», burócratas sindicales, religiosos protestantes y las minorías raciales;[255] segundo, revelaron el conglomerado de agencias que constituían el armatoste fascista: grandes empresarios (petroleros, grandes comerciantes, publicistas), el clero católico (cardenales, reverendos), grupos policíacos (FBI) y militares (Comando Armado).[256]

Los trotskistas temían que un virtual triunfo de McCarthy significara la continuación de la guerra coreana y su expansión a China. Pero el bloque antifascista, aunque alentaba la participación de sectores liberales ajenos a la militancia, no contemplaba pactar con los partidos comunistas estadounidenses. En este punto fue más evidente la difusión y recepción de la supuesta línea ortodoxa de Cannon. Precisamente, uno de los puntos de quiebre del swp con el si de la IV Internacional, fue el tema de la intromisión de los trotskistas en los partidos comunistas. Mientras que en Europa Michel Pablo vislumbraba la posibilidad de sumarse a los movimientos de liberación liderados por estalinistas, en Estados Unidos, los comunistas se disputaban unos a otros los pocos espacios obreros que estaban a su alcance. Lo mismo sucedía en México; la guerra contra los comunistas era sin tregua. No había entre ellos un elemento de reconciliación. Cuando el POR boliviano rompió con el MNR se confirmó que en América Latina la alianza entre ambos bandos no era una opción viable. Para refrendar su total desacuerdo con una quimérica unión comunista, en 1951, Cannon publicó una serie de artículos en *The Militant* en los que atacaba la tesis browderiana de la «coexistencia pacífica», la cual aludía al pacto realizado entre el PCUSA y el Gobierno estadounidense, a mediados de los años cuarenta, queriendo

253. APAGC, Declaración del Comité Político del Partido Socialista Obrero de los Estados Unidos, «El grave peligro de la amenaza fascista», *¿Qué hacer? En defensa de los intereses obreros y campesinos*, México, núm. 5, marzo de 1954, p. 74.

254. *Idem.*

255. APAGC, Comité Político del Partido Socialista Obrero de los Estados Unidos, «McCarthy y la cacería política», *¿Qué hacer? En defensa de los intereses obreros y campesinos*, México, vol. 1, núm. 6, 15 de abril de 1954, p. 95.

256. APAGC, Art Preis, «Quiénes están detrás de McCarthy», *¿Qué hacer? En defensa de los intereses obreros y campesinos*, México, vol. 1, núm. 7, 20 de mayo de 1954, pp. 108-109.

darle continuidad al frente único proletario.[257] De estos artículos se hizo un panfleto titulado *The Road to Peace*, que llegó a las manos del director de *¿Qué hacer?* (Cannon 1951, 48)[258] y fue traducido al español como *El camino de la paz*; se publicó en ocho entregas, las cuales abarcaron la mayor parte de los números de la revista.

Esta movilidad informativa hace pensar en la importancia que adquirió este documento para el círculo de Galván. El argumento central era que los trabajadores no podían confiar en las muestras de solidaridad proletaria que ofrecía el PCM, porque éstas solo formaban parte de un plan contra-rrevolucionario para preservar el *statu quo* (capitalista e imperialista) en favor «de una paz entre los Estados Unidos y la Unión Soviética».[259] Con motivo de la XV Convención del Partido Comunista de los Estados Unidos, Cannon refutaba los planteamientos elaborados por Betty Gannett[260] y Gus Hall,[261] relativos a la demanda por nuevas «negociaciones y acuerdos con la Unión Soviética para mantener la paz». El dirigente del SWP validaba la tesis antipablista que concebía a los partidos comunistas como «simples instrumentos de la política exterior de la Unión Soviética», en los cuales subyacía

---

257. James P. Cannon, «Support Without Sympathy», *The Militant*, Nueva York, núm. 25, 18 de junio de 1951, p. 3; «Jingoes Into Pacifists», *The Militant*, núm. 26, 25 de junio de 1951, p. 3; «What Stalin Offers», *The Militant*, núm. 27, 2 de julio de 1951, p. 3; «The Theory of Peaceful Co-existence», *The Militant*, núm. 28, 9 de julio de 1951, p. 3; «The Teheran-Yalta Agreement», *The Militant*, núm. 29, 16 de julio de 1951, p. 3; «The Results of the Teheran-Yalta Agreement», *The Militant*, núm. 30, 23 de julio de 1951, p. 3; «What Washington Wants», *The Militant*, núm. 31, 30 de julio de 1951, p. 3; «The Road of Lenin», *The Militant*, Nueva York, 6 de agosto de 1951, p. 3; «Back in the Packing House», *The Militant*, Nueva York, núm. 32, 23 de julio de 1951, p. 2; «The Art of Lying», *The Militant*, núm. 31, Nueva York, 30 de julio de 1951, p. 2; «The Importance of Loving Stalin», *The Militant*, Nueva York, núm. 32, 6 de agosto de 1951, p. 2; «The Bureaucratic Mentality», *The Militant*, Nueva York, núm. 33, 14 de agosto de 1951, p. 2; «The Revolutionist and The Bureaucrat», *The Militant*, Nueva York, núm. 34, 20 de agosto de 1951, p. 2.

258. La versión en español, APAGC, «El Camino de la Paz», *¿Qué hacer? En defensa de los intereses obreros y campesinos*, México, núms. 3-4, 15 de febrero de 1954, pp. 59-61.

259. APAGC, James P. Cannon, «Jingoístas convertidos en pacifistas», *El camino de la paz*, *¿Qué hacer? En defensa de los intereses obreros y campesinos*, México, núm. 5, 15 de marzo de 1954, p. 76.

260. Militante polaca del Partido Comunista de los Estados Unidos, fue una de los 12 comunistas condenados por la violación de la Ley Smith, una legislación anticomunista. Pasó dos años encarcelada, de 1955 a 1956, en la prisión federal de mujeres en Alderson, Virgina. Consúltese «Betty Gannett, Communist Aide Jailed Under Smith Act. Dead», *The New York Times*, Nueva York, 5 de marzo de 1970, p. 39 y Archival Resourses in Wisconsing, http://digicoll.library.wisc.edu/cgi/f/findaid/findaid.

261. Estadounidense, presidente del Partido Comunista de los Estados Unidos durante 41 años. Encarcelado durante casi seis años, a inicios de la década de los cincuenta. En https://www.marxists.org/espanol/hall/index.htm.

«la actitud traidora hacia la clase trabajadora de los Estados Unidos».[262] Cannon ofrecía sus evidencias: la aprobación de Browder para efectuar el pacto de Teherán, que terminó con la promulgación de la doctrina Truman y el programa de rearme y el apoyo que el PCUSA brindó a la Ley Smith para procesar a varios militantes trotskistas de Minneapolis en 1941.[263]

6. LA IMPOSIBLE UNIDAD

Galván y compañía adoptaron fielmente la política de la no colaboración con el PCM. Al igual que el SWP, *¿Qué hacer?* se negaba rotundamente a cooperar con un partido que, junto con el Gobierno, habían confinado al trotskismo en México a la marginalidad. El antitrotskismo del PCM todavía rondaba en el espacio público de la época. En febrero de 1950, *La Voz de México* dijo haber alcanzado la «derrota trotzkista total», pero ni siquiera era una alusión a los trotskistas de la sección mexicana de la IV Internacional, sino que era una calificativo utilizado para referirse a los miembros de la ASU, una coalición de organizaciones marxistas dirigida por Hernán Laborde y Valentín Campa, fundada en julio de 1946. Según el comunicado, los integrantes de este colectivo intentaban obtener de nueva cuenta su membresía para «sabotear al partido desde dentro».[264] A principios de 1950, la ASU llevó a cabo un Congreso de Unidad Marxista, en el que invitó al PCM «para realizar la unidad orgánica de la totalidad de los revolucionarios abanderados del marxismo-leninismo-stalinismo» (Martínez Nateras 2016, 1: 252). Esta convocatoria le pareció fuera de lugar a un sector del PCM, que en otro artículo se refirió a ella como una «calumnia trotzkista total».[265]

En marzo de 1954 *¿Qué hacer?* reveló que esta pugna suscitada entre los seguidores de Stalin continuaba desarrollándose en los mismos términos

---

262. APAGC, James P. Cannon, «La oferta stalinista», *El camino de la paz, ¿Qué hacer? En defensa de los intereses obreros y campesinos*, México, núm. 6, 20 de abril de 1954, pp. 90-91.

263. APAGC, James P. Cannon, «La política de paz stalinista», *El camino de la paz, ¿Qué hacer? En defensa de los intereses obreros y campesinos*, México, núms. 3-4, 15 de febrero de 1954, p. 60, y «Los resultados del Pacto Teherán-Yalta», *El camino de la paz, ¿Qué hacer? En defensa de los intereses obreros y campesinos*, México, núm. 9, 20 de octubre de 1954, p. 118.

264. HNM, «Derrota trotzquista total», *La Voz de México*, México, DF, 29 de febrero de 1950, p. 3.

265. HNM, «Calumnia trotzkista total», *La Voz de México*, México, DF, 26 de marzo de 1950, p. 3.

antitrotskistas que se utilizaban para calumniar a Trotsky. En el número 5, dicha revista reprodujo en la sección llamada «Cosas stalinistas» una nota del periódico *La Voz de México*, en la que el Comité Estatal de Nuevo León del PCM, desmentía una supuesta alianza con «los trotskistas del POCM».[266] Los llamados trotskistas del POCM (para nada vinculados al movimiento trotskista), no eran otros que militantes estalinistas impulsores de la unidad nacional patriótica; una estrategia política diseñada para salir de la crisis en la que estos se encontraban inmersos (Alonso 1990, 197-199). El trotskismo seguía funcionando, para una facción del PCM que buscaba preservar su hegemonía, como un recurso peyorativo utilizado para denigrar a sus propios compañeros que intentaban replantear, por medio del diálogo, el curso político del comunismo en México.

Precisamente el POCM, por medio de su periódico *Noviembre*, publicó en su número 65, de febrero de 1954, una extensa referencia calumniosa contra la revista *¿Qué hacer?*:

> Hace algún tiempo los grupos aventureros trotzkistas que hay en la Ciudad de México recibieron una noticia alentadora. Reunidos con la viuda de Trotzky se les hizo saber que pronto recibirían dinero en abundancia en un intento por inflar sus actividades a fin de penetrar dentro de nuestro movimiento obrero contribuyendo con el «charrismo» y los oportunistas en la desorientación de la lucha. El dinero vendría de donde les ha venido siempre: del imperialismo internacional cuya sede es ahora Washington y cuyos fondos se encuentran en Wall Street. El encargado de proporcionarlo ha sido James P. Cannon [...] Pues bien con ese dinero, los trotskistas de aquí se han dado a la publicación de una revista cuyas 64 páginas están saturadas de las cosas más absurdas. Solo en una cosa tienen razón y de eso nos ocupamos después. Pero salvo esa excepción, jamás se había dado el caso de reunir tanta estupidez en tan poco espacio.[267]

Asimismo, en la revista *ABC*, ligada a la corriente estalinista, se publicó un artículo titulado «Renace el trotzquismo», en el cual se advertía que «el senador MacCarthy que tan implacablemente persigue a los estalinistas, deja en paz –hasta donde nosotros sabemos– a los prosélitos de León Bronstein».[268] Estas eran acusaciones muy peligrosas, en medio de la

---

266. HNM, «Cosas stalinistas», *¿Qué hacer? En defensa de los intereses obreros y campesinos*, México, núm. 5, 15 de marzo de 1954, p. 66.

267. APAGC, «Cosas stalinistas», *¿Qué hacer? En defensa de los intereses obreros y campesinos*, México, núm. 5, 15 de marzo de 1954, p. 66.

268. APAGC, «También *ABC*», *¿Qué hacer? En defensa de los intereses obreros y campesinos*, México, núm. 2, diciembre de 1953, p. 37.

persecución anticomunista, pero que con el tiempo se habían convertido en una práctica discursiva, empleada entre uno y otro partido opositor, para desprestigiarse mutuamente. Para Rafael Galván, estas mentiras no eran más que síntomas «de la decadencia stalinista».[269] Otra revista llamada *Resaca*, editada por Rodrigo García Treviño, Rodolfo Usigli, Manuel Rodríguez Lozano y Mauricio Gómez Mayorga, publicó en su número 3 de diciembre de 1954, un breve apunte satírico –en su sección «Bataclán catálogo de la intelectualidad moscutaria»– titulado «Generales Trotskistas», en el que se mofaban de las pretensiones revolucionarias del grupo de Galván y su revista, como lo constata la siguiente referencia: «... últimamente han publicado un periódico en el que preguntan: "¿Cuál revolución mexicana, cuál revolución rusa?". La única es la que vive en sus sueños. Lo demás, puro verso».[270]

Aunque este apunte aparece sin autor, se escribió con la intención de defender a Rodrigo García Treviño, quien había roto desde 1941 toda relación intelectual con los trotskistas. El entonces POI, sección mexicana de la IV Internacional, denunció a Treviño por haberse convertido en «detective y publicista de la coalición angloyanqui».[271] En septiembre de 1946, *Lucha Obrera* reiteraba que Treviño había «evolucionado» hacia la alianza con Marenco, el líder oficialista de Artes Gráficas y la Editora Nacional.[272] La controversia resurgió a finales de 1953, cuando los trotskistas realizaron una crítica al libro *Precios, salarios y mordidas* de García Treviño. Para *¿Qué hacer?*, esta obra solo era parte de un «utopismo burgués», porque lejos de plantear soluciones efectivas a los problemas agrarios, únicamente ofrecía medidas paliativas como la «titulación de las parcelas ejidales».[273]

Molesto, García Treviño replicó, *in extenso*, en un opúsculo denominado «El trotsquismo, nuevo recluta del stalinismo», que circuló en la

---

269. *Ibidem*, p. 66.

270. APAGC, «Generales trotskistas», *Resaca*, México, DF, núm. 3, 3 de diciembre de 1954, p. 60. La pregunta a la que *Resaca* alude son los títulos de un par de artículos: «¿Cuál Revolución Mexicana?» y «¿Cuál Revolución Rusa?». Ambos aparecieron en el número 10 de *¿Qué hacer?* del 20 de noviembre de 1954, pp. [147] y 150, respectivamente.

271. BRG, «La Triste suerte de los oportunistas», *Lucha Obrera*, órgano del Partido Obrero Internacionalista, sección mexicana de la IV Internacional, México, DF, núm. 6, primera época, 10 de julio de 1941, p. 2.

272. BRG, «Trotsky, Treviño y los stalinistas», *Lucha Obrera*, órgano de la sección mexicana de la IV Internacional, México, DF, primera quincena de septiembre de 1946, núm. 46, p. 2.

273. APAGC, «Precios, salarios y mordidas», *¿Qué hacer? En defensa de los intereses obreros y campesinos*, México, núm. 1, noviembre de 1953, p. 15.

sección «Últimas noticias» de *Excélsior*.[274] *¿Qué hacer?* le respondió llamándolo «charlatán», «ignorante» «delator al servicio de la policía secreta norteamericana» e «instrumento de los grandes y pequeños capitalistas reaccionarios»; al mismo tiempo que reafirmó su convicción por sostener el programa de la Revolución Permanente. Empleando un lenguaje igual de invectivo, el grupo de Treviño ofreció una última contestación en la revista *Resaca*, en la cual llamó a los trotskistas «generales de despacho», «tiranos» y «estalinistas volteados al revés».[275]

Cuando en 1954 se verificó en el Distrito Federal el Congreso Anticomunista, los trotskistas no tardaron en exponer que el anticomunismo de MacCarthy y del político ultraconservador Jorge Prieto Laurens, en lugar de perjudicar «a los agentes estalinistas» los prestigiaba:

> Hacer creer que los 'comunistas' luchan consecuentemente contra el imperialismo es hacerles el mejor de los servicios. Por esta razón la campaña de Prieto Laurens –que no es sino parte de toda la campaña neofascista que encabeza McCarthy–, es anti-obrera y reaccionaria, SIRVE DIRECTAMETE AL IMPERIALISMO YANQUI Y SIRVE INDIRECTAMENTE A LA CASTA BUROCRÁTICA QUE GOBIERNA EN RUSIA.[276]

En un contexto cargado de una virulenta rivalidad pública no podía haber lugar para la negociación. Por tal motivo, imbuido de las ideas de Cannon, *¿Qué hacer?* divulgó un programa para combatir el «stalinismo». El debate entre militantes comunistas era público y estaba diseñado para generar la mejor impresión (opinión) en los lectores, acerca de quién tenía la «verdad revolucionaria».

Al ser habitual el ataque escrito y verbal entre estas organizaciones, cada una extraía sus pruebas de las publicaciones que tenía a la mano. *¿Qué hacer?*, por ejemplo, para confeccionar su crítica contra el PCM, el POCM y el Partido Popular (PP), tuvo que echar mano de los argumentos que estos ofrecían en sus medios de comunicación como *La Voz de México*, *El Popular* y *Noviembre*. Era claro que aunque dichas organizaciones tenían marcadas diferencias entre ellas, cuando se trataba de formar una campaña antitrotskista se unían como bloque.

---

274. APAGC, «Respuesta a García Treviño», *¿Qué hacer? En defensa de los intereses obreros y campesinos*, México, núms. 3-4, 15 de febrero de 1954, p. 58.

275. APAGC, «Generales trotskistas», *Resaca*, México, DF, núm. 3, 3 de diciembre de 1954, p. 61.

276. APAGC, «El congresito anticomunista», *¿Qué hacer? En defensa de los intereses obreros y campesinos*, México, núm. 8, 15 de junio de 1954, p. 114.

Los trotskistas, desde su marginalidad, tenían que hacer frente a esos ataques con los recursos que tenían frente así. Por ende, para *¿Qué hacer?*, el PCM, el PP y el POCM «eran bifurcaciones de los grupos stalinistas» que en el fondo mantenían «una estrecha identidad como servidores lacayos del Kremlin».[277] Asimismo, un mes después de que se realizara el XII Congreso Nacional del PCM, del 20 al 25 de septiembre de 1954, en el que se fijó una agenda para «liberar a México del yugo imperialista», los trotskistas emitieron su postura al respecto: las resoluciones aprobadas en dicho Congreso carecían de significado; solo eran «un cúmulo de frases que constituyen el aparato retórico de costumbre» y, por tal motivo, el PCM no tenía la capacidad de afrontar el imperialismo estadounidense. Al igual que Cannon, *¿Qué hacer?* tildaba a los «stalinistas» de «traidores y enemigos de los trabajadores».[278]

No es extraño que en este nivel del conflicto, cada bando opositor expresara acusaciones tan perjudiciales para acabar con sus adversarios. Por ejemplo, que los trotskistas eran parte del imperialismo yanqui o que los estalinistas eran agentes del Kremlin. Estas pugnas no hacían más que alentar el movimiento anticomunista de la época y fomentar la represión contra los marxistas.

Por estas razones, el entrismo *sui generis* del que tanto hacía alusión Michel Pablo, no tenía cabida en la mentalidad y la práctica de los trotskistas mexicanos y estadounidenses.

7. LA SOLIDARIDAD CON GUATEMALA

El clima de enemistad comunista y, marginalidad para los trotskistas, no permitió que estos confirieran mayor apoyo a Guatemala. No contamos con información suficiente para realizar un bosquejo general que nos permita conocer la cantidad de ayuda que *¿Qué hacer?* brindó a los exiliados guatemaltecos en México, pero con seguridad la cooperación no adquirió las dimensiones del profuso socorro que ofrecieron, al respecto, el PCM, el POCM y el PP. En junio de 1954, el presidente Jacobo Arbenz Guzmán fue obligado a dejar su cargo debido a que fue víctima de una conjura perpetrada por

---

277. APAGC, «El stalinismo en México», *¿Qué hacer? En defensa de los intereses obreros y campesinos*, México, vol. 1, núm. 6, 15 de abril de 1954, p. 87.

278. APAGC, «El XII Congreso de los stalinistas», *¿Qué hacer? En defensa de los intereses obreros y campesinos*, México, vol. 1, núm. 9, 20 de octubre de 1954, p. [131].

Dwight Eisenhower, en confabulación con el coronel Carlos Castillo Armas y la United Fruit Company.

En defensa del pueblo guatemalteco, desde finales de 1953, se constituyó la Sociedad de Amigos de Guatemala, integrada por intelectuales, artistas, economistas y militantes del PCM, cuyo propósito era «defender la soberanía latinoamericana y, específicamente, la soberanía de Guatemala» (Oikión Solano 2020, 3). En junio de 1954, se conformó el Comité Coordinador de Lucha en Defensa de Guatemala y el Comité Coordinador de Solidaridad con Guatemala. Después del golpe de Estado, sobresalió la red clandestina que tejió el PCM y el POCM, en coordinación con su célula de Chiapas, cuyo enlace era Fernando Granados Cortés, para preparar «rutas de escape» a los perseguidos que intentaban llegar al territorio mexicano (2020, 12). En esa operación también destacó la Unión Democrática de Mujeres. Asimismo, el PP y la CTAL organizaron una Jornada Internacional de Solidaridad con Guatemala (2020, 16).

Así como hubo movilizaciones comunistas que repudiaron la confabulación estadounidense contra el Gobierno de Arbenz, hubo otras encabezadas por intelectuales, aparentemente «independientes», que la favorecieron. Aquí se debe hacer una mención a la revista trimestral *Cuadernos del Congreso por la Libertad y la Cultura*, fundada en marzo de 1953, por el Congreso por la Libertad y la Cultura (CLC) financiado por la CIA (Glondys 2012, 24). *Cuadernos* criticó los totalitarismos y el comunismo soviético. En ella participó Julián Gorkin, quien en esa época había dado un giro a la derecha proestadounidense y David Rousset, un exmilitante trotskista que había dirigido el POI francés en 1936, pero que abandonó sus filas en 1946 luego de que fuera criticado por su propuesta estratégica acerca de «las nuevas condiciones del proletariado mundial y la situación internacional».[279] Junto a ellos colaboró el español Joaquín Maurín, exsecretario del Bloque Obrero y Campesino español (1930) y uno de los fundadores del POUM. Sobre la caída de Arbenz, Olga Glondys afirma que en *Cuadernos* subyacía una posición favorable al golpe de Estado (2007, 130):

> Tanto Gorkin como Maurín siguieron en todo la línea oficial de la propaganda estadounidense, que disfrazaba de lucha anticomunista un golpe de estado cuyo objetivo fue salvaguardar los intereses comerciales de

---

279. APAGC, *Les Congrès de la IVᵉ Internationale (manifestes, thèses, résolutions). 2 L'Internationale dan la guerre (1940-1946)* (1981, 293-294). Y véase Pierre Broué (1988, 1083). David Rousset, en 1946, buscaba un replanteamiento teórico acerca de la visión que los trotskistas tenían de la situación internacional. En biografía de David Rousset, https://maitron.fr/spip.php?article129990.

influyentes personajes estadounidenses (Foster Dulles). Gorkin realiza una tibia reprobación de la invasión de Castillo Armas («yo creo que había otra forma de resolver la situación») pero del dramatismo que emplea en retratar la política de Arbenz se deduce que tanto él como Maurín apoyan el golpe.

Arturo Taracena, al igual que Glondys, revisó específicamente lo que Gorkin y Maurin dijeron sobre Guatemala y encontró que ambos «interpretaban la presencia de los comunistas guatemaltecos en los sindicatos y el Gobierno como una estrategia geopolítica soviética, al punto de que Arbenz se había convertido en "pelele" de la Unión Soviética y la propia Guatemala era la "primera cabeza de puente del Kremlin en el continente americano"» (Taracena Arriola 2015, 110).

En México el CLC dejó una huella anticomunista. Karina Janello afirma que Gorkin volvió a México en 1953 e instaló una «agencia distribuidora de las publicaciones del Congreso» la cual quedó en manos de García Treviño,[280] quien como ya se ha mencionado anteriormente, había polemizado con los trotskistas (Jannello 2014, 93-94). El CLC no contó con que Treviño había virado por completo hacia posturas reaccionarias y anticomunistas, lo cual en los años sesenta comprometió las actividades «neutrales» y «pacifistas» de *Cuadernos*, ocasionando una ruptura entre ellos (2014, 94).

Este fue el resultado de las contradicciones que, como en cualquier corriente antiestalinista, se vivieron a raíz del impacto que causó el surgimiento de la Guerra Fría después de la Segunda Guerra Mundial, en especial después de 1948.

Precisamente, en 1954, la revista *Resaca* de Treviño afirmó en sus páginas que los trotskistas se pronunciaban, por medio de *¿Qué hacer?*, a favor de la no extradición del coronel guatemalteco Jaime Rosemberg, quien en julio de 1954 se encontraba refugiado en México.[281] Sin embargo, no hay un solo dato en dicho medio de comunicación trotskista que corrobore

---

280. García Treviño justificó, en 1959, la represión gubernamental en contra de las huelgas ferrocarrileras de marzo y abril de ese año. En su obra *La ingerencia rusa en Moscú* apuntó que «los agentes rusos» guiaron a los comunistas mexicanos para generar un ambiente de caos social que facilitara la implatación de un régimen dictarorial. Como parte de esta campaña anticomunista fueron expulsados del país, en abril de 1959, los diplomáticos soviéticos Nikolái M. Remisov y Nikolái V. Aksenov. La tesis acerca de la ingerencia soviética en México, por medio de la «rusofilia» de los dirigentes izquierdistas, sería la médula del discurso oficial que imperaría durante la década de los sesenta. Rodrigo García Treviño (1959, 10-11).

281. APAGC, «Generales trotskistas», *Resaca*, México, DF, núm. 3, 3 de diciembre de 1954, p. 61.

aquella afirmación. Aunque el apoyo se estaba brindando, porque en aquellos días aciagos, la izquierda se proclamaba en defensa del derecho de asilo, en beneficio de los desterrados guatemaltecos (Oikión Solano 2020, 19). Además, durante el IV Congreso Mundial celebrado en Italia, en 1954, el CEI de la IV Internacional tenía el urgente cometido de formar un «Frente Único» en defensa de Guatemala. Leal a la línea de Pablo, el CEI hizo un llamado de solidaridad:

> A todos los partidos obreros, la ligas culturales, los sindicatos y las centrales obreras latinoamericanas (CTAL, ATLAS, ORIT, COB de Bolivia, CGT de Argentina, CUT de Chile, etc.) para realizar una CONFERENCIA INMEDIATA y organizar un Frente Único en defensa de Guatemala. Hay que centralizar la agitación y la campaña de reclutamiento de un ejército de voluntarios internacionales con la finalidad de luchar por la defensa de Guatemala.[282]

Hugo González Moscoso y Guillermo Lora, que por cierto asistieron al IV Congreso Mundial, respaldaron este mandato movilizando a la COB. Los trotskistas de Argentina y Uruguay se sumaron a la solidaridad guatemalteca, puesto que para ellos se trataba de «la causa común de los trabajadores latinoamericanos».[283] Con esta misión a cuestas, Ismael Frías, militante del Partido Obrero Revolucionario Sección Peruana de la IV Internacional (POR), se instaló en la Ciudad de México y realizó una reflexión densa acerca del golpe de Estado encabezado por el general Castillo Armas, en la cual ofreció una alternativa ideada con base en el programa «revolucionario» establecido por la Cuarta Internacional.[284]

---

282. BRG, Comité Ejecutivo Internacional, «Aide au Guatemala», *Quatrième Internationale*, París, vol. 12, núms. 6-8, junio-agosto de 1954, p. 61.

283. *Idem.*

284. A fines de 1952 e inicios de 1953 el gobierno de Manuel A. Odría desató una persecución en contra del Partido Obrero Revolucionario peruano, con la acusación de que este «fomentaba huelgas y otros disturbios en un esfuerzo por derrocar al régimen oficial». En julio de 1954, el Consejo de Guerra permanente de la policía peruana condenó a prisión a varios dirigentes obreros del POR. Aquí la lista de encarcelados que reportó el SI de la IV Internacional: Félix Zevallos, dirigente textilero, cinco años de prisión; Leoncio Bueno, igualmente textilero; Sócrates García, secretario de propaganda del sindicato Perú-Lana, cuatro años de prisión; Arturo Albuquerque, secretario general del sindicato Industrias Reunidas; Washington Huracha, secretario cultural de la Unión Sindical Obrera de Arequipa; Marcial Aguirre, joven trabajador arequipense, dos años de cárcel. El POR estaba organizando un frente único con el propósito de conseguir una amnistía general. BRG, «Condamnation de camarades», *Quatrième Internationale*, vol. 12, núms. 9-12, diciembre de 1954, París, p. 80. Véase también Robert Alexander (2007, 49-50).

Previo al derrocamiento de Arbenz, en un escrito en nombre de los trotskistas, muy bien documentado y estructurado, Frías analizó la composición política del Gobierno de Guatemala y el rumbo que los comunistas debían seguir para que este no fuera derrocado. Del primero se dijo que era un gobierno «burgués bonapartista» que se mantenía relativamente equilibrado por su alianza establecida con la burguesía nacional y extranjera, así como con las masas. Un tipo de gobierno que Trotsky categorizaba como «bonapartismo *sui generis*».[285] Frías preveía que este gobierno tarde o temprano sufriría una eminente transición; la pregunta que se hacía era cómo se daría esta: por medio de un derrocamiento imperialista, o bien, dejando en su lugar «al gobierno obrero-campesino, o sea a un gobierno formado por el Partido Comunista, la Confederación General de los Trabajadores y la Confederación Nacional Campesina, gobierno que emanciparía realmente al país del imperialismo y contemplaría la reformar agraria». Esta era la alternativa que Ismael Frías reivindicaba como «la tarea de los marxistas revolucionarios en Guatemala»; su reflexión estaba dominada por la tendencia pablista de la Cuarta Internacional, de allí que pensara que la base militante del Partido Guatemalteco del Trabajo (PGT), una vez democratizada e independiente, sería la base del figurado Gobierno obrero y campesino.

El trotskista peruano proponía que en los mítines de protesta, huelgas y boicots se reclamara la escala móvil de salarios, escala móvil de las horas de trabajo, democracia sindical, independencia de los sindicatos, reforma agraria auténticamente campesina, nacionalización bajo control obrero de las tierras e instalaciones de la United Fruit Comapny, armar a los obreros y a los trabajadores del campo bajo exclusiva dirección de los sindicatos.[286] Ismael Frías se proclamaba por una defensa armada que repeliera los embates del imperialismo.

Después de la deposición de Arbenz, en julio de 1954, hubo un cambio drástico en lo relativo a la alianza entre los trotskistas y el PGT. Una de las lecciones que Frías dijo aprender, fue que la derrota del pueblo se debió a la «capitulación del gobierno y la nulidad del partido estalinista»; mientras que en plena invasión militar estadounidense, el Gobierno de Arbenz trató de evitar toda movilización popular antiimperialista, el PGT se dedicó a respaldar esta decisión, inmovilizando la acción independiente del proletariado y el campesinado.[287] Para Frías, aquello se trataba de otra traición

---

285. Ismael Frías, «Guatemala: la posición de los trotskistas», en Michael Löwy (1980, 209).

286. *Ibidem*, p. 212.

287. BRG, Ismael Frías, «L'Amère leçon du Guatemala», *Quatrième Internationale*, París, vol. 12, núms. 9-12, p. 42. Ismael Frías se encontraba en México cuando realizaba estas

estalinista en beneficio de la burguesía.[288] Según él, solo quedaban dos alternativas que recompondrían la marcha revolucionaria en Guatemala: la primera consistía en sostener una «política proletaria independiente, separándose teóricamente del stalinismo» y, la segunda, iba encaminada hacia la conformación de los Estados Unidos Socialistas de América Latina, en defensa de Guatemala y el continente americano.[289] Ismael Frías pensaba, desde México, la solidaridad continental con Guatemala, en términos de «liberar del imperialismo» a la nación peruana, la cual se encontraba bajo el mandato dictatorial del general Manuel A. Odría.[290] A su arribo a la Ciudad de México, Frías llevó consigo ejemplares del periódico *Revolución Permanente* editado en Lima por el POR, que se integró al subcircuito comunicativo que la Cuarta Internacional y el Comité Internacional tenían en México.

Sin embargo, los trotskistas de *¿Qué hacer?* tuvieron que emprender la ayuda hacia Guatemala, prácticamente apartados de la movilización colectiva protagonizada por exjefes de Estado que simpatizaban con la izquierda y de aquellos mítines protagonizados por el PCM, PP y POCM, ya que los consideraba a todos «representantes de la burguesía progresista y demagogos stalinistas».[291] En una carta que dirigió a los obreros y campesinos guatemaltecos, Rafael Galván, bajo su seudónimo, Martín Arriaga, advertía que la confianza «en el progresismo que alardean los núcleos izquierdizantes de las burguesías nacionales» terminaría en una traición al movimiento revolucionario, por lo tanto, el proletariado tendría que atender las proclamas

---

reflexiones. Para sustentar este artículo utilizó diferentes fuentes de información, entre ellas el periódico *Excélsior* y *La Protesta*.

288. Brg, Ismael Frías, «L'Amère leçon du Guatemala», *Quatrième Internationale*, París, vol. 12, núms. 9-12, p. 42.

289. *Ibidem*, pp. 45-46.

290. Con el seudónimo de Ramón Collar, Ismael Frías realizó un cuadro sucinto acerca de los problemas fundamentales de la revolución peruana: burguesía sometida al imperialismo norteamericano, el campesinado y el proletariado en la búsqueda de un programa independiente y la formulación de un programa revolucionario obrero campesino. Éste debía contener las siguientes aspiraciones: abolición de la propiedad privada de la tierra, igualdad de derechos con el resto de la población y liberación nacional contra el imperialismo. Ramón Collar, «Consideraciones sobre la revolución antiimperialista en el Perú», Apagc, *¿Qué hacer? En defensa de los intereses obreros y campesinos*, México, núm. 6., 20 de abril de 1954, pp. 87-89. En un artículo más amplio, enviado exclusivamente a la revista *Quatrième Internationale*, Frías detalló el contexto sociopolítico peruano y su programa revolucionario. Ismael Frías «Struture économique du Pérou et dynamique de la révolution péruvienne», *Quatrième Internationale*, París, vol. 12, núms. 1-3, marzo de 1955, pp. 37-42.

291. Apagc, Martín Arriaga, «Carta a los guatemaltecos», *¿Qué hacer? En defensa de los intereses obreros y campesinos*, México, vol. 1., núms. 3-4, 15 de febrero de 1954, p. 62.

de «los grupos más radicales y políticamente más honrados: los trotskistas, como aquellos que protagonizaban la lucha revolucionaria boliviana». En oposición a esta tendencia «liberadora», advertía Galván, se encontraba «la cooperación de los stalinistas, supeditada a las componendas diplomáticas de la burocracia bonapartista de Rusia».[292]

El líder trotskista quería que Guatemala, México y Bolivia «impulsaran el proceso de transformación con todo su ímpetu sin abdicar de sus intereses de clase».[293] Quizás esa posición aguerrida, a su vez marginal, que adoptó *¿Qué hacer?*, le impidió emprender una campaña de solidaridad con Guatemala, que lograra conjuntar una fuerza visible en el espacio público, aunque su intención también era desenmascarar la conjura golpista. Un reportero de la revista *Siempre*, llamado José Natividad Robles, en abril de 1954, logró entrevistar a un líder trotskista para que hablara de la presencia de la Cuarta Internacional en México.

En esa ocasión, el entrevistado –que por motivos de seguridad pidió el anonimato– afirmó que la Cuarta Internacional se reforzaba constantemente y contaba con militantes en México, Bolivia y otros países, «casi no hay país americano, donde no haya grupos adheridos», aseguró.[294] Natividad Robles, sin dejar pasar la oportunidad, le cuestionó: «¿Lo son los de Guatemala?», a lo que el militante respondió: «No podría decirlo claramente».[295] Lo cierto es que en Guatemala no había un movimiento trotskista; algunos, como el peruano Ismael Frías, escribían desde México acerca de la invasión imperialista en Centroamérica. Los trotskistas mexicanos, pese a tener un medio de comunicación como *¿Qué hacer?* y preservar sus vínculos con el SWP y el POR Boliviano, no tenían el alcance político deseado.

En esa entrevista el trotskista no ocultó el encono que la Cuarta Internacional tenía contra lo que nombraban «el estalinismo»: «… nuestra lucha no ha defeccionado en un punto, de las enseñanzas de Lenin, quien a su vez, las tomó de Marx y Engels. Nuestras metas están fijas todavía y no han perdido valor alguno, en eso nos diferenciamos de los estalinianos que han cambiado tantas veces de frente, que de la ideología primaria queda muy poco».[296] Pero la animosidad radical de los trotskistas, junto con su

---

292. APAGC, Martín Arriaga, «Carta a los guatemaltecos», *¿Qué hacer? En defensa de los intereses obreros y campesinos*, México, vol. 1., núms. 3-4, 15 de febrero de 1954, pp. 61-62.

293. *Ibidem*, p. 62.

294. José Natividad Robles, «La sombra de Trotzky habla en Coyoacán», *Siempre!*, 24 de abril de 1954, núm. 44, p. 33.

295. APAGC, Martín Arriaga, «Carta a los guatemaltecos», *¿Qué hacer? En defensa de los intereses obreros y campesinos*, México, vol. 1., núms. 3-4, 15 de febrero de 1954, p. 33.

296. *Ibidem*, p. 74.

programa socialista divulgado en *¿Qué hacer?*, parece que no soportó el perjudicial aislamiento y el tumultuoso contexto anticomunista. Galván y su equipo eran pocos, se movían en la clandestinidad y no contaban con los recursos para que su proyecto político se mantuviera circulando en el espacio público y el subcircuito trotskista Nueva York-Ciudad de México-La Paz. En el último número de *¿Qué hacer?*, con fecha del 15 de marzo de 1955, ponían al descubierto no solo su precariedad económica, sino estructural:

> La aparición regular de una publicación revolucionaria requiere de una serie de condiciones que confesamos, no concurren generalmente en nuestro caso. Nuestra principal deficiencia es de índole económica. No contamos como los estalinistas con la ayuda del gobierno ruso –ayuda que inútilmente tratan de ocultar con las campañas económicas que realizan–; ni recibimos, como los propios stalinistas lo gritan, los dólares del imperialismo yanqui. Nuestra presencia en la arena política del país la pagamos nosotros los mismos redactores de ¿QUÉ HACER? El alza general de precios derivada de la sabia devaluación monetaria, nos ha impedido publicar nuestra revista regularmente. La falta de recursos económicos genera nuevas dificultades, entre las que destaca la pérdida de actualidad de los artículos reunidos y la consiguiente tarea de preparar nuevos materiales, sin la certidumbre de poderlos publicar oportunamente [...]. No tenemos por qué ocultar nuestras deficiencias. Constituimos un pequeño grupo de personas interesadas en la formación de un partido marxista, que se esfuerza por servir los intereses de los obreros y los campesinos [...]. Se necesita estar ciego para no advertir la importancia de nuestra revista. En un país que se significa por su miseria política, enseñar a los oprimidos el abc de la lucha de clases y los métodos contra la opresión capitalista es, indudablemente, de una grande importancia.[297]

¿Qué hacer? fue un proyecto revolucionario, totalmente independiente del Estado, creado por militantes obreros que, como afirma Robert Alexander, «atacó vigorosamente la corrupción en los sindicatos, su subordinación al gobierno y el papel de los comunistas en ellos; destacó la necesidad de limpiar el movimiento laboral» (Alexander 1973, 204). Pero por sus mismas características socialistas, no logró cuajar en una sociedad que tenía un régimen que privilegiaba el anticomunismo con base en el modelo macartista estadounidense y, por ende, reprimía cualquier intento de cambio social. *¿Qué hacer?* puso en circulación un modelo revolucionario de

---

297. APAGC, «Necesitamos ayuda», *¿Qué hacer? En defensa de los intereses obreros y campesinos*, México, núm. 11, 15 de marzo de 1955, p. 166.

primer orden, mezcla del contexto de los militantes mexicanos con ideas revolucionarias procedentes del SWP, y el POR boliviano, para comprender y atacar los mecanismos autoritarios del régimen priista.

Después del 15 de marzo de 1955, fecha en que se publicó el último número de *¿Qué hacer?* no se tendrán noticias de los trotskistas en México. Únicamente tenemos conocimiento de que la revista teórica del SWP, *International Socialist Review*, anteriormente *Fourth International*, siguió enviándose a México durante los años siguientes. Así lo constata el archivo del exmilitante comunista Boris Rosen, esposo de la también comunista y crítica de arte Raquel Tibol. En ese acervo se encuentran varios de los números, tanto de *Fourth International* como de *International Socialist Review*, que van de los años cuarenta hasta principios de los años sesenta. Tanto los miembros del PCM como los trotskistas conseguían ejemplares de sus respectivos rivales para debatir unos con otros.[298] De acuerdo con Robert Alexander, será a finales de los años cincuenta, concretamente durante la huelgas ferrocarrileras de 1958, cuando los trotskistas vuelvan a resurgir (1973, 205).

---

298. BNM-FRCBR, *Fourth International* e *International Socialist Review*.

CAPÍTULO III. LA RENOVACIÓN DEL TROTSKISMO EN MÉXICO DURANTE LOS SESENTA

I. LA CUARTA INTERNACIONAL EN AMÉRICA LATINA Y EL RESURGIMIENTO DEL TROTSKISMO EN MÉXICO

Durante los años cincuenta el trotskismo latinoamericano tomó un impulso inusual en la Cuarta Internacional. Como se ha visto en el capítulo anterior, los regímenes autoritarios y anticomunistas que se fueron implantando en América Latina, desde mediados de los años cuarenta, aunado al modelo económico capitalista que tenía como principal eje rector a Estados Unidos, fomentó, por un lado, la aparición de movimientos de izquierda radicales y, por el otro, facilitó la creación de organizaciones reformistas, nacionalistas y anticomunistas. Las disímiles circunstancias políticas de cada país permitieron, en algunos casos, como Bolivia y Argentina, que los trotskistas mantuvieran liderazgos de consideración en el movimiento obrero. En contraste, en México y Perú los gobiernos autoritarios impidieron que las organizaciones independientes se propagaran, aislándolas de los movimientos de masas o atemorizándolas por medio de la represión policiaca, los encarcelamientos y el exilio.

Además, hay que enfatizarlo, el SI de la IV Internacional atendía los procesos revolucionarios europeos, y hasta donde podía los latinoamericanos y africanos. No obstante, durante los años cincuenta, en las sesiones del III Congreso Mundial, hubo un incremento reflexivo acerca del «carácter y estructura de los países latinoamericanos», así como de las tareas revolucionarias específicas que estos debían seguir.[299] La élite del trotskismo enmarcaba las luchas políticas de la izquierda marxista revolucionaria en América Latina en términos de su condición semicolonial, regida por un modelo capitalista dependiente del imperialismo estadounidense. En dicho análisis marxista se explicaba que el proceso de industrialización de los países de la región, como Bolivia, Chile, México, Brasil, Chile y Argentina, había propiciado el incremento de una burguesía enriquecida en número y afluencia, pero paralelamente aumentaba «un proletariado numeroso, combativo y dinámico», cuyo objetivo sería llevar a cabo la revolución proletaria bajo el régimen de la dictadura del proletariado. Las tareas específicas de la Cuarta Internacional para América Latina, las cuales se replicaron prácticamente durante toda la década de los cincuenta, se pueden sintetizar de la siguiente manera:

1. Luchar en favor de la alianza contra el imperialismo.
2. Por la defensa de la URSS, de las «democracias populares», de China, Corea, y de todas las revoluciones coloniales contra el imperialismo.
3. Contra todo gasto con fines militares y nuevos impuestos. Por la expropiación sin indemnizaciones ni derecho de rescate de las empresas y sociedades imperialistas. Por la revolución agraria. Por la nacionalización de la banca, de las grandes industrias y de los transportes.
4. Por la instauración de partidos obreros y campesinos.
5. Por la república socialista soviética en cada país.
6. Por la Federación de los Estados Unidos Socialistas Soviéticos de América Latina.[300]

En América Latina, los grupos y organizaciones trotskistas se encontraban presentes en Argentina, Bolivia, Perú, Chile, México, Cuba y Uruguay. El Buró Latinoamericano (BLA) tenía el cometido de formar nuevos organismos en Guatemala, Venezuela, Colombia y Ecuador.[301]

---

299. BRG, «Resolución sobre América Latina», *Cuarta Internacional*, vol. 9, núms. 8-10, agosto-octubre de 1951, p. 53.

300. BRG, «Tareas generales y específicas del movimiento proletario marxista revolucionario en América Latina», *Cuarta Internacional*, vol. 9, núms. 8-10, agosto-octubre de 1951, p. 58.

301. *Ibidem*, p. 62.

Tabla 7.
La Cuarta Internacional en Estados Unidos y América Latina, 1953-1960

País	Organización	Seudónimo	Nombres	Publicaciones
Estados Unidos (Nueva York)	Socialist Workers Party, tendencia ortodoxa		James P. Cannon Joseph Hansen William Warde Murry Weis Myra Tanner Art Sharon	*The Militant* *Fourth International (1940-1956)* *Information Bulletin (1951-1959)* *International Socialist Review (1956-1970)*
México (Distrito Federal, Poza Rica, Veracruz)	*¿Qué hacer?*	Martín Arriaga Camilo Arriaga	Rafael Galván Félix Ibarra Luciano Galicia Fausto Dávila Solís	*¿Qué hacer?*
Bolivia (La Paz)	Partido Obrero Revolucionario Fracción Obrera Leninista (1954)	Bravo Carvajal Villegas	Hugo González Moscoso Guillermo Lora	*Lucha Obrera* *Masas*
Chile	Partido Obrero Revolucionario Chileno		Luis Vitale Herminia Concha María Concha Luis Concha	*Vanguardia Proletaria* *Marxismo Revolucionario*

País	Organización	Seudónimo	Nombres	Publicaciones
Perú	Partido Obrero Revolucionario		Ismael Frías Sócrates García Juan Palacios	*Revolución Permanente Lucha Obrera Voz Obrera*
Brasil	Partido Operario Revolucionario Trotskista		Guillermo Marcelo Almeyra Leôncio Martins Rodrigues Milton Camargo Antonio Pinto de Freitas Sebastião Simões de Lima Jorge Milano José Maria Crispim Ruy Fausto Boris Fausto Paul Singer Emir Sader	*Frente Operária*
Argentina	Partido Obrero (trotskista) Partido Obrero Revolucionario	Juan Posadas o Luis Héctor Lucero Emilio Prado Moisés, Vito Durich Radio	Homero Cristalli Adolfo Atilio Malvagni Gilly Alberto Pla Pedro Stillman Guillermo Marcelo Almeyra Ángel Fanjul Óscar Fernández Bruno Ángel Bengoechea Nahuel Moreno Milcíades Peña	*Palabra Obrera Frente Proletario Revolución Permanente*

País	Organización	Seudónimo	Nombres	Publicaciones
Cuba	Partido Obrero Revolucionario Trotskista		Idalberto Ferrera Acosta Ñico Torres Alejandro Lamo Gustavo Fraga	*Voz Proletaria*
Uruguay	Liga Obrera Revolucionaria y Partido Obrero Revolucionario	Ortíz Costa Miranda	Alberto Sendic Zulma Nogara Olga Scarabino Esteban Kikich Gabriela Labat	*Frente Obrero*

Fuente: Elaboración propia con información de *Les Congrès de la IVe Internationale (manifestes, thèses, résolutions). 4 Menace de la troisième guerre mondiale et tournant politique (1950-1952)* (1989, 4: 128-130).

Tabla 8.
El Secretariado Latinoamericano del Trotskismo Ortodoxo (SLATO)

País	Organización	Seudónimo	Nombres	
Estados Unidos (Nueva York)	Socialist Workers Party, tendencia ortodoxa		James P. Cannon	*The Militant, Fourth Interna- tional (1940- 1956)*
			Joseph Hansen	
			William Warde	*Information Bulletin (1951-1959)*
			Murry Weis	
			Myra Tanner	*International Socialist Review (1956-1970)*
			Art Sharon	
Argentina	Partido Obrero Revolucionario		Nahuel Moreno	*Palabra Obrera*
Perú	Partido Obrero Revolucionario		Hugo Blanco	

Fuente: Elaboración propia con base en las publicaciones *The Militant, Fourth Internatio- nal, Information Bulletin, International Socialist Review* y Osvaldo Coggiola (2006, 476).

En particular, la revista *Quatrième Internationale* tenía una sección lla- mada «Novedades del movimiento obrero internacional», en la que mos- traba el avance de la Cuarta Internacional en Latinoamérica y otras partes del mundo. Las secciones de Argentina, Uruguay y Bolivia fueron las que aparecieron con mayor frecuencia referidas durante toda la década de los cincuenta, sinónimo de su crecimiento. En menor medida hubo noticias de Brasil y Perú. Para clarificar, veamos cómo estaba constituido el BLA, el principal órgano rector de los trotskistas en América Latina. El BLA se fundó en 1948 con motivo del II Congreso Mundial de la IV Internacional; estaba liderado por el militante del GCI argentino Homero Cristalli (Juan Posadas) y el militante de la LOR uruguaya Alberto Sendic (Ortiz).[302] El BLA fue res- paldado por Zulma Nogara (Costa), Olga Scarabino (Miranda) y Esteban Kikich también de la LOR (Almeyra 2013, 103). Posteriormente se integraron

---

302. Más tarde, la LOR cambió su nombre por el de Partido Obrero Revolucionario.

a él militantes posadistas como «Roberto Muniz, José Lungarzo (Juan), Óscar Fernández Bruno, Adolfo Atilio Malvagni Gilly (Héctor Lucero),[303] Alberto Pla, Pedro Stillman (Emilio Prado), Guillermo Marcelo Almeyra (Moisés), Ángel Fanjul (Heredia) y la uruguaya Gabriela Labat» (Löwy 2000, 107). El BLA tenía la obligación de supervisar o asesorar a todas las secciones nacionales y darle seguimiento a sus actividades políticas en nombre del CEI de la IV Internacional. En un primer momento creó la revista *Cuarta Internacional*, la cual prácticamente era una traducción al español de las resoluciones que el SI hacía circular en *Quatrième Internationale*. Pero entre 1954 y 1955, el BLA empezó a distribuir en sus secciones la *Revista Marxista Latinoamericana*, editada clandestinamente en Montevideo, bajo la dirección de Luis Naguil. En ella escribían Posadas, Sendic, Gilly, Hugo Villa, entre otros.[304]

Dicho organismo podía reprender a los dirigentes que no cumplieran con las disposiciones internacionales que emitía el CEI para América Latina. Con esas atribuciones, el BLA en 1949, hizo recomendaciones al POR boliviano para que Guillermo Lora se sujetara «a la disciplina del partido» (Sándor 1998, 263). Durante el transcurso de los años cincuenta, Posadas envió a diferentes delegados para que contribuyeran a la reorganización o creación de los partidos trotskistas en diferentes latitudes de América Latina. Guillermo Almeyra, con apenas 24 años, fue comisionado para impulsar el movimiento trotskista en Brasil, donde formó, en 1953, el Partido Obrero Revolucionario Trotskista, con ayuda del grupo liderado por José María Crispim, una escisión del Partido Comunista Brasileño (PBC) (Almeyra 2013, 136-138). El PORT creó en Brasil el periódico *Frente Operária*. Almeyra, el principal responsable de que se llevara a cabo este objetivo, radicó por lo menos cinco años en Brasil.

En esta época, Adolfo Gilly ya era uno de los militantes que más se desplazaba por el territorio latinoamericano; estuvo en Rio de Janeiro donde contactó a «Osvaldo» un viejo trotskista de los años treinta, y en Bolivia donde permaneció de 1952 a 1956 con la finalidad de «trabajar con el POR boliviano» (Almeyra 2013, 115; Gilly 2010, 32). Poco después de la victoria revolucionaria cubana viajó a La Habana junto con Ángel Fanjul, Alberto Sendic y José Lungarzo; en esta ocasión para echar a andar un nuevo partido trotskista. El propio Posadas tuvo una estancia breve de tres semanas en Cuba, durante el Primer Congreso Latinoamericano de la Juventud

---

303. Generalmente se utilizará su seudónimo Adolfo Gilly, que se ha convertido en su nombre.

304. Brg, «La Revista Marxista Latino-Americaine», *Quatrième Internationale*, París, vol. 14, núms. 7-9, septiembre de 1956, p. 57.

celebrado en julio y agosto de 1960 (Tennant 2000, 183). Sin embargo, quien hizo posible la creación del PORT cubano fue la también integrante del BLA, Olga Scarabino (Miranda), quien desde 1959 se encontraba en la isla caribeña estableciendo los contactos necesarios para concretar esa idea (Gaido y Valera 2016, 302). El mismo Ángel Fanjul tuvo una participación en la reunión preparatoria del Primer Encuentro Internacional de Juventudes verificado en 1959 y en el Congreso en La Habana celebrado en 1960.[305]

El circuito internacionalista del BLA se construyó fundamentalmente a partir de los años cincuenta. Por lo tanto, del 25 al 30 de diciembre de 1956, el BLA, dirigido por el argentino Homero Cristalli Frasnelli (Juan Posadas) y el uruguayo Alberto Sendic (alias Ortiz), realizó una reunión plenaria en Uruguay, en la que se discutieron los siguientes temas: evolución de la situación internacional y crisis del estalinismo, la situación latinoamericana, crisis del estalinismo en América Latina, balance de actividades y errores del movimiento latinoamericano, así como el reporte sobre el V Congreso Mundial.[306] A la reunión asistieron 45 delegados en representación de seis países: Argentina, Chile, Bolivia, Brasil, Perú y Uruguay. El Buró Latinoamericano concluyó que los trotskistas debían prestar más atención a los partidos comunistas de América Latina.[307] Destacó únicamente los avances del trotskismo en el movimiento obrero brasileño, argentino y boliviano.[308]

Pero la situación de los trotskistas latinoamericanos no iba viento en popa, como el BLA lo venía proyectando. El POR boliviano, que se había convertido en puntal del trotskismo en América Latina, desde 1954 quedó fraccionado en dos tendencias: la Fracción Proletaria Internacional de Hugo Sánchez Moscoso, que respaldaba el entrismo *sui generis* de Pablo y el BLA, y la Fracción Obrera Leninista (FOL) de Erwin Moler y Guillermo Lora. Paulatinamente, el grupo de Óscar Barrientos en Cochabamba apoyó a la FOL. Un grupo llamado «el grupo del Suizo» se opuso al grupo de Moscoso y al de Lora.[309]

---

305. Hugo Moreno, «Ángel Fanjul (1927-2009)», *Boletines de Novedades del CEIP León Trotsky*, mayo de 2009, consultado en http://ceipleontrotsky.org/Angel-Fanjul-1927-2009.

306. BRG, «Reunion du Bureau Latino-americain de la IVᵉ Internationale», *Quatrième Internationale*, París, vol. 15, núms. 1-3, marzo de 1957, p. 93.

307. *Ibidem*, p. 94.

308. *Idem*.

309. Para conocer a profundidad la división del POR boliviano, véase Steven Sándor John (1998, 342).

En Brasil, el entrismo no arrojó buenos resultados; el POR tuvo un viraje reformista, nacionalista y por momentos reaccionario, pese a que contó con el asesoramiento del integrante del BLA, Guillermo Almeyra (Barbio 2008, 260-261). En Chile el POR era una organización pequeña, apenas con 34 miembros declarados, cuyo dirigente era el historiador Luis Vitale, quien en 1954 rompió con el SI de la IV Internacional y se unió al SLATO de Nahuel Moreno (Löwy 2000, 107).

Para el caso de Cuba, algunos trotskistas, como Ñico Torres, y extrotskistas, como Alejandro Lamo y Gustavo Fraga, se sumaron al Movimiento 26 de Julio (M26J) comandado por Fidel Castro, pues para ellos la Sección Obrera Guantanameña fue importante entre 1957 y 1959 (Gaido y Valera 2016, 300). No fue hasta la reestructuración del PORT en 1960 cuando los trotskistas realizaron trabajos importantes dentro de las «campañas de alfabetización, la Federación de Mujeres Cubanas, los Comités de Defensa de la Revolución y las milicias recién organizadas» (2016, 304).

La única excepción fue Argentina, porque allí el trotskismo creció considerablemente en la segunda mitad de la década de los cincuenta. Aunque trabajaba dividida en dos tendencias, la posadista del Partido Obrero Revolucionario (POR) y la morenista, también llamada Partido Obrero Revolucionario (POR). El POR posadista contendió en las elecciones presidenciales de 1958; obtuvo 15.424 votos. Este partido tenía influencia en diferentes ciudades argentinas, como Avellaneda, Matanza, Quilmes, Berisso, La Plata, Tucumán y Córdoba (Coggiola 2006, 162). El POR morenista también gozaba de presencia en «los ferroviarios, los aceiteros, los petroleros, los trabajadores gráficos, los obreros del vidrio, los estudiantes» (2006, 154). Osvaldo Coggiola afirma que los posadistas y morenistas supieron relacionarse con los sindicatos peronistas, en los cuales «el nacionalismo antiimperialista era llevado a formulaciones extremas» (2006, 162).

Precisamente, como producto de las diferencias irreconciliables entre las tendencias trotskistas argentinas se creó el SLATO de Nahuel Moreno. Según Coggiola, desde 1954 un chileno apodado Valdés y el grupo Revolución Permanente de Perú constituyeron esta organización adherida al Comité Internacional del SWP (2006, 142). La versión del propio Moreno indica que no fue hasta 1957 cuando se constituyó formalmente el Secretariado Latinoamericano del Trotskismo Ortodoxo (Moreno 2003, 14).

El caso mexicano fue quizá el más ausente durante la década de los cincuenta, en especial, después de 1955. Aquí el trotskismo se concentró en una pequeña agrupación, sin proyección nacional e internacional, localizada en Poza Rica, Veracruz, por medio del médico cirujano Fausto Dávila Solís. Óscar de Pablo señala que Fausto Dávila Solís ingresó al POI mexicano en los años cuarenta (De Pablo 2018, 128-129). Instalado en Poza Rica, Dávila Solís fue postulado para alcalde en 1958; aunque obtuvo un virtual triunfo arrollador, quien se quedó con la alcaldía fue el priista Manuel Salas Castelán (2018, 128-129). El día posterior a las elecciones hubo una gran manifestación en apoyo a Fausto Dávila pero el Gobierno la reprimió empleando una violenta persecución contra los inconformes (2018, 128-129). Al respecto, el Partido Obrero Revolucionario Trotskista (PORT) que ya tenía una sección en México, en la *Revista Marxista Latinoamericana*, dio cuenta de la «caza de brujas» que se desató en el norte veracruzano. En uno de sus artículos afirmó que «algunas zonas, como en las petroleras de Veracruz, se han establecido verdaderos campos de ocupación en México. Poza Rica es un gran campo de concentración».[310]

El cuadro crítico incluía notas acerca de la feroz represión que los Gobiernos de Adolfo Ruiz Cortines y Adolfo López Mateos lanzaron para acabar con el movimiento ferrocarrilero liderado por Demetrio Vallejo que luchaba por el aumento salarial, entre 1958 y 1959.

El BLA tenía el firme propósito, como lo hiciera en otras secciones latinoamericanas, de formar una vanguardia revolucionaria al interior de las organizaciones de masas. En los pequeños núcleos oposicionistas que operaban en los sindicatos nacionales, como la CTM, telefonistas, electricistas y petroleros encontraba la alternativa para acentuar más la «crisis y descomposición de la corrupta y autoritaria burguesía».[311] Para el BLA el entrismo era una posibilidad en el PCM y el PP porque tenían «arraigo en sectores tanto del movimiento campesino, como del movimiento obrero, lo mismo que la intelectualidad pequeño-burguesa».[312] Según Gerardo Peláez, la sección mexicana del POR (T) apareció en enero de 1959 (Martínez Nateras 2016, 1: 276). Si esto fue así, hubo un enviado hasta ahora desconocido, que vio en las masivas movilizaciones obreras y estudiantiles antícharras una oportunidad para reactivar el trotskismo en México.

---

310. Brg, «Caza de brujas en México», *Revista Marxista Latinoamericana*, Montevideo, núm. 9, agosto-octubre de 1959, p. 15.

311. Brg, «Caza de brujas en México», *Revista Marxista Latinoamericana*, Montevideo, núm. 9, agosto-octubre de 1959, pp. 14-15.

312. *Ibidem*, p. 15.

Tabla 9.
Delegados del Buró Latinoamericano encargados de reorganizar
las secciones de la IV Internacional en otros países

Guillermo Marcelo Almeyra (argentino)	Comisionado para formar el Partido Obrero Revolucionario Trotskista.	Brasil (1952-1957)
	Enviado a reforzar la sección peruana	Perú (1959)
Adolfo Gilly	En Rio de Janeiro contactó a «Osvaldo» un viejo trotskista de los años treinta	Brasil
	Reforzar la sección peruana	Perú
	Se integró al POR boliviano dirigido por Hugo González Moscoso	Bolivia (1952-1956)
	Fue enviado a reforzar el Partido Obrero Revolucionario Trotskista cubano	Cuba (1960)
	Enviado a Guatemala para contribuir con la guerrilla del Movimiento Revolucionario 13 de Noviembre	Guatemala (1962-1966)
Olga Scarabino	Organizó el Partido Obrero Revolucionario Trotskista Cubano	Cuba (1959)
Alberto Sendic	Reforzar el PORT	Cuba (1960)
Ángel Fanjul	Reforzar el PORT	Cuba (1960)
José Lungarzo	Reforzar el PORT	Cuba (1960)
Juan Posadas	Asesorar al PORT	Cuba (1960)

Fuente: Elaboración propia con información de Osvaldo Coggiola (2006); Guillermo Almeyra (2013); Daniel Gaido y Constanza Valera (2016); Adolfo Gilly (2010).

2. DOS TRADICIONES DEL TROTSKISMO SE ENCUENTRAN EN MÉXICO DURANTE LOS AÑOS SESENTA

A principios de la década de los sesenta hubo un encuentro entre los militantes trotskistas experimentados, poseedores de una trayectoria política probada en el marco de la Guerra Fría y de una capacidad analítica de la geopolítica global, inusitada dentro de los círculos intelectuales de la época, con jóvenes inquietos y ávidos de organizarse para participar en un mundo cambiante, que para la izquierda presagiaba la caída del capitalismo como sistema planetario y la instauración del socialismo. Los jóvenes que se acercaron a la militancia trotskista vieron a los dirigentes de la Cuarta Internacional como maestros que educaban utilizando información de diferentes países y en múltiples idiomas. Esto creaba en los nuevos cuadros una aspiración por convertirse en «dirigentes revolucionarios». Los jóvenes izquierdistas hicieron suyas las tesis revolucionarias de otras épocas, y a sus autores, como sus más grandes ejemplos.

A comienzos de los años sesenta, varios estudiantes universitarios de la UNAM y del Instituto Politécnico Nacional sabían lo que era desafiar no solo a los rectores y sus mecanismos de control, sino al propio Estado. Varios de ellos habían experimentado en carne propia lo que era la persecución política, el encarcelamiento y la estigmatización social (Pensado 2013, 83-129). Pero también, mucho de ellos habían aprendido a establecer nexos con organizaciones de izquierda, a formar parte de ellas y a pensar las estructuras sociales en términos del establecimiento de un modelo socialista de sociedad global. Calaba en ellos ese *ethos* revolucionario que se ha planteado en nuevas investigaciones.[313]

Diferentes fueron las coyunturas que a lo largo de la década de los sesenta fueron moldeando el pensamiento de los jóvenes de izquierda. El más importante sin duda fue el triunfo de la Revolución cubana, pero le siguieron el establecimiento de las relaciones diplomáticas entre la URSS y Cuba en febrero de 1960; la proclamación de Cuba como «república socialista» en noviembre de 1960; los movimientos de solidaridad con Vietnam; la caída de Jruschov en octubre de 1964; la invasión del ejército estadounidense en República Dominica en abril de 1965; la Primera Conferencia Tricontinental en enero de 1966; el asesinato del Che Guevara en Bolivia en octubre de 1967; la «Primavera de Praga» en enero de 1968; la huelga

---

313. Se entiende el *ethos* militante como lo propone Francisco Longa (2016, 51), es decir, como «un conjunto de orientaciones políticas e ideológicas que se expresan a través de diferentes modelos de militancia».

general en Francia, en mayo de 1968, y la intervención del ejército soviético en Checoslovaquia en agosto de 1968.

Varios universitarios, como es el caso de los que se acercaron al trotskismo, empezaron a conocer lo que eran las relaciones militantes internacionales y a sentir el ímpetu ya no solo para democratizar la Universidad, sino para transformar la sociedad con base en las ideas de los teóricos marxistas y el modelo de la militancia que ellos fueron eligiendo. Los estudiantes más politizados permanecieron receptivos a las ideologías consideradas revolucionarias, porque el tipo de ideas que adoptaban les significaba una identidad pública y un sentido social de la acción colectiva. De esta manera se crearon los liderazgos estudiantiles capaces de polemizar con profesores y políticos de alto rango en aras del cambio social, partiendo de ejemplos tomados de la historia soviética o del mismo contexto político hemisférico derivado de la Guerra Fría. Futuros líderes de los años sesenta heredaron esa pasión por la movilización política forjada al calor de las marchas, los mítines y los grandes discursos de democratización y antiimperialismo proclamados en las manifestaciones populares de ferrocarrileros, normalistas, politécnicos y petroleros de finales de los años cincuenta. Aunado a la crisis política nacional, tanto en la militancia de izquierda, como en la intelectualidad liberal, cobró un notable auge el triunfo de la Revolución cubana en enero de 1959. Si las huelgas y los comités estudiantiles vinculados con los sectores obreros despertaron la pasión por la movilización y el interés por el pensamiento marxista, la Revolución cubana colmó de entusiasmo internacionalista a futuros líderes estudiantiles de los años sesenta. Algunos querían ser como Fidel Castro o el Che Guevara, «los barbudos», como también eran identificados en aquella época, y se convirtieron para muchos estudiantes y profesores en «ídolos de la juventud». Los brotes guerrilleros en América Latina y el agresivo imperialismo estadounidense obligaron a los estudiantes a mantenerse informados de lo que sucedía con las organizaciones políticas en conflicto. Hubo muchos círculos estudiantiles que se mantuvieron movilizándose dentro y fuera de la Universidad.

El ímpetu por la democracia socialista a nivel planetario sustituyó en buena parte del estudiantado universitario de izquierda, el pensamiento meramente nacionalista por el internacionalista.

El trotskismo mexicano a finales de los años cincuenta era una corriente ideológica muy pequeña, focalizada en unos cuantos militantes que se habían formado en la sección mexicana de la IV Internacional de los años cuarenta, y que todavía en los años cincuenta trataron de luchar por crear organizaciones sindicales independientes del Estado, bajo la concepción trotskista y leninista del partido obrero-campesino, como la que promovió Rafael Galván en la revista *¿Qué hacer?* Durante el resto de los años cincuenta, los trotskistas pasaron casi desapercibidos del escenario público mexicano, con excepción del mencionado Fausto Dávila Solís en Poza Rica, Veracruz. El POR (T) se creó en México, como ya se ha dicho, en enero de 1959; quiso aprovechar las movilizaciones de los sindicatos anticharros, de los ferrocarrileros, petroleros y estudiantiles. Este auge de los movimientos sociales, sin duda, logró que las dos tradiciones del trotskismo, la ortodoxa del Comité Internacional de Cannon, y la «entrista», de la Cuarta Internacional de Michel Pablo, en la cual todavía en 1960 permanecía oficialmente el POR (T), se encontraran principalmente con los jóvenes universitarios que buscaban identificarse con un pensamiento «novedoso».

De todos los grupos a los que los trotskistas pretendían incorporarse para alcanzar sus direcciones revolucionarias, fue en ciertos sectores estudiantiles donde encontraron aceptación política, porque allí había jóvenes universitarios ávidos de introducirse en el pensamiento marxista y movilizarse con un proyecto político militante que para ellos derrocaría al sistema antidemocrático priista. Sin embargo, no solo el POR (T) causó expectación entre círculos estudiantiles acotados, también una corriente más cercana a la línea ortodoxa del SWP de James P. Cannon y Joseph Hansen, que en México y, concretamente en la UNAM, fue conocida como la Liga Obrera Marxista (LOM).

La conformación de la LOM se debió principalmente a tres activistas universitarios: Francisco Navarrete, David Aguilar Mora y Manuel Aguilar Mora. Sigamos de cerca los primeros años de la vida política de este último, quien aparte de convertirse en el líder de la LOM fungió como el representante mexicano ante la Cuarta Internacional.

3. LOS PRIMEROS PASOS DE UN JOVEN INTERNACIONALISTA

Originario de Chihuahua (estado de Chihuahua), Manuel Aguilar ingresó a la Escuela Nacional de Ingeniería de la UNAM, donde incursionó precozmente en la política estudiantil radical. En 1958 participó en «el movimiento de los camiones contra el alza de sus tarifas» y, un año después, en 1959, formó un frente solidario universitario con el desarticulado sindicato ferrocarrilero (Aguilar Mora 2003, 3). La brutal represión que sufrió el movimiento ferrocarrilero: con el descabezamiento de la dirección (encarcelamiento de Demetrio Vallejo y Valentín Campa), detención y despido de miles de trabajadores, por órdenes del presidente Adolfo López Mateos, marcaron la vida de Manuel Aguilar Mora:

Esa represión fue tremenda… me marcó mucho a mí, me marcó mucho a mí, porque yo participé, porque en la universidad comenzó a haber mucho interés en el movimiento y surgió un movimiento que imitaba a los ferrocarrileros, en el caso de los estudiantes, en el 58, los estudiantes se unieron para evitar el alza de los pasajes, de las tarifas de los pasajes y para evitarlo tomaron los camiones. Solo estudiantes de la UNAM.[314]

El otro suceso que definió su vocación política fue el triunfo de la Revolución cubana y la sociabilidad intelectual y militante que surgió, alrededor de ella, en los espacios universitarios:

La revolución cubana abría una perspectiva increíble a los muchachos, a toda la izquierda de México y a toda América Latina, obviamente, una convulsión. Entonces en enero yo devoraba lo de Cuba y en la universidad hubo conferencias sobre asuntos políticos en la escuela precisamente de ciencias políticas. Entonces fue un barbón, un barbudo fue de Cuba, vino a esas conferencias, fue un mitin que se hizo ahí y yo fui. No era Fidel Castro ni Che Guevara era otro, se llamaba Pedro Miret, creo, pero era un barbudo y ahí estaba. Ahí me doy cuenta que me interesa mucho más la política que ingeniería, ahí es cuando cambio a ciencias políticas.[315]

En la Escuela Nacional de Ciencias Políticas y Sociales, Manuel Aguilar Mora, molesto e indignado –al igual que varios de sus compañeros– con el régimen de López Mateos, por la ola de violencia que desató contra los ferrocarrileros, se incorporó a un grupo piloto de estudios políticos impulsado por Pablo González Casanova, en el cual tuvo contacto con las obras de Marx, como *El capital* y *El manifiesto comunista*. Junto con otros diez u ocho compañeros suyos leía también a Georg Lukács, Rosa Luxemburgo y Antonio Gramsci. No faltaron en sus lecturas universitarias los escritos de Maquiavelo, Ortega y Gasset y Max Weber. Estos eran un complemento del ambiente político del momento.

La UNAM fungía como un espacio de sociabilidad en el que la comunicación oral y escrita sobre los movimientos sindicales e internacionales fluía por todos los rincones. Los maestros hablaban a sus alumnos de los acontecimientos en Cuba y la ominosa injusticia contra Vallejo y Campa. El Partido Comunista Mexicano tenía cuadros juveniles en la UNAM desde

---

314. Entrevista realizada por Josué Bustamante González a Manuel Aguilar Mora en la Ciudad de México, el 10 de septiembre de 2016.

315. Entrevista realizada por Josué Bustamante González a Manuel Aguilar Mora en la Ciudad de México, el 10 de septiembre de 2016. Y Manuel Aguilar Mora (2006, 54).

finales de los años cincuenta. Librerías como la Navarro, ubicada en ese tiempo en la calle Donceles de la Ciudad de México, estaba atestada de ediciones soviéticas de obras de Lenin y Marx.[316]

En este ambiente altamente politizado, en el cual la izquierda se valía de sus redes para ampliar su base estudiantil, Manuel Aguilar Mora y su hermano David fueron invitados a pertenecer a la Juventud Comunista, pero ambos rechazaron tajantemente ingresar a sus filas. Entre los profesores y estudiantes circulaba la animadversión hacia la URSS, luego de la «desestalinización» proclamada por Nikita Jruschov, en el XX Congreso del PCUS. Aunque Manuel tenía amigos en el PCM, en su mentalidad predominaba una sensación «antipática hacia los estalinistas» derivada seguramente de la imagen totalitaria que en ese entonces ya recaía sobre Stalin. De hecho, el propio Manuel se vio atraído primeramente por «la revolución verde olivo» de Fidel Castro, antes que por alguno de los afamados revolucionarios soviéticos de 1917. Además, la fascinación por Castro y su movimiento, lo impulsó a participar en manifestaciones pro Cuba en México, sin tener en cuenta que una de esas movilizaciones lo llevaría a pasar unos días en la cárcel. Manuel buscaba un pensamiento «original», «novedoso», que no fuera ni prosoviético ni proestadounidense. Sin duda, una polaridad mental producida en el marco global de la Guerra Fría. Esta disposición hacia las ideas críticas y el activismo político, fueron vitales para que Manuel Aguilar se acercara a la ideología trotskista y rápidamente asumiera una función política que lo acompañaría toda su vida y hasta el presente.

4. EN EL DEPARTAMENTO DE NAVARRETE: LA LOM

Fue en los círculos de discusión política de la izquierda que los hermanos Aguilar Mora, entre 1959 y 1960, conocieron al que fuera su maestro ideológico, el sonorense Francisco Navarrete, mejor conocido por sus amigos como «Pico Pancho», por su imparable labia. Sin duda, las dos carreras que poseía Navarrete (Ciencias Políticas y Derecho) y la apariencia de hombre experimentado que le dejara su otrora militancia en el Partido Popular, deslumbró a los hermanos Aguilar, quienes vieron en él a un líder «inteligente». De hecho, Navarrete estuvo a punto de ingresar al POR (T), pero en el último momento desistió; pese a ello era portador de ideas

---

316. Entrevista realizada por Josué Bustamante González a Manuel Aguilar Mora en la Ciudad de México, el 10 de septiembre de 2016.

trotskistas.[317] En su departamento, David y Manuel recibieron obras de Trotsky, como *La revolución traicionada* (la primera obra que Manuel leyó de Trotsky), y fue allí, en ese entorno de discusiones políticas donde «Pico Pancho» les habló de un grupo de carácter internacional llamado la Cuarta Internacional. Navarrete y *La revolución traicionada* cambiaron la vida de los hermanos Aguilar Mora. La fascinación por el pensamiento de Trotsky se produjo inmediatamente. Manuel vio en Trotsky y su obra «una enorme capacidad política, teórica, organizativa de detalle y de crónica».[318]

Sin prácticamente conocer el pasado del trotskismo en México y el mundo, los dos hermanos, junto con otros tres o cuatro de sus compañeros, organizaron una fugaz agrupación llamada Liga de Estudiantes Marxistas (LEM), la que, en poco tiempo se convirtió en la Liga Obrera Marxista (LOM), y publicaron un boletín llamado *El Obrero Militante*.[319] La LOM llegó a tener entre veinte y treinta militantes que entraron en contacto con trabajadores electricistas, durante el período 1960-1962. Cabe mencionar aquí que el trotskismo apareció en un ambiente estudiantil de la época que desconocía por completo lo que este movimiento significaba. El grupo de la izquierda que tenía mayor presencia entre los jóvenes seguía siendo el PCM. Sin un antecedente histórico de las luchas pasadas de Trotsky y los trotskistas, los jóvenes de la LOM emprendieron un movimiento que para ellos era «inédito».[320] La LOM de los Aguilar Mora sería parte de la tendencia ortodoxa del Comité Internacional del SWP dirigida por Cannon, la cual, con el paso de los años se había transformado en una corriente poderosa dentro del amplio circuito transnacional de la Cuarta Internacional.

5. 1962: LA PRIMERA RUPTURA

Paralelamente a la LOM, en México operaba el POR (T); uno de sus dirigentes más visibles era Felipe Galván.[321] Según el testimonio de Manuel Aguilar, amigos de Navarrete fundaron esta otra organización. El POR (T)

---

317. Entrevista realizada por Josué Bustamante González a Manuel Aguilar Mora en la Ciudad de México, el 10 de septiembre de 2016.

318. Entrevista realizada por Josué Bustamante González a Manuel Aguilar Mora en la Ciudad de México, el 10 de septiembre de 2016.

319. En el 2016, cuando se realizó esta entrevista, Manuel Aguilar Mora quedó sorprendido al enterarse de que en 1954 se formó una primigenia Liga Obrera Marxista.

320. Entrevista realizada por Josué Bustamante González a Manuel Aguilar Mora en la Ciudad de México, el 10 de septiembre de 2016.

321. No se cuenta con datos de la vida de Felipe Galván Bartolini (alias Bruno).

mexicano, en 1960, participó en el Primer Congreso Latinoamericano de Juventudes, verificado en La Habana (Cuba), junto con los integrantes del BLA Ángel Fanjul, Luis Naguil y Manuel Zegarra del POR chileno.

Por el POR (T) mexicano participó Felipe Galván y, junto a los otros, fue expulsado de dicho congreso al exigir que se discutiera la propuesta de la corriente posadista. De hecho, fue el primer enfrentamiento de los posadistas con la Revolución cubana.

Pero antes de ese suceso, los representantes del POR (T), fieles a lo que en ese tiempo entendían como Programa de Transición, se proclamaron por la constitución de milicias campesinas latinoamericanas, un frente único antiimperialista, la formación de una gran central revolucionaria de trabajadores, así como la organización de una Conferencia Latinoamericana de Organizaciones Obreras y populares para la defensa de la Revolución cubana.[322] Se recuerda que un grupo de trotskistas del BLA se encontraba en Cuba reorganizando la sección local del POR (T). Allí realizaban trabajo militante Olga Scarabino, Adolfo Gilly, Ángel Fanjul, Alberto Sendic y José Lungarzo.

En el Congreso Latinoamericano de Juventudes, los trotskistas impulsaron «las nacionalizaciones en gran escala de los bancos y la industria y la instauración del monopolio estatal sobre el comercio exterior» (Gaido y Valera 2016, 303).[323] Con esa experiencia a cuestas, Felipe Galván regresó a México y seguramente no tardó en divulgar los vínculos que tenía con la dirigencia del BLA y los logros obtenidos por el POR (T) cubano.

David Aguilar Mora, en 1961, matriculado en la Escuela Nacional de Economía de la UNAM y militante de la LOM, formó el Grupo Rojo y Negro con la finalidad de renovar el comité de la sociedad de alumnos de su escuela (Aguilar Mora 2003, 5). La movilidad política universitaria lo condujo a tomar contacto con militantes del POR (T) que en esa época iba creciendo entre el estudiantado. Si David Aguilar quedó deslumbrado y entusiasmado por la labia de Navarrete y las lecturas de Trotsky, seguramente se maravilló con la idea de pertenecer a un grupo trotskista que tenía, aparte de México, secciones internacionales en Argentina, Brasil, Perú, Bolivia, Chile, Uruguay y Cuba. Amén de la militancia obrera que la sección cubana había alcanzado y de los planes que comenzaba a fraguar el POR (T) para ingresar a Guatemala. Producto de esa convivencia militante e intercambio de ideas,

---

322. AHCEMOS, FJCM-CNED, 1968-1969. Véase también, BRG, «La revolución cubana y los trotskistas», *Boletín de Información Latinoamericano e Internacional*, supl. de *La Revista Marxista Latinoamericana*, Montevideo, año 2, núm. 45, diciembre de 1960, p. 3.

323. Cabe mencionar que el POR (T) cubano fue reconocido formalmente como sección de la Cuarta Internacional en 1961.

Aguilar Mora dejó formalmente la LOM en 1962, y se unió a las filas posadistas. Fue en ese año cuando también conoció a Eunice Campirán Villicaña, una joven activista de 23 años de la Escuela Nacional de Ciencias Políticas y Sociales con quien, en poco tiempo, unió su vida en matrimonio civil y militante (Oikión Solano 2010c, 339; Aguilar Mora 2003, 6).

6. LA ESCISIÓN DEL BLA CON EL SI DE LA IV INTERNACIONAL

Al tiempo que los hermanos Aguilar Mora se separaron ideológicamente, la Cuarta Internacional nuevamente se escindió. El Comité Ejecutivo Internacional de la IV Internacional celebró su VI Congreso Mundial en enero de 1961, que se caracterizó por la «sublevación» de Posadas contra el SI europeo encabezado por Michel Pablo, Ernest Mandel, Livio Maitan y Pierre Frank. El avance relativo que el BLA había tenido en América Latina (representaba más de la mitad de la Internacional) empoderó a Posadas quien, con una actitud intransigente, se proclamó por una «guerra inevitable e inminente, guerra preventiva, revolución mundial simultánea».[324] Los latinoamericanos «veían a la vuelta de la esquina, la guerra, la revolución, el poder».[325] A partir de allí el BLA perdería su vinculación con la Cuarta Internacional en Europa y entró en una fase de «involución acelerada» plagada de «soluciones aventureras y sectarias» dominada ideológicamente por Posadas.[326]

El alejamiento e incomprensión hacia las masas trató de maquillarse con excesiva «teoría». Aun así, el POR posadista preservó toda la estructura del BLA (esta organización también fue conocida como la Internacional de Posadas) y mantuvo su centro rector en Montevideo, en donde se encontraban Luis Naguil, Olga Scarabino y Zulma Nogara, miembros dirigentes del Buró Político de la Sección Uruguaya del POR. El posadismo, como también se le conoció a este grupo después de la escisión, preservó el membrete de la Cuarta Internacional, aunque oficialmente ya no pertenecía a ella. Incluso Posadas se autonombró secretario general de la Cuarta Internacional y Ángel Fanjul se convirtió en uno sus voceros.

El hecho de que la Internacional posadista preservara la misma estructura organizativa, le permitió a sus militantes continuar obteniendo

---

324. APAGC, «Balance crítico de la extendencia del Buró Latinoamericano de la IV Internacional», *Boletín Marxista*, núm. 8, mayo de 1977, p. 11.

325. *Ibidem*, p. 12.

326. *Ibidem*, p. 14.

recursos económicos para financiar sus viajes y elaborar sus publicaciones. Recuérdese que Gilly se desempeñaba como periodista de revistas prestigiosas como *Monthly Review* de Nueva York y Buenos Aires, y *Marcha* de Montevideo. De la misma forma, otros militantes, como Guillermo Almeyra, se desempeñaban como editores y profesores.

La línea política que siguió el posadismo, después de 1961, fue una versión muy similar al entrismo pablista, con la única excepción de que los latinoamericanos le apostaron a la lucha armada guerrillera.

En México, después de una ardua labor propagandística principalmente en el medio universitario, la Internacional de Posadas puso en circulación la *Revista Marxista Latinoamericana* y el periódico *Voz Obrera*, sus principales soportes ideológicos. Algunos jóvenes, contagiados por los bríos de la Revolución cubana, y deseosos de recibir una experiencia militante, vieron en el radicalismo posadista la oportunidad de transformar el mundo súbitamente. Formaban parte de la nueva ola generacional de izquierda. Jóvenes trotskistas mexicanos, entre los que se encontraban David Aguilar y Eunice Campirán, fueron el ejemplo, por antonomasia, de cómo operaba entre la juventud la Internacional y, concretamente, el pensamiento de Posadas. Pero antes de seguir con el POR (T) hay que conocer de qué forma Manuel Aguilar Mora fortaleció los nexos internacionalistas de la LOM.

7. EL CONGRESO DE UNIFICACIÓN DE LA IV INTERNACIONAL

Con la ruptura del BLA, el Secretariado Internacional de la Cuarta Internacional perdió una fuente importante de militantes experimentados y recursos que había asegurado por mediación de Posadas y su equipo desde los años cincuenta. Buscando fortalecer sus filas y luchar contra el sectarismo, el SI convocó el Congreso de Unificación de la IV Internacional en 1963. Cabe recordar que el Comité Internacional constituido por el Socialist Workers Party y otros grupos europeos, trabajaba independiente de la SI de la Cuarta Internacional. Sin embargo, en el marco de la expectación marxista que giraba alrededor de la Revolución cubana, la lucha contra el imperialismo estadounidense, el conflicto sinosoviético y las luchas por la liberación colonial en África, los trotskistas de las dos tendencias más importantes a nivel mundial decidieron unificarse.

El VII Congreso, denominado de Reunificación de la IV Internacional, se llevó a cabo en Frascatti (Italia), una provincia al sureste de Roma. Al evento asistieron representantes de 26 países, entre ellos Manuel Aguilar Mora, delegado por México (Frank 1970, 107).[327] Rápidamente las discusiones al interior del Congreso formaron dos tendencias: una mayoritaria dirigida por Pierre Frank, Ernest Mandel y Livio Maitan y una minoría encabezada por Michel Pablo llamada «Tendencia Marxista Revolucionaria».[328] Esta división causó en 1964 la salida de Pablo de la Cuarta Internacional.

Los documentos que se discutieron en el Congreso, como el «Conflicto sinosoviético y la situación en la URSS y los otros estados obreros», anunciaban el resquebrajamiento del estalinismo. Esta fue una de las tesis que mejor adecuó y difundió la LOM en el contexto mexicano; en ella se ofrecía una extensa argumentación acerca de la inexistencia de una «monolítica» dirigencia estalinista y los elementos que contribuían a su «descomposición». El Partido Comunista Chino fue concebido como de «centrismo burocrático» por su «idealización del período estalinista».[329]

Asimismo, se estableció una perspectiva sociopolítica en la que se encumbró al gobierno emanado de la Revolución cubana como una «dirección revolucionaria autónoma» que dirigía un «Estado Obrero». La resolución adoptada por el Congreso Mundial de Reunificación aseguraba que el cambio político en Cuba ejercería una «atracción objetiva sobre las masas de América Latina».[330] Además, se tenía la expectativa de que el proceso independentista de 1962 en Argelia, liderado por Ahmed Ben Bella, desembocaría en una revolución socialista (Frank 1970, 108; Moreau 1990, 10: 7; Pattieu 2001, 695-728).

El documento más importante de este Congreso titulado «La dialéctica actual de la revolución mundial» ofreció un panorama en términos de «interacciones e influencias inmediatas entre movimientos sociales». Se creía que «la revolución mundial se había extendido de la Unión Soviética a los países coloniales y no a los países capitalistas desarrollados» (Frank 1970, 109). Y se establecieron cuatro «tendencias sociales generales» de la revolución colonial (América Latina, mundo árabe, África negra, India y Sudeste Asiático):

1. La debilidad numérica y económica de la burguesía nacional.

---

327. BRG, hubo dirigentes estadounidenses, franceses, alemanes, holandeses, australianos, canadienses, daneses, ingleses, ceilaneses, argentinos, entre otros. Se desconocen los nombres de la mayor parte de los asistentes.

328. BRG, «La réunification de la Quatrième Internationale», *Quatrième Internationale*, órgano del Comité Exécutif International de la IV Internationale, París, julio de 1963, núm. 19, p. 5.

329. *Idem.*

330. *Ibidem*, p. 35.

2. La creación de infraestructura industrial por el Estado durante la formación de la propiedad nacionalizada.
3. El rol estratégico del proletariado colonial.[331]
4. La función estratégica del campesinado.

Los trotskistas tenían prevista la conducción de los movimientos revolucionarios con una estrategia internacionalista que superara las fronteras nacionales y regionales, así como su participación en la construcción de la democracia obrera en oposición a las «tradiciones» del «burocratismo estalinista e imperialista».[332] Durante el VII Congreso se creó el Secretariado Unificado de la Cuarta Internacional.

8. UNA EXPERIENCIA TRANSNACIONAL E INTERNACIONALISTA

Como se ha visto hasta ahora, en los congresos de la Cuarta Internacional se determinaban las estrategias que los trotskistas debían seguir de cara a los acontecimientos internacionales y nacionales que se iban presentando en un determinado período. Generalmente los trotskistas de mayor rango y trayectoria presentaban documentos que eran discutidos y, según las votaciones al interior, podían aceptarse o no como resoluciones que formaban parte de los proyectos de la Cuarta Internacional.

Las secciones locales elegían a sus representantes, generalmente militantes que sobresalían en sus organizaciones y poseían un dominio amplio de la teoría y de la práctica del trotskismo. Los congresos servían principalmente para estrechar los nexos del SI con las secciones nacionales, conocer sus liderazgos y el trabajo militante que realizaban. El CEI se esforzaba por tener un panorama completo de las actividades de sus organizaciones a nivel mundial. Además, como parte de las resoluciones políticas adoptadas para su aplicación internacional, se creaban campañas de solidaridad para liberar a los trotskistas presos y rememorar a Trotsky u otros trotskistas fallecidos. Por ejemplo, en el Congreso de Reunificación se homenajeó

---

331. Brg, «La dialectique actuelle de la révolution mondiale», *Quatrième Internationale*, órgano del Comité Exécutif International de la IV Internationale, París, julio de 1963, núm. 19, p. 16.

332. Brg, «Le conflict sino-soviétique et la situation en URSS et dans les autres États ouvriers», *Quatrième Internationale, órgano du Comité Exécutif International de la IV Internationale*, París, julio de 1963, núm. 19, pp. 52-53.

a Natalia Sedova (murió en París en enero de 1962); Sherry Mangan[333] y Fernando Bravo, quienes murieron poco antes del VII Congreso.[334] Asimismo, el CEI emprendió una campaña de solidaridad por la liberación de Hugo Blanco e Ismael Frías del POR peruano, quienes se encontraban en prisión.[335] A estas actividades hay que agregar que allí circulaban múltiples obras de Trotsky, Michel Pablo y del SI de la IV Internacional, publicadas en francés por las ediciones de la *Quatrième Internationale* cuyo responsable era Pierre Frank.

Después de que pasaran por lo menos diez años de ausencia mexicana en los congresos internacionales, precisamente en abril de 1963, Manuel Aguilar Mora fue designado como delegado por la LOM para asistir al Congreso de Reunificación. Luego de la ruptura con el BLA de Posadas, el Secretariado Unificado depositó en la LOM grandes expectativas para recobrar fuerzas en América Latina.

Tan solo con el boleto de ida (que obtuvo a base de donaciones y colectas), el itinerario de Manuel Aguilar comprendió, primero, Nueva York y, después, Europa. Con apenas 25 años era el representante más joven de la Cuarta Internacional. Admirado de todo lo que acontecía en el Congreso, estuvo cara a cara con la vanguardia trotskista que se había fogueado durante la Segunda Guerra Mundial y el transcurso de la Guerra Fría: Ernest Mandel, Joseph Hansen, Michel Pablo, Pierre Frank, Georg Jungclas, Livio

---

333. Sherry Mangan, militante trotskista, novelista, poeta, periodista, traductor y editor, originario de Lynn (Massachusetts). Fue uno de los enlaces del SI de la IV Internacional en Estados Unidos. Se convirtió en uno de los principales cabecillas del SI de la IV Internacional en 1939. Durante la Segunda Guerra Mundial su militancia fue de especial importancia para preservar las relaciones entre el SI ubicado en París y el SWP. Radicó temporalmente en Argentina y Bolivia, donde continuó con sus actividades políticas. Mangan regresó a Europa en 1954; se estableció primero en España y luego en París. Se convirtió en traductor y editor de *Fourth International*. Cuando Michel Pablo y Salten fueron detenidos en los Países Bajos en 1960, tuvo una abrumadora carga de trabajo. Enfermo de neumonía y en la pobreza económica, fue encontrado sin vida el 24 de junio de 1961 en su departamento de Roma. Datos biográficos tomados de Sherry Mangan, pp. 1-5, de http://www.trotskyana.net/Trotskyists/Bio-Bibliographies/bio-bibl_mangan.pdf.

334. Fernando Bravo, militante del POR boliviano, minero y profesor. A finales de la década de los cincuenta conformó junto con Hugo González Moscoso una campaña contra el MNR. En 1960 participaron en las elecciones presidenciales de Bolivia y obtuvieron 1, 420 votos contra 735, 713 votos de Paz Estenssoro y Juan Lechín. Fernando Bravo murió joven luego de padecer una enfermedad severa a principios de los años sesenta. Véase James Dunkerley (2003, 111).

335. BRG, «La réunification de la Quatrième Internationale», *Quatrième Internationale*, *órgano du Comité Exécutif International de la IV Internationale*, París, julio de 1963, núm. 19, p. 5.

Maitan, Sal Santen, entre muchos otros militantes de la generación de los cuarenta.

Aguilar Mora participó en los principales debates que alentaban la idea de formar vanguardias trotskistas que dirigieran los movimientos de masas. Allí fue testigo de la altísima preparación educativa e ideológica que poseían los líderes del CEI. Mandel y Maitan no solo hablaban francés e italiano, respectivamente, sino que también dominaban muy bien el español. Varios trotskistas estadounidenses y europeos eran políglotas, en su mayoría hablaban francés e inglés. La labor de los traductores (el propio Aguilar Mora se convirtió en uno de ellos) era intensa por la rapidez con la que tenían que redactar y traducir los amplios textos creados en los congresos. El finado Sherry Mangan había sido uno de los más importantes de ellos.

En ese espacio de sociabilidad internacionalista, el trotskista mexicano tuvo la oportunidad de convivir con militantes de diferentes partes del mundo. Incluso permaneció poco más de dos meses al lado de Mandel, con quien se desplazó de Roma a París y luego a Bélgica. Durante ese itinerario se reunió con simpatizantes españoles de la Cuarta Internacional. De vuelta a América, Aguilar Mora hizo escala en Nueva York, en donde se encontró con uno de los exsecretarios de Trotsky en México, Joseph Hansen, quien en los años sesenta prácticamente ya era uno de los dirigentes del SWP y se desempeñaba además como miembro del consejo editorial de la revista *International Socialist Review*. Hansen fue el principal enlace del SWP con la LOM. Entre 1961 y 1963 estuvo en México para realizar los preparativos del Congreso de Reunificación.

Además, en Estados Unidos, Aguilar Mora conoció a James P. Cannon, Barry Sheppard, George Novack, Jack Barnes, entre otros. La plana mayor del SWP acogió con entusiasmo a Manuel Aguilar Mora porque el Secretariado Unificado depositaba en la LOM grandes expectativas para recobrar fuerzas en Latinoamérica. Los militantes estadounidenses particularmente estaban impulsando el denominado «camino hacia la revolución en América Latina» con motivo del triunfo armado en Cuba, y para contrarrestar los métodos contrarrevolucionarios que Estados Unidos empleó para derrocar al Gobierno de Fidel Castro.

CAPÍTULO IV. LA LOM Y EL POR (T): ENTRE LA MOVILIDAD, LA SOCIABILIDAD Y LA SOLIDARIDAD REVOLUCIONARIA

1. *EL OBRERO MILITANTE*

En este capítulo se abordan los desplazamientos internacionales de los trotskistas de la LOM y del POR (T), su forma de organización, sus medios de comunicación y la lucha que libraron contra el régimen político mexicano.

A su regreso a México, Aguilar Mora proyectó en *El Obrero Militante* las ideas emitidas en el VII Congreso del Secretariado Unificado de la Cuarta Internacional. Adentrémonos ahora precisamente en la creación de este periódico. *El Obrero Militante* fue el resultado de la rapidez con la que la LOM emprendió su campaña política. Como primer paso esta organizó la Editorial Índice Rojo, en 1961, y publicó el libro de Trotsky *La Revolución Permanente*,[336] que contiene un prólogo de Manuel Aguilar Mora y Moisés Lozano Villafaña y, en 1963, *La revolución traicionada*,[337] también de Trotsky. Durante ese lapso, la LOM tradujo al español los documentos del VI Congreso Mundial, con el título *Perspectivas de la revolución mundial para el período 1961-1970*.

---

336. Bpmam, Trotsky (1961).
337. Bphc, Trotsky (1963).

A la par de los libros, la LOM elaboró *El Obrero Militante*, que se publicó de 1961 a 1967. Se desconoce cuántos números aparecieron. Una de las personas que más aportaron recursos económicos para la emisión de esta publicación y la creación de Índice Rojo, fue Hugo Brodziak Amaya, un trabajador de la burocracia gubernamental, pero simpatizante del trotskismo, muy amigo de Manuel Aguilar. También Carlos Sevilla González, Carole de Swaan y Renata Hanffstengel fueron asiduos colaboradores de la LOM.

Lo que interesa precisar con el estudio de *El Obrero Militante* es la circulación de información nacional e internacional de carácter militante que resultó de los vínculos transnacionales e internacionalistas que la LOM estableció con la Cuarta Internacional, así como los progresos teóricos que en tres años de estudio y militancia habían alcanzado los jóvenes trotskistas.

En primer lugar, *El Obrero Militante* fue el resultado de los nexos que Navarrete y Manuel Aguilar establecieron con el Comité Internacional del SWP y la dirigencia de la Cuarta Internacional europea, en especial durante el Congreso de Unificación de la IV Internacional. Navarrete recibía cada quince días, ininterrumpidamente, un paquete de publicaciones trotskistas cuyo remitente era el SWP radicado en Nueva York. El paquete contenía el periódico semanal *The Miltant* y la revista teórica *International Socialist Review*.[338]

Además, el propio Navarrete, por medio de sus nexos con los trotskistas estadounidenses, se ligó al SI de la Cuarta Internacional. Fue así como, desde París, los dirigentes de la LOM comenzaron a recibir la revista *Quatrième Internationale*.[339] Manuel Aguilar Mora, por su habilidad para hablar inglés y comprender el francés, además de escritor, fungió como traductor.[340] Posteriormente, Carlos Sevilla y su compañera Renata Hanffstengel también ocuparon esa función. Por lo tanto, en septiembre de 1962, la LOM estaba al tanto de la ruptura de la Cuarta Internacional con el BLA de Posadas. En *El Obrero Militante* se publicó una carta en francés, con su respectiva traducción al español, que envió Pierre Frank, representante del SI de la Cuarta Internacional a la LOM:

338. Entrevista realizada por Josué Bustamante González a Manuel Aguilar Mora en la Ciudad de México, el 10 de septiembre de 2016.

339. *Idem.*

340. Manuel Aguilar Mora, mientras realizaba sus estudios secundarios, ingresó a un colegio especial para aprender inglés. Como estudiante de la Escuela Nacional de Ciencias Políticas y Sociales se matriculó en un instituto de enseñanza del francés para leer textos de Trotsky y el trotskismo que le llegaban desde París.

El Comité Ejecutivo Internacional y el Secretariado Internacional de la Cuarta Internacional declaran que la información publicada en algunos periódicos latinoamericanos sobre la llamada «Conferencia Extraordinaria de la Cuarta Internacional» que nombró un nuevo «Comité Ejecutivo Internacional» y «Secretariado Internacional», es completamente falsa. El último Congreso de la Cuarta Internacional tuvo lugar en enero de 1961. Un nuevo Congreso se está preparando. El Comité Ejecutivo Internacional y el Secretariado Internacional también declaran que el Buró Latinoamericano no representa a la IV Internacional ni a su línea política: y que las posiciones expresadas por el periódico argentino «Voz Proletaria» en especial por el problema de la guerra nuclear y de la Segunda Declaración de La Habana no corresponden con los de la Cuarta Internacional. En lo que se refiere a la posición que ha adoptado el POR mexicano ésta no representa de ningún modo a la IV Internacional y su órgano «Voz Obrera» no puede ser considerado por ningún motivo el portavoz de las concepciones de la Internacional en México.[341]

La carta ratificaba que en México la única sección reconocida por la Cuarta Internacional era la LOM. De hecho, antes de la expulsión definitiva de Posadas y su grupo, en México ya había una fuerte rivalidad entre la LOM y el POR (T), pues ambas se adjudicaban la etiqueta de «auténticos revolucionarios». El grupo de Aguilar Mora y Navarrete concebía al POR (T) como «ultrasectario», en tanto que este consideraba a la LOM como un «grupito pequeño burgués». Por un tiempo, los dos grupos trotskistas debatieron la posibilidad de realizar una plataforma política que tuviera puntos en común para fortalecer sus filas. Sin embargo, la separación del BLA de las filas de la Cuarta Internacional impidió que se efectuara algún acuerdo entre ellos.[342]

El Obrero Militante, por sus características internas, más que un periódico de agitación era un órgano teórico, es decir, mostraba una estrategia política en términos del procedimiento militante que dictaba el SI de la Cuarta Internacional para organizar un partido político marxista-leninista que uniera las fuerzas obreras y campesinas. En este sentido, *El Obrero Militante* estaba escrito en forma de instructivo con la plena intención no solo de informar, sino de establecer las pautas políticas para comprender la realidad, y movilizar y ampliar las bases trotskistas. La LOM se concebía a sí misma como una «auténtica vanguardia revolucionaria» y su periódico,

---

341. AHCEMOS-FCSC, «Viva la IV Internacional», *El Obrero Militante, órgano central de la Liga Obrera Marxista*, México, agosto-septiembre de 1962, s. p., caja 89, folder 3.

342. AHCEMOS-FCSC, «La LOM acepta el llamado del POR», *El Obrero Militante, órgano central de la Liga Obrera Marxista*, México, agosto-septiembre de 1962, p. 13, caja 89, folder 2.

El Obrero Militante, se proyectaba como un instrumento para «identificar y formar cuadros para la lucha de las masas».[343]

Por tal motivo, el contenido no se restringía a tratar los problemas universitarios, sino que estaba pensado para hacer frente al sistema capitalista y los problemas derivados del régimen político autoritario mexicano. Para Manuel Aguilar Mora, «se trataba de evitar que en México el PRI siguiera siendo un régimen dictatorial».[344] Los eventos nacionales, como el asesinato de Rubén Jaramillo y su familia en 1962; la llegada de Kennedy a México también en ese año y la formación de un frente de izquierda, como el Movimiento de Liberación Nacional (MLN) en 1961, fueron eventos de gran calado para la militancia trotskista, porque para ellos representaron, en primer lugar, el «entreguismo» del presidente Adolfo López Mateos «hacia la derecha» y la continuidad del autoritarismo presidencialista encubierta bajo la fachada de la «democracia» y la «legalidad constitucional». En segundo lugar, la LOM concebía al PCM y a la coalición nacionalista del MLN como parte de la «izquierda tradicional, cómplice de la burguesía».[345] En *El Obrero Militante* se reiteró que el PCM cambió los principios revolucionarios marxistas leninistas por unos de tipo «centrista y reformista» carentes de representación proletaria, colocándose a la «retaguardia de la burguesía nacional» y el imperialismo norteamericano.[346]

---

343. AHCEMOS-FCSC, «Nuestras tareas», *El Obrero Militante, órgano central de la Liga Obrera Marxista*, México, enero de 1965, p. 2, caja 8, folder 5.

344. Entrevista realizada por Josué Bustamante González a Manuel Aguilar Mora en la Ciudad de México, el 10 de septiembre de 2016.

345. Ernest Mandel había propagado en los círculos trotskistas, como el mexicano, sus reflexiones acerca de la crisis mundial del estalinismo después del XXII Congreso del PCUS. Fue este dirigente quien introdujo en los renovados cuadros de la Cuarta Internacional las fuertes críticas a la llamada «coexistencia pacífica» y la revolución mundial. Véase BRG, Ernest German, «La crise mondiale du stalinisme après le 22ᵉ Congrès du PCUS», *Quatrième Internationale*, París, abril de 1962 (segundo trimestre), pp. 33-34.

346. Manuel Aguilar Mora y Francisco Navarrete robustecieron la visión antiestalinista del SI de la IV Internacional, con la «tesis de la inexistencia histórica del PCM» propuesta y detallada por José Revueltas en su libro *Ensayo sobre un proletariado sin cabeza*. En esta obra Revueltas, una de las figuras más admiradas y respetadas por los jóvenes de «la nueva izquierda», ofrecía en 1962 una reflexión acerca de los problemas que impedían al PCM convertirse en una dirección y partido revolucionario, la cual él mismo sintetizó de la siguientes manera: *a)* la burguesía nacional desempeña el papel hegemónico en las relaciones de clase; *b)* absoluta falta de independencia del movimiento obrero; *c)* inexistencia del partido de clase del proletariado. Al respecto, la LOM escribió una extensa reseña de esta obra que publicó en *El Obrero Militante*, en la que se dijo lo siguiente: «el silencio cobarde e ignorante con el que este libro ha sido recibido en el ambiente de la "izquierda" respetuosa [MLN, PCM, lombardismo], es el mejor testimonio de su penetración, de lo certero de sus argumentos contundentes que utiliza Revueltas». Esta concepción fue utilizada por la

El grupo dirigido por Manuel Aguilar Mora y Francisco Navarrete no clamaba por una «revolución patriótica de liberación nacional» focalizada en México, sino por una «revolución socialista» pensada en función de la historia de las revoluciones en Yugoslavia, China y Cuba así como su aplicabilidad en América Latina.[347] De acuerdo con la LOM, definitivamente los países coloniales requerían de una dictadura del proletariado, orientada por las directrices del Programa de Transición, para superar a los gobiernos democráticos burgueses y seguir el camino del socialismo.[348] Su ejemplo predilecto era el que mostraba en Latinoamérica la Revolución cubana:

> La Revolución cubana, con un dinamismo solo comparable con la revolución Bolchevique de 1917, ha realizado la combinación de etapas clasistas de la Revolución Permanente en los países subdesarrollados. La Revolución cubana atravesó por dos etapas: muy marcadas. Primero la realización de las aspiraciones democráticas de las masas; el derrocamiento político de la dictadura batistiana, la Reforma Agraria, la expropiación del capital imperialista, etc. Y la segunda, que sucedió sin interrupción y que es propiamente la socialista: expropiación radical de la propiedad capitalista (tanto nacional como extranjera), y la tendencia hacia la abolición de todos los tipos de explotación.[349]

En *El Obrero Militante* se aseguraba que el «naciente Estado Obrero cubano» superaba a los Estados obreros europeos, porque estos, decían que «estaban dirigidos por burocracias que ejercen una dictadura abierta sobre

---

LOM para construir sus críticas en contra del PCM que aparecían en el *Obrero Militante*, como se constata en la siguiente afirmación: «el PCM ha demostrado durante su larga existencia de más de cuarenta años su oportunismo (a veces disfrazado de un sectarismo a ultranza) y su inoperancia revolucionaria». El propio Manuel Aguilar Mora exclamaba a finales de los setenta y principios de los ochenta: ¡cuánta fuerza y qué poderosa luz arrojaba [*El proletariado sin cabeza* como se conoció en un primer momento la obra] en la cuestión clave de la historia proletaria de México: la ausencia de una dirección marxista revolucionaria! Su fórmula de la 'inexistencia histórica del PC mexicano' era una candente impugnación, con todo y sus omisiones de la bancarrota del stalinismo en México». Véase, José Revueltas (1987, 93). Consúltese también Manuel Aguilar Mora (1982, 1: 13), y AHCEMOS-FCSC, «Crítica al proletariado sin cabeza», *El Obrero Militante, órgano central de la Liga Obrera Marxista*, México, agosto-septiembre de 1962, p. 20, caja 89, folder 2.

347. AHCEMOS-FCSC, «Hacia la segunda revolución: la socialista», *El Obrero Militante, órgano central de la Liga Obrera Marxista*, México, agosto-septiembre de 1962, p. 20, caja 89, folder 3, p. 3.

348. *Idem.*

349. AHCEMOS-FCSC, (seudónimo PORTES), «La naturaleza antiestalinista y antiburocrática de la Revolución cubana», *El Obrero Militante, órgano central de la Liga Obrera Marxista*, México, agosto-septiembre de 1962, p. 20., caja 89, folder 3.

las masas de sus países».[350] Con ese marco analítico y estratégico la LOM buscó encauzar los movimientos sociales nacionales que habían surgido en México como fruto del descontento popular contra el régimen «burgués». Así, para los trotskistas, no bastaba con que los trabajadores ferrocarrileros, electricistas, médicos, estudiantes, campesinos, lucharan contra la burguesía y la burocracia sindical sino que, además, debían poseer dirigentes «verdaderamente revolucionarios» que adoptaran un programa socialista y establecieran «objetivos concretos».[351] De lo contrario solo veían claudicaciones y derrotas populares.

Pensaban lo mismo de las coyunturas internacionales. Por ejemplo, cuando el Gobierno cubano empezó a estrechar más sus lazos políticos y económicos con la URSS, *El Obrero Militante* advirtió del «freno» contrarrevolucionario que amenazaba con diluir los principios socialistas de la Revolución en Cuba en caso de adoptar una política estalinista.[352]

Este modelo de organización marxista le permitió a *El Obrero Militante* situar a la sociedad mexicana en un marco internacional caracterizado por la «crisis del sistema capitalista de producción», con el cual vaticinaba una debacle económica mexicana en un plazo no mayor a dos años.[353] Según el programa de la LOM, aunque las masas se verían afectadas, solo el movimiento obrero sería capaz de afrontar la catástrofe «luchando sin cuartel por su independencia política de clase».[354] Sin embargo, para conseguir una victoria proletaria definitiva, los trabajadores autónomos tendrían que formar un «auténtico partido revolucionario». La LOM, por medio de su periódico, decía ofrecerles a los trabajadores «insurrectos» una fórmula política para sacarlos del «aislamiento» y convertirlos en una organización estructurada: «los elementos más avanzados de estos grupos deben ser educados en el socialismo revolucionario y atraídos a las filas de nuestro partido».[355] Privilegiaba el entrismo en los movimientos populares: «no se puede construir un partido por la simple preparación teórica de sus miembros sino dentro del trabajo político de masas».[356]

---

350. *Idem.*

351. AHCEMOS-FCSC, «La huelga de los médicos», *El Obrero Militante, órgano central de la Liga Obrera Marxista*, México, enero de 1965, p. 2, caja 89, folder 6.

352. AHCEMOS-FCSC, (seudónimo PORTES), «La naturaleza antiestalinista y antiburocrática de la Revolución cubana», *El Obrero Militante, órgano central de la Liga Obrera Marxista*, México, agosto-septiembre de 1962, p. 20., caja 89, folder 3.

353. AHCEMOS-FCSC, «Nuestras tareas», *El Obrero Militante, órgano central de la Liga Obrera Marxista*, México, enero de 1965, p. 20., caja 89, folder 5, p. 2.

354. *Idem.*

355. *Ibidem*, p. 3.

356. *Idem.*

El grupo de Manuel Aguilar y Francisco Navarrete, en 1965, ya estaba integrado al circuito internacionalista de la Cuarta Internacional. En *El Obrero Militante* se veía claramente la inclusión del material procedente del SI, como lo evidencian los siguientes textos: *Los condenados de la tierra* de Michel Pablo[357] (extracto de *Quatrième Internationale*) y la «Tesis sobre la guerra mundial nuclear», tomada de los *Materiales de discusión para el VII Congreso Mundial de la IV Internacional*.[358]

Asimismo, el *Programa de Transición* de León Trotsky y la Cuarta Internacional circulaba en forma de libro y en fragmentos periodísticos publicados también en *El Obrero Militante*. Aunque estos materiales podían ser adquiridos por el público interesado, servían principalmente para formar el liderazgo trotskista. Por tal motivo, los líderes como Manuel Aguilar, Carlos Sevilla y Hugo Brodziak se habían convertido en hábiles oradores y escritores que transmitían sus ideas acerca de la «crisis del estalinismo», «la coexistencia pacífica de Jrushov», «el marxismo y Cuba», «las perspectivas de la Revolución estadounidense», la «historia del estalinismo», etcétera.

Con la óptica de los teóricos europeos y estadounidenses de la Cuarta Internacional, los jóvenes trotskistas habían creado sus propios juicios de la política nacional e internacional y se consideraban aptos para dar a conocer de manera amplia sus ideas, según la situación en la que se encontraran.[359] Incluso la difusión del pensamiento trotskista en México rebasó las fronteras de la militancia. Por ejemplo, en la revista *Economía*, publicada por la Escuela Nacional de Economía de la UNAM, a partir de 1964, Manuel Aguilar introdujo ensayos de los teóricos y miembros del Secretariado Unificado de la Cuarta Internacional, como Ernest Mandel, Michel Pablo y Livio Maitan, así como de algunos miembros del SWP, como Evelyn Reed.[360]

Estos escritos marxistas reforzaron las ideas de aquellos estudiantes y profesores que buscaban resquebrajar el régimen antidemocrático imperante, no solo mediante una confrontación directa contra el presidencialismo

---

357. AHCEMOS-FCSC, Michel Pablo, «Los condenados de la tierra», *El Obrero Militante, órgano central de la Liga Obrera Marxista*, México, agosto-septiembre de 1962, p. 7, caja 89, folder 3.

358. AHCEMOS-FCSC, «Tesis sobre la guerra mundial nuclear», *El Obrero Militante, órgano central de la Liga Obrera Marxista*, México, abril de 1963, p. 12, caja 89, folder 4.

359. BNM, FR-CBR, *Cuarta Internacional*, órgano del Comité Ejecutivo de la IV Internacional, abril de 1966, núm. 5, pp. 1-169.

360. Evelyn Reed fue una antropóloga, escritora socialista y feminista originaria de Haledoon, Nueva Jersey. Fungió como integrante del Comité Nacional del SWP en 1963. Su pensamiento fue central para la orientación feminista trotskista. Evelyn Reed (1974, 67). Para conocer más datos de su biografía véase Evelyn Reed (1905-1979) en https://www.marxists.org/espanol/reed-evelyn/index.htm.

caracterizado como «burgués», sino también por medio de la ruptura con sus modelos tradicionales de sociedad, como lo eran los esquemas machistas de género promovidos por las élites conservadoras (incluyendo al propio Gobierno), o denunciando la amplia desigualdad socioeconómica generada por el sistema capitalista. De allí que fueran funcionales para los redactores de la revista *Economía* escritos como «La liberación de la mujer» (Michel Pablo)[361] y «Un estudio sobre la mística de la mujer femenina» (Evelyn Reed), que tenían el propósito de «reconocer a la mujer el derecho a una vida sexual y amorosa, plena y libre, y protegerla legalmente por la sociedad, contra la maternidad no deseada», y prepararla con principios socialistas que rompieran el mito dominante de la mujer «femenina», es decir, aquella que entregaba su vida al matrimonio, el quehacer del hogar, el consumismo desenfrenado y el placer vacío.[362] O bien, otros textos que analizaban a profundidad las características, contradicciones y transiciones del capitalismo, e impulsaban el rechazo hacia el «estado benefactor y de la sociedad de consumo masivo», tal y como lo indicaban los escritos de Mandel, en especial, «La dinámica económica del neocapitalismo».[363]

El pensamiento trotskista también contribuyó a ampliar el estudio de las movilizaciones populares surgidas en América Latina a raíz de la Revolución cubana, como el levantamiento campesino dirigido por Hugo Blanco en Perú, en contra de los terratenientes del Cuzco, al igual que las movilizaciones armadas en Venezuela, Guatemala y Colombia.[364] El propio Manuel Aguilar Mora, quien se había convertido en un estudiante y militante modelo,[365] publicaba en *Economía* sus opiniones internacionalistas acerca de la situación política en América Latina. Además fomentó el estudio de las luchas políticas latinoamericanas a luz del marxismo, de la construcción del partido revolucionario, de la función de la clase obrera en

361. APAGC, Michel Pablo, «La liberación de la mujer», *Economía*, México, Escuela Nacional de Economía, UNAM, núm. 2, noviembre de 1964, pp. 28-32.

362. APAGC, «Un estudio sobre la mística de la mujer femenina», traducido de *International Socialist Review*, en *Economía*, México, Escuela Nacional de Economía, UNAM, septiembre de 1964, núm. 1, pp. 26-30.

363. APAGC, Ernest Mandel, «La dinámica económica del neocapitalismo», *Economía*, México, Escuela Nacional de Economía, UNAM, núm. 5, octubre de 1965, pp. 9-14.

364. APAGC, Livio Maitan, «Cuzco, tierra y muerte», *Economía*, México, Escuela Nacional de Economía, UNAM, marzo-abril de 1965, núm. 3, pp. 3-5.

365. Manuel Aguilar asegura que durante esta época, Pablo González Casanova, uno de sus profesores, lo aprobó con la más alta calificación, la única condición que este le impuso fue que ya no se presentara a las clases, porque sus conocimientos eran tan avanzados que el debate entre ellos se volvía intenso.

las insurrecciones y de la opción de la «revolución socialista continental».[366] El pensamiento trotskista de la LOM y *El Obrero Militante* logró colocarse como un ideario vanguardista que contribuía a criticar los considerados «viejos moldes autoritarios y burgueses» anclados en el nacionalismo, tanto del Gobierno como de la «vieja izquierda estalinista».

Por esta razón, los teóricos de la Cuarta Internacional, la LOM y *El Obrero Militante* habían adquirido el estatus de portavoces de un pensamiento de izquierda pensado como «novedoso», «genuino» y atrayente para el medio estudiantil. En consecuencia, se puede asegurar que los trotskistas fueron uno de los actores políticos que incentivaron la ruptura entre lo que llegó a denominarse la «vieja» y la «nueva izquierda», a raíz de la crítica de los partidos comunistas asociados con el régimen de Stalin.

Tabla 10.

Circuito de publicaciones del Secretariado Unificado de la IV Internacional

Quatrième Internationale del Secretariado Internacional de la IV Internacional

Fourth International de Ceilán

Cuarta Internacional Santiago de Chile

Voz Marxista de Venezuela

International Socialist Review del Socialist Workers Party

L'Internationale de Francia

Lutte de Classe de Bélgica

Bandiera Rossa de Italia

The Militant del SWP

Permanent Revolution de Japón

World Revolution de Japón

Marxistico Deltio (Grecia)

Palabra Obrera de Argentina

Boletín Trotskysta Argentina

---

366. APAGC, Manuel Aguilar y J. García, «Continente en Revolución», *Economía*, México, Escuela Nacional de Economía, UNAM, núm. 3, marzo-abril de 1965, pp. 13-16.

The Samasamajist (Ceilán)

Young Socialist (Ceilán)

The International Australia

Voz Proletaria de Bolivia

El Obrero y Campesino de Perú

Vanguard de Canadá

Die Internationale de Alemania Occidental

El Obrero Militante de la Liga Obrera Marxista de México

Fuente: Elaboración propia con base en diferentes documentos de la Cuarta Internacional.

2. LA ESCISIÓN DE LA LOM

La LOM manifestaba en *El Obrero Militante* su aspiración y, proyecto a la vez, de convertirse en un partido de masas que tuviera su base política en el movimiento obrero independiente y los movimientos sociales que emergían en el espacio público mexicano.[367] Sin embargo, la estrategia esencialmente obrera no generó la convergencia que se esperaba entre los militantes de la LOM; todo lo contrario, polarizó las opiniones en su interior. En el transcurso de 1965 la organización presidida por Manuel Aguilar y Francisco Navarrete tenía alrededor de 100 integrantes, la mayoría estudiantes y un sector de trabajadores electricistas.

La misma composición interna de esta organización definió el rumbo político que sus dirigentes deseaban continuar. Cuando Navarrete quiso impulsar la conformación de un partido proletario y campesino, estudiantes como Carlos Sevilla defendieron la línea estudiantil.[368]

El apego que tenía cada militante a su trabajo en las bases definió las preferencias estratégicas. Navarrete tenía de su lado a los obreros, porque era uno de los militantes que más trabajaba con ellos, mientras que Sevilla se desplazaba principalmente a las universidades, por tal motivo tenía el respaldo estudiantil. Para resolver estas diferencias, se realizó una votación

---

367. AHCEMOS-FCSC, «Nuestras tareas», *El Obrero Militante, órgano central de la Liga Obrera Marxista*, México, enero de 1965, p. 20, caja 89, folder 5, p. 2.

368. Entrevista realizada por Josué Bustamante González a Manuel Aguilar Mora en la Ciudad de México, el 10 de septiembre de 2016. Véase también Óscar de Pablo (2002, 54).

interna. Navarrete consiguió que los obreros tuvieran un doble voto, por lo que finalmente la línea proletaria se impuso, sin embargo, los estudiantes decidieron escindirse. Carlos Sevilla y Manuel Aguilar Mora se concentraron en generar redes estudiantiles, mientras que el grupo de Navarrete permaneció como una organización obrera. Las dos tendencias preservaron el nombre de la LOM.

No obstante, la facción estudiantil tuvo el reconocimiento del Secretariado Unificado, mientras que la línea obrera se acercó a la tendencia de Pierre Lambert (De Pablo 2002, 55). La LOM de Aguilar Mora empezó a difundir en 1966 la revista *Cuarta Internacional*, la versión española para América Latina del CEI, que formaba parte del circuito trotskista en México. En ese espacio comunicativo de la militancia, la LOM hizo patente que había adoptado las disposiciones del VIII Congreso de la IV Internacional celebrado en Suiza, del 5 al 12 de diciembre de 1965.[369] Por los textos publicados en *Cuarta Internacional* se sabe que la estrategia global del Secretariado Unificado continuaba siendo la que se tomó en el Congreso de Reunificación de 1963, aunque se debatieron con más amplitud las oportunidades que ofrecían los movimientos revolucionarios en África, así como la organización de la campaña para forzar la evacuación de las tropas estadounidenses de Vietnam.[370]

En el VIII Congreso se dio a conocer que el CEI acordó que la fracción de Michel Pablo «había roto con toda disciplina y se había negado a aplicar las decisiones del Congreso precedente al constituirse en una organización independiente», por tal motivo fue expulsado de la Cuarta Internacional.[371] Mandel y Pablo tuvieron serias diferencias acerca de la revolución en Argelia; mientras el primero apostaba por una revolución obrera, Michel Pablo quería que la Cuarta Internacional volcara sus fuerzas hacia los movimientos nacionales. Después de esta ruptura, Ernest Mandel se convirtió en el principal dirigente del trotskismo internacional, al lado de Pierre Frank y Livio Maitan. Los nuevos cuadros trotskistas incluían en sus filas a jóvenes de distintos países. También en este período la Cuarta Internacional amplió su campaña internacional en favor de la defensa y liberación de Hugo Blanco y otros 28 compañeros suyos de la Federación de Izquierda

---

369. BNM, FR-CBR, «Contra la estrategia global del imperialismo, una estrategia global de la revolución socialista», *Cuarta Internacional*, órgano del Comité Ejecutivo de la IV Internacional, núm. 5, abril de 1966, pp. 1-7.

370. BNM, FR-CBR, «A los trabajadores del mundo entero», *Cuarta Internacional*, órgano del Comité Ejecutivo de la IV Internacional, núm. 5, abril de 1966, pp. 10-13.

371. BNM, FR-CBR, «Comunicado», *Cuarta Internacional*, órgano del Comité Ejecutivo de la IV Internacional, núm. 5, abril de 1966, p. 7.

Revolucionaria (FIR), como Pedro Candela y Vladimiro Valer, encarcelados y procesados por un tribunal militar en Tacna, al sur de Perú.[372]

Dentro de la LOM de Aguilar Mora y Carlos Sevilla se creó la Liga Obrera Estudiantil 23 de Marzo (LOE), en la que figuraban Jorge Enrique Martínez Helmcke, Juan Felipe Leal Martínez y Carlos Durán González. Durante el ascenso del movimiento estudiantil en 1966, la LOE participó en los mítines, reuniones y huelgas que la Central Nacional de Estudiantes Democráticos (CNED) organizó en la Universidad Michoacana de San Nicolás de Hidalgo para impulsar un proyecto democrático de educación popular y autónoma (Oikión Solano 2017, 120-123; 2011, 392-398). Durante la dura represión que desató el Gobierno del estado de Michoacán apoyado por el Gobierno federal, en contra de los estudiantes, los dirigentes de la LOE fueron apresados por las fuerzas militares y permanecieron desaparecidos por unos días.

Como respuesta a la represión, la LOM, en asociación con estudiantes de la Facultad de Derecho y la Escuela Nacional de Economía de la UNAM, tomó entre 25 y 30 camiones para evitar la consignación de los universitarios detenidos en Morelia.[373] En octubre de 1966, Manuel Aguilar amenazó a las autoridades gubernamentales con incendiar los autobuses si no liberaban a sus compañeros en un plazo de 72 horas.[374] Poco después los jóvenes fueron liberados y trasladados a la Ciudad de México. Sin saberlo, durante todo el trayecto los estudiantes fueron custodiados por un grupo de agentes de la policía estatal enviados por el procurador general del estado de Michoacán.[375] Martínez Helmcke, Juan Felipe Leal y Carlos Durán se presentaron en la Escuela Nacional de Ciencias Políticas y Sociales de la UNAM con las ropas sucias y con un corte de pelo tipo militar. En una reunión con sus compañeros de la Liga Obrera, explicaron que durante su detención fueron golpeados en diferentes partes del cuerpo y recibieron

---

372. «El proceso militar a Hugo Blanco», *Cuarta Internacional*, órgano del Comité Ejecutivo de la IV Internacional, núm. 7, abril de 1967, pp. 17-26.

373. En la Escuela Nacional de Ciencias Políticas y Sociales de la UNAM varios militantes de la LOM utilizaban un equipo de sonido para exhortar a los estudiantes a no entregar los camiones. Manuel Aguilar Mora constantemente tomaba la palabra para informar de la situación por la que atravesaban los jóvenes detenidos en Morelia e invitaba al medio estudiantil a realizar mítines relámpago. El dirigente de la LOM aprovechaba el micrófono para criticar las desigualdades económicas provocadas por el capitalismo y sus artífices, al igual que al régimen despótico de Gustavo Díaz Ordaz.

374. AGN-FDGIPS, «Situación que prevalece en la UNAM», informe firmado por JGQ, México, 18 de octubre de 1966, caja 458, exp. 1, fojas 780-781.

375. AGN-FDGIPS, «Fueron puestos en libertad estudiantes detenidos en esta ciudad», Información de Morelia, 19 de octubre de 1966, caja 458, exp. 1, fojas 739-740.

una mala alimentación que derivó en anemia, por lo que solicitaban atención médica.[376]

Aunque la LOM tuvo diferencias con la línea obrera de Francisco Navarrete, desde Ciencias Políticas y Sociales estableció nexos solidarios con campesinos de la Ciudad de México. Así lo constató el asesoramiento político que la LOE ofreció a un grupo de colonos de los terrenos de San Felipe Terremotes en Iztapalapa, quienes exigían al Departamento de Asuntos Agrarios y Colonización (DAAC) que se les otorgaran los terrenos en forma comunal, dada la pobreza en la que vivían sus habitantes y los constantes intentos del Departamento del Distrito Federal por desalojarlos. La LOE y diferentes organizaciones estudiantiles ofrecieron mítines y reuniones para exponer este caso y tomar cartas en el asunto. La LOE se disolvió en 1967, cuando los trotskistas buscaron una gran alianza marxista con diferentes grupos universitarios.

3. EL POR (T) Y LA DIFUSIÓN DE *VOZ OBRERA*

Por su parte, el POR (T) creó dos ramificaciones: el Vehículo Barrial u Obrero, que realizaba actividades militantes dentro de la fábrica textil ELSA, ubicada en Coyoacán, en la cual los obreros mantenían una huelga de alrededor de siete meses, y el Vehículo Ferrocarrilero, que hacía trabajo propagandístico en los Ferrocarriles Nacionales.[377] Todos estos vehículos eran coordinados desde la Ciudad de México por el Comité Central, dirigido por los argentinos Adolfo Gilly, Óscar José Fernández Bruno y Eduwiges Teresa Confreta.

Los militantes mexicanos del POR (T) se vieron atraídos por quienes fueron sus mentores en la militancia y por una ideología que había adquirido la connotación «radical» o «ultraizquierdista» en un contexto mexicano antidemocrático, pero plagado de coyunturas internacionales latinoamericanas marcadas por las rebeliones populares armadas, que luchaban por derrocar a los regímenes autoritarios y burgueses. Militantes argentinos como Gilly, Fernández Bruno y Almeyra deslumbraron a estos jóvenes que

---

376. AGN-FDGIPS, «Juan Felipe Leal, Enrique Martínez Halmeque [*sic*], Carlos Durán y Humberto Torres Sánchez, se presentaron en Ciencias Políticas y Sociales», informe firmado por JGQ, México, 19 de octubre de 1966, caja 458, exp. 1, fojas, fojas, 728-728.

377. «La huelga de la fábrica ELSA, S.A. y la necesidad de la unificación de las luchas obreras», *Voz Obrera*, órgano del Partido Obrero Revolucionario (Trotskista) sección mexicana de la IV Internacional, México, DF, núm. 82, segunda quincena de diciembre de 1965, p. 6.

buscaban abanderar una ideología diferente, novedosa y que les auguraba la satisfacción de ser los protagonistas y artífices de un cambio social inmediato. Como se ha visto anteriormente, Gilly y Almeyra tenían más de trece años en la militancia internacionalista. Incluso, algunos estudiantes como Alfonso Lizárraga y David Aguilar se habían convertido en líderes carismáticos.

Carlos Ferra, por ejemplo, ingresó al POR (T) por la influencia que ejerció sobre él Alfonso Lizárraga, líder del núcleo trotskista que operaba en la Escuela Nacional de Economía. Este grupo dirigente también distribuía obras de Trotsky, como *La Revolución Permanente* y *La revolución traicionada*, que en no pocas ocasiones cautivaban a los futuros militantes. A diferencia de las obras de Marx, los libros de Trotsky casi no se imprimían en México. Lo poco que había de su autoría se debía a las ediciones en lengua española que realizaba la LOM con ayuda de la Cuarta Internacional y algunas ediciones argentinas y españolas que circulaban en librerías como la Fuentes Navarro. El propio Carlos Ferra consiguió en esa época *La Revolución Permanente* en inglés. El Comité Ejecutivo de Posadas, mediante la Editorial Presente, a cargo de Luis Naguil en Montevideo, editó obras de Trotsky, como *Los sindicatos en la era del imperialismo*; *Bolchevismo y Stalinismo. Clase, partido y revolución*, y *Los crímenes de Stalin*. A ello hay que agregar que aunque los militantes tenían acceso a obras de Trotsky, la mayoría de los elementos del POR (T) se formaban en el trotskismo, con base en la orientación que Posadas y su círculo les ofrecía en el periódico *Voz Obrera* y la *Revista Marxista Latinoamericana*.

En México se creó y se distribuyó el periódico *Voz Obrera*, así como la revista *Lucha Estudiantil*, órgano de la Fracción Estudiantil del POR (T). Por lo que respecta a *Voz Obrera*, se publicó en México desde los albores de los años sesenta. Uno de los escasos números disponibles de 1965, muestra que combatía al charrismo sindical, (representado para ellos por los dirigentes ya muy conocidos, Lombardo Toledano y Fidel Velázquez) y se pronunciaba por la «explotación colectiva de la tierra» en detrimento de la «Reforma agraria» y el «latifundio», a las que consideraban formas limitadas y obsoletas de producción agrícola.[378] La idea de fondo consistía en canalizar el descontento de las masas inconformes con la corrupción de los terratenientes, caciques locales y líderes charros, y formar un partido obrero campesino que, en palabras del POR (T), le permitiera a sus integran-

---

378. AGN-FDGIPS, «Organizar la ocupación de la tierra, su explotación, en forma de cooperativa», *Voz Obrera*, órgano del Partido Obrero Revolucionario (Trotskista), sección mexicana de la IV Internacional, México, DF, núm. 82, segunda quincena de diciembre de 1965, p. 3, caja 1466-A, exp. 1.

tes expresarse políticamente.[379] En términos generales, el proyecto político socialista plasmado en *Voz Obrera* cobraba sentido para sus militantes, en la medida que era el resultado del diálogo con los trabajadores del campo y de la ciudad y de su unión con el amplio espectro de las luchas populares internacionales, a la luz de la puntillosa explicación trotskista establecida por Posadas, quien dicho sea de paso, conforme transcurría la década acaparaba con sus amplios discursos casi la totalidad del periódico.

La mayor parte de los artículos fueron escritos sin firma o con seudónimo, por obvias medidas de seguridad. No obstante, gracias al testimonio de Carlos Ferra se puede afirmar que aparte de Posadas, los redactores principales de *Voz Obrera* eran Roberto Ching Sedano, Fernando López Limón, José María Ríos de Hoyos, Baldomero Rodríguez Tique y, ocasionalmente, el propio Ferra. El tamaño era tabloide y constaba de ocho páginas.[380]

Voz Obrera tenía un tiraje reducido, pero su distribución permitía al POR (T) formar círculos de discusión política entre los trabajadores. Por ejemplo, en algunos barrios de Tlalnepantla, en el estado de México, que se encontraban en condiciones de extrema pobreza, la Fracción estudiantil vendía el periódico. Entre los aguaceros y el lodazal que dificultaban el acceso a las viviendas fabricadas con palos, cartón y láminas, los jóvenes del POR (T) conversaban con un grupo de trabajadores que adquiría, por cooperación voluntaria, ejemplares de *Voz Obrera*. Estos trotskistas también frecuentaban los talleres de los ferrocarriles nacionales en el Distrito Federal. En general, la presencia de los jóvenes militantes era aceptada; los viejos vallejistas los veían con cierta simpatía y, aunque no leían el periódico, permitían que militantes de diferentes tendencias izquierdistas intercambiaran ideas.

La difusión de *Voz Obrera* abarcaba también la preparatoria 1 de la UNAM, escuelas del Politécnico, la normal de profesores y el barrio de Santa María la Ribera en la Ciudad de México; aunque también se distribuyó entre algunos grupos campesinos, debido a los contactos de Francisco Colmenares.[381] En la sección de Poza Rica, de la que hablaremos más adelante, el médico Tito Armando Domínguez Lara se encargaba de su venta.

---

379. AGN-FDGIPS, «La lucha contra el charrismo sindical exige la organización revolucionaria del proletariado», *Voz Obrera*, órgano del Partido Obrero Revolucionario (Trotskista), sección mexicana de la IV Internacional, México, DF, núm. 82, segunda quincena de diciembre de 1965, p. 1, caja 1466-A, exp. 1.

380. Entrevista realizada por Josué Bustamante González a Carlos Ferra en Texcoco, Estado de México, el 5 de noviembre de 2017.

381. *Idem*.

Sin embargo, la prensa del POR (T), como tal, tenía un impacto muy limitado. Las razones se pueden encontrar en dos factores: primero, en varias ocasiones la gente que adquiría *Voz Obrera*, difícilmente leía los extensos artículos de Posadas; segundo, el raquítico tiraje imposibilitaba una distribución masiva, incluso permitía que la prensa militante de otros partidos como el Comunista tuviera mayor alcance entre los trabajadores. La prensa básicamente servía como un vehículo para transmitir ideas, planteamientos, pero sobre todo para la formación política de su propia vanguardia militante. Quizás, sin que fuera su más grande objetivo, los militantes del POR (T), mediante la distribución de *Voz Obrera*, habían desarrollado una conciencia crítica forjada en las relaciones cara a cara con los trabajadores, estudiantes y campesinos, por muy pequeña o débil que fuera la sociabilidad entre ellos.

La prensa trotskista se había convertido en un distintivo de cada grupo, en un símbolo de su proyecto y de su lucha política. Ir a cualquier mitin o reunión significaba llevar consigo ejemplares del periódico y de los volantes, venderlos o pegarlos en lugares visibles. Si se llevaba *Voz Obrera* se identificaba rápido a un trotskista. Para finalizar, basta narrar una experiencia de la pasión que despertaba en algunos dirigentes este tipo de prensa militante. En una ocasión Hilario Gómez, un simpatizante del POR (T) de la Escuela Nacional de Economía, al parecer muy respetado por varios estudiantes, le arrebató a Rafael Torres, un militante de la LOM, un ejemplar del periódico *El Obrero Militante* que en ese momento leía; con un sonrisa sarcástica Hilario Gómez lo increpó: «¿Esta cochinada, la llamas tú prensa?, y la tiró, y volvió a decir: ¡Esta es prensa! –y sacó *Voz Obrera*–, esta sí es prensa, no esta cochinada que tienen ustedes, está horrenda, no te da vergüenza».[382] Carlos Ferra, quien presenció todo el acto, asegura que Torres, sintiéndose ofendido, se metió a su cuarto, y se soltó a llorar.[383]

En 1966, *Voz Obrera*, además de su marginal ideal sería estigmatizado acremente por el Gobierno de Díaz Ordaz, y su difusión fue motivo de persecución, cárcel y tortura.

---

382. *Idem.*
383. *Idem.*

4. EL ACTIVISMO DE LA FRACCIÓN ESTUDIANTIL DEL POR (T)

A la par de las actividades de la LOM, también el POR (T) había ampliado su red militante al interior de la UNAM, principalmente en la Escuela Nacional de Economía, en donde se encontraban David Aguilar Mora, Eunice Campirán Villicaña, Roberto Ching Sedano (Ataulfo), Alfonso Lizárraga Bernal (Joel o Antonio), Manuel Suárez Jiménez, Federico Rivera Rivera (Roco), Fernando López Limón, Carlos Ferra (Marcelo) y el preparatoriano Francisco Colmenares. La Fracción Estudiantil trabajaba dentro y fuera de la Universidad con el propósito de erigir un partido obrero estudiantil que instaurara una educación socialista. Precisamente en la Escuela Nacional de Economía Ching Sedano y Federico Rivera fueron candidatos para representar a la Sociedad de Alumnos. Sin embargo, en ninguna de las elecciones lograron el triunfo.

En la Universidad, los trotskistas del POR (T) organizaban manifestaciones antiimperialistas. A manera de ilustración, cuando llegó a México John F. Kennedy, en junio de 1962, para supuestamente afianzar las relaciones entre México y Estados Unidos, con motivo de las tensiones que se suscitaron entre ambas naciones por el mantenimiento de las relaciones del Gobierno de Adolfo López Mateos con la Revolución cubana, Ching Sedano, Federico Rivera, Carlos Ferra y el pro chino Carlos Castro Osuna, en desacuerdo con la presencia de Kennedy, tomaron la radio universitaria y leyeron un discurso incendiario para manifestar su oposición al respecto.[384]

Un año después, el liderazgo de David Aguilar Mora había ido en aumento, así lo constata su participación en el Congreso Nacional de los Estudiantes Democráticos en Morelia, con motivo del proyecto universitario con tintes socialistas, que pugnaba «por una educación popular, democrática y revolucionaria».[385] La Fracción del POR (T), junto con estudiantes de otras facultades del área humanística y social, tenía una participación muy activa en los mítines realizados tanto en la Universidad como en el Zócalo capitalino, los cuales generalmente terminaban reprimidos por la policía. Ocasionalmente, en las marchas los estudiantes tenían que elaborar garrotes con sus pancartas o estandartes, para defenderse de estos ataques. Amén de los choques violentos que también tenían con el ultracatólico Movimiento Universitario de Renovadora Orientación (MURO).[386]

---

384. *Idem.*

385. «Declaración de Morelia. Central Nacional de Estudiantes Democráticos». En José René Rivas Ontiveros (2007, 779-784).

386. Entrevista realizada por Josué Bustamante González a Carlos Ferra en Texcoco, Estado de México, el 5 de noviembre de 2017.

El objetivo de la Fracción Estudiantil del POR (T) consistía en construir, desde la Universidad, un gobierno obrero-estudiantil, que impulsara la instauración de un régimen socialista. Como consecuencia, defendía la educación de masas y combatía cualquier intento que pusiera en riesgo la gratuidad de la educación, como los altos cobros por la obtención de la matrícula universitaria y el alza de las tarifas del transporte. Pensaba formar una Central Única de Estudiantes Revolucionarios en la que participaran activamente profesores y estudiantes de nivel medio superior y superior.[387] Esta visión cobró mayor proyección en su órgano llamado *Lucha Estudiantil*, en el cual persistía la idea de que en México había un conflicto «interimperialista», entre el Gobierno burgués y los charros sindicales, que había desencadenado un amplio descontento popular, como el movimiento de los médicos residentes. La Fracción Estudiantil creía firmemente que el movimiento obrero había entrado en una fase de ascenso, mientras que el Gobierno burgués acentuaba su estado de «crisis y descomposición mundial».[388] Su plataforma política contenía entre sus postulados: luchar por los derechos democráticos (expresión, prensa) y desaparecer el delito de disolución social tipificado en el artículo 145 del Código Penal Federal, así como apoyar a las masas explotadas de México y el mundo.

Los militantes del POR (T) formaban parte de la red de grupos universitarios conformada por la Escuela Nacional de Ciencias Políticas y Sociales, la Escuela Nacional de Economía y la Facultad de Derecho. Por un tiempo, en conjunto, crearon el Frente Único de Estudiantes Revolucionarios (FUER) con la participación de alumnos de Economía, como Jesús de Hoyos López, Juan Kanstein, Carlos Castro Osuna, Manuel Torres; de Ciencias Políticas y Sociales, Gilberto Guevara Niebla, Alejandro Múgica Montoya y Francisco Soto Angli; de la Facultad de Derecho, Francisco Rojas Bernal.[389] El FUER se creó con la finalidad de «presionar a las autoridades policiacas para que dejaran en libertad a Lázaro Valdés Domínguez, trabajador y dirigente sindical de los choferes de la línea General Anaya y el cese a la permanente violación del Contrato Colectivo de Trabajo suscrito por la empresa camionera» (Rivas Ontiveros 2007, 779-784).

---

387. AGN-FDFS, «Se informa en relación con la Confederación de Trabajadores de México», México, DF, 6 de febrero de 1964, Versión Pública, Partido Obrero Revolucionario Trotskista (en adelante PORT), legajo, 3/6, caja, 196, foja 4.

388. BRG, *Lucha Estudiantil*, Órgano de la Fracción Estudiantil Trotskista del Partido Obrero Revolucionario (T), sección mexicana de la IV Internacional, México, DF, núm. 1, 2.ª quincena de junio de 1965, p. [1].

389. AGN-FDFS, «Universitarios», Versión Pública del PORT, legajo, 3/6, caja 196, foja 13.

Esta acción conjunta se llevó a cabo como parte de la supuesta alianza obrero-estudiantil y el «frente único antiimperialista» que el POR (T) pretendía encabezar. El FUER no solo se limitaba a la defensa de los derechos democráticos de los trabajadores y el impulso de un gobierno obrero, sino que por medio de su plataforma socialista expandía sus horizontes internacionalistas hacia la lucha contra el intervencionismo estadounidense en otros países, como lo era, en 1965, su más reciente ocupación militar en República Dominicana[390]. Aunque el FUER debatió temas como la municipalización del transporte, no superó las diferencias internas. La unidad se fracturó debido al falso secuestro de uno de sus integrantes llamado Virgilio Fuentes Ruiz, y, por la radicalidad con la que el POR (T) quería alcanzar la dirección del movimiento (Rivas Ontiveros 2007, 449-450). La Fracción Estudiantil no toleraba que el FUER, sin oponer resistencia, permitiera la participación de la Juventud Comunista en los mítines. Por tal motivo, los trotskistas fueron percibidos por varios estudiantes como sectarios; la afinidad que había entre ellos se disolvió (2007, 449-450).

La Fracción Estudiantil entendió esta división como el resultado de la influencia del PCM entre los integrantes del FUER, por lo que decidió crear un organismo que se rigiera con los postulados exclusivos de la Internacional posadista.[391] Sin embargo, su misma radicalidad la llevó por caminos grupusculares que también abrazaban la idea de integrarse a una revolución armada.

El caso más emblemático, durante este período, fue la experiencia de un grupo selecto de militantes del POR (T) mexicano que se integró al MR-13 guatemalteco. Esta experiencia le dio a los posadistas, en 1966, una proyección inusitada en la UNAM, pero también les valió una férrea vigilancia y represión del Estado, así como su estigmatización pública como grupo «subversivo y extremista».

5. EL INGRESO AL MR-13

Para los jóvenes de la LOM y el POR (T), el trotskismo fue una especie de revelación política.[392] La izquierda de la Cuarta Internacional presagiaba,

---

390. *Idem.*

391. BRG, «El Frente Único…», *Lucha Estudiantil*, órgano de la Fracción Estudiantil Trotskista del Partido Obrero Revolucionario (T), sección mexicana de la IV Internacional, México, DF, núm. 1, 2.ª quincena de junio de 1965, p. 10.

392. Para conocer más acerca de las actividades del POR (T) en Guatemala, véase Verónica Oikión Solano (2010a, 337-359; 2014, 33-39).

como lo había hecho a lo largo de su historia, el advenimiento de una guerra catastrófica (nuclear, atómica) que acabaría con la civilización si los gobiernos coloniales y semicoloniales no combatían el imperialismo estadounidense y la decadencia estalinista en la URSS y sus secciones locales. Para el POR (T) el movimiento obrero y campesino y, en los sesenta el estudiantil, serían los principales sujetos revolucionarios capaces de garantizar la continuidad de la sociedad global si trabajaban organizados, pero con un programa marxista-leninista «moralmente sano» y comprometido con el mejoramiento de la sociedad. Dentro de la Cuarta Internacional se creó la disputa interna en torno a los métodos para derrocar al capitalismo. Como lo hemos visto, la Cuarta Internacional unificada optó por centrarse en los movimientos de masas y solidarizarse con las insurrecciones armadas anticapitalistas y anticoloniales. Sin embargo, el BLA, dirigido por Juan Posadas, decidió radicalizar sus acciones y colaborar directamente con los movimientos armados para acelerar el proceso revolucionario planetario. Esta estrategia le valió al BLA su expulsión definitiva de las filas de la Cuarta Internacional unificada, lo que la obligó a preservar y ampliar su propia ruta a favor de la Cuarta Internacional.

El POR (T) mexicano representaba, para la Internacional de Posadas, el centro de irradiación del movimiento revolucionario en América Latina. El Buró político de esta organización fomentó en los militantes la idea de que en México «las fuerzas alcanzadas por la Revolución Mexicana no fueron perdidas, están latentes».[393] Posadas tenía la convicción de que la «sección mexicana de la IV Internacional» sería el primer paso para organizar la sección guatemalteca y, a partir de ese momento, «influir al resto de las guerrillas latinoamericanas». A los ojos de Posadas (exagerando evidentemente) la sección mexicana del POR (T) llegó a mostrar «la fuerza inmensa de la Internacional». Los posadistas tenían programado enviar militantes a Colombia y Venezuela, siempre y cuando las relaciones militantes entre México y Guatemala ofrecieran resultados positivos. De hecho, Adolfo Gilly había tenido acercamientos con Camilo Torres en Colombia.

Se aclara que el POR (T) concebía la estrategia guerrillera como un instrumento «de la lucha por el poder» que debía transformarse en un «Partido obrero basado en los sindicatos independientes» o «vincularse y someterse al partido político mediante la construcción del programa de la revolución proletaria»; de no ser así, las guerrillas por sí mismas se degenerarían y

---

393. BRG, «México y Guatemala son dos ejemplos de audacia conciente y concentración de la voluntad de la IV Internacional», *Revista Marxista Latinoamericana, órgano del Secretariado Internacional de la IV Internacional*, vol. 2, núm. 14, agosto de 1968, p. 114.

sucumbirían frente al capitalismo.[394] Con base en este planteamiento, Posadas, por mediación del guatemalteco Francisco Amado Granados,[395] en 1962 se integró al Movimiento Revolucionario 13 de Noviembre (MR-13), encabezado por el comandante Marco Antonio Yon Sosa en la sierra guatemalteca.[396] El trabajo consistía en enviar militantes de la Fracción Estudiantil del POR (T) junto con los más experimentados, como Adolfo Gilly y el Teniente coronel paracaidista del Ejército Mexicano, José María Ríos de Hoyos. Este último, era un militar que a principios de los años sesenta pretendía iniciar un proceso de renovación ideológica al interior de las fuerzas armadas mexicanas, con el propósito de «salvaguardar la soberanía y la integridad de la nación»; pues temía que la falta de un ejército disciplinado permitiera que México fuera invadido por alguna potencia mundial como parte de las operaciones bélicas derivadas de la Guerra Fría. Veía en el imperialismo estadounidense una clara amenaza.[397]

Ríos de Hoyos tenía la idea de que el contexto latinoamericano, plagado de golpes de Estado y gobiernos militares impuestos por Estados Unidos, prefiguraba para México la «amenaza de una guerra» y la falta de «certeza y seguridad ante una posible amenaza exterior».[398] Para él las Fuerzas Armadas, tal y como estaban, no garantizaban «la tranquilidad pública» y «la independencia de la nación», por lo cual había que transformarlas.[399]

Esta concepción regeneradora de la milicia circuló al interior del ejército porque Ríos de Hoyos era un hábil escritor; además se desempeñó como instructor de conscriptos en la UNAM, por lo que consiguió algunos adeptos allí y se vinculó, hasta integrarse, con el POR (T). Ya en la organización trotskista el teniente coronel adoptó los seudónimos de Roberto y Elías y ganó a otros soldados más a su causa: Jorge Maldonado Vega,[400] Baldomero

---

394. BRG, «Las guerrillas en las luchas por el poder obrero», *Revista Marxista Latinoamericana, órgano del Secretariado Internacional de la IV Internacional*, Montevideo, Uruguay, vol. 2, núm. 14, agosto de 1968, 2.ª época, pp. 78-81.

395. Empresario guatemalteco, en un primer momento financió la guerrilla de Castro en Cuba. Sin embargo, luego de una ruptura con el líder cubano, Amado Granados se involucró con el MR-13. En Robert J. Alexander, (1973, 210).

396. Para conocer con detalle y profundidad la estrategia del MR-13 y la militancia trotskista de sus dirigentes, se recomienda consultar la obra de Arturo Taracena Arriola, *Yon Sosa: historia del MR13 en Guatemala y México seguida de las memorias militares del comandante guerrillero* (2022).

397. AGN-FDFS, José María Ríos de Hoyos, «Grandeza y miseria del Ejército Mexicano», Versión Pública, PORT (Vehículo Militar), legajo, 1/6, caja 196, fojas 16-18.

398. AGN, FDFS, José María Ríos de Hoyos, «Grandeza y miseria del Ejército Mexicano», Versión Pública, PORT (Vehículo Militar), legajo, 1/6, caja 196, fojas 16-18.

399. *Idem.*

400. Escuela Militar de aviación (Zapopan, Jalisco).

Rodríguez Tique (Néstor),[401] Antonio Villafuerte Moreno (Armando),[402] Alberto Velázquez Canseco[403] y José Ayala Morelos, que constituyeron el Vehículo Militar.[404]

Empero, antes de continuar con la narración, vale la pena precisar aquí que hay datos que apuntan a que Ríos de Hoyos pudo haber sido un infiltrado en el POR (T). Primero, en 1984, el periodista Armando Rodríguez Suárez reveló en su obra *Guatemala 1966: trotskismo y revolución (teoría y práctica del aventurerismo político)* que a ciertos dirigentes del MR-13 se les hacía sospechoso que un miembro del Estado Mayor de la Fuerza Aérea Mexicana, como lo era Ríos de Hoyos, pudiera ser un militante trotskista sin dejar de prestar sus servicios castrenses (Rodríguez Suárez 1984, 53-54). Guillermo Almeyra, en el 2013, sostuvo que durante su pertenencia al POR (T), le llamó mucho la atención que un alto oficial mexicano de aviación fuera el secretario a cargo del partido y tuviera la confianza de Posadas (Almeyra 2013, 222-223). Por su parte, el mismo Ríos de Hoyos precisó en una carta que envió a la revista *Nexos*, en junio de 1998, que, dado los reportes que la DFS hizo en su contra por su supuesta deserción y robo de fondos pertenecientes al erario público, fue procesado judicialmente de mayo a diciembre de 1966, pero el Juzgado Militar Tercero radicado en el Campo Militar núm. 1 lo absolvió de todas las imputaciones, precisando que «su honor y su prestigio no sufrieron menoscabo alguno».[405] Por lo que respecta a su presunta colaboración con el POR (T), Ríos de Hoyos puntualizó que solo se trataron de calumnias, pues legalmente fue desagraviado junto con los otros militares que fueron acusados de pertenecer al «Vehículo Militar».[406]

Lo que sí se puede aseverar es que en los sesenta todas las agrupaciones de izquierda estaban infiltradas, por ello se tienen que tratar con cautela las versiones que sostienen que los militares «colaboraban» con grupos marxistas acechados por el Estado. En este apartado se toman como sustento los documentos recabados por la DFS y los testimonios de los militantes y periodistas de la época, que coinciden en la existencia de este

---

401. Comandante del Pelotón de Sanidad del 48 Batallón de Infantería, (Ometepec, Guerrero).

402. Jefe de la Sección Sanitaria del Aeródromo Militar de la Paz, Baja California.

403. Planta Jefatura de la FAM, que prestaba sus servicios en el ayuntamiento de la misma.

404. Jefe de Talleres de Reparación de Vehículos del Ejército (Campo militar número 1.).

405. José María Ríos de Hoyos, «Carta de un General», *Nexos*, México, 1 de septiembre de 1998, consúltese en https://www.nexos.com.mx/?p=8996. El doctor Arturo Taracena me hizo una llamada de atención sobre el papel de infiltrado que pudo haber tenido Ríos de Hoyos.

406. *Idem.*

Vehículo Militar y que los militares anteriormente mencionados tuvieron alguna injerencia en él. Por lo tanto, se ha decidido dejar los nombres que aparecen en los expedientes. Queda en el lector sacar sus propias conclusiones.

Con base en el programa socialista de Posadas, Ríos de Hoyos escribió *Las guerrillas de la actual etapa histórica* y complementó su tesis acerca de la intervención armada extranjera en territorio mexicano; de allí que cuando se suscitó la crisis de los misiles en Cuba defendiera la idea de que en un futuro cercano habría una «inminente» guerra atómica entre Estados Unidos y la URSS que destruiría grandes partes de los continentes, aniquilando con ello «las estructuras sociales actuales», entre ellas por supuesto las de México.[407] Ante tal catástrofe, la guerra de guerrillas se presentaba como la mejor estrategia militar para «expulsar a un invasor atómico».[408]

Al igual que Posadas, Ríos de Hoyos sostenía que la guerrilla se convertiría en un «órgano de dirección política de las masas» siempre y cuando contara «con un equipo de cuadros formados políticamente, con una madurez, comprensión e iniciativa».[409]

Con este fundamento se conformó un núcleo integrado por Felipe Galván (Evaristo, Tomás), David Aguilar Mora (Damián), Eunice Campirán (Lucía), Adolfo Gilly (Tury), Evaristo Aldana y el propio Ríos de Hoyos (Roberto), quienes viajaron a Guatemala y fueron los elementos más activos para intentar cubrir las carencias ideológicas del MR-13 (Rodríguez Suárez 1984, 53-54).

Así, este pequeño grupo del POR (T), a partir de 1963, ocupó diferentes puestos estratégicos en el frente guerrillero «Alejandro de León» comandado por Marco Antonio Yon Sosa; Felipe Galván se encargó de adquirir armamento; Ríos de Hoyos realizaba trabajos de alto riesgo para la protección del movimiento; Adolfo Gilly escribía reportajes en revistas prestigiosas de izquierda y reportaba a Posadas los logros alcanzados en términos de educación política. Asimismo, discutía el «Programa de Transición» con los guerrilleros de base; Eunice Campirán fungía de enlace entre el secretariado internacional del Buró Latinoamericano y los trotskistas que trabajaban en la dirección del MR-13; David Aguilar Mora era uno de los estrategas del frente urbano (Oikión Solano 2010b, 68). Los trotskistas destacaron en

---

407. AGN-FDGIPS, José María Ríos de Hoyos, *Las guerrillas de la actual etapa histórica*, San Luis Potosí, octubre de 1965, p. 7. «Antecedentes de los principales integrantes del vehículo militar del PORT», en caja 2956.

408. AGN-FDGIPS, José María Ríos de Hoyos, *Las guerrillas de la actual etapa histórica*, San Luis Potosí, octubre de 1965, p. 8.

409. *Ibidem*, pp. 15-16.

las filas guerrilleras por la formación política que proporcionaban a los cuadros populares, pero ésto causó inconformidades entre los militantes del Partido Guatemalteco del Trabajo (PGT), de clara tendencia comunista, quienes eran mayoría en el Frente «Édgar Ibarra».

Adolfo Gilly sostiene que la dirección del MR-13 pretendía construir un programa radical, con el que Guatemala transitaría ininterrumpidamente hacia el socialismo porque no se querían repetir los errores provocados durante la fase «democrática burguesa», que permitió el ascenso contrarrevolucionario de Castillo Armas y el poderío de Foster Dulles en 1954, y con ello frustró el triunfo de la revolución socialista.[410]

Siguiendo la explicación de Gilly, el MR-13 quería emular la «destrucción del Estado burgués cubano y su culminación en revolución socialista», pero sin atravesar por una etapa reformista, de allí que facilitara el ingreso del POR (T) a sus filas.[411] Una vez en el movimiento guerrillero, los trotskistas trataron de encumbrarse como los ideólogos; incluso trataron de desbancar a sus rivales del PGT, quienes habían establecido nexos con el MR-13 con mucha más anterioridad.

Con la idea de «convencer, influir, presionar, orientar», el POR (T) constituyó una escuela de cuadros, en la que Posadas colaboró personalmente.[412] Se trataba de inculcar en ella que la concepción puramente «guerrillerista» no servía de nada, si no había un programa socialista que la orientara.[413]

Con esta finalidad los trotskistas crearon, a mediados de 1964, el periódico clandestino *Revolución Socialista*. Este instrumento «se concentraba en el análisis internacional y nacional y en los problemas de organización del movimiento obrero y campesino».[414] *Revolución Socialista* logró establecerse como «el centro político de los órganos de obreros, campesinos y estudiantes en formación».[415] Su circulación no se limitó únicamente a las diferentes células, aldeas y patrullas guerrilleras de la ciudad, sino que transitó en «sectores de trabajadores electricistas, ferroviarios, telegrafistas,

---

410. «Guerrilla, programa y partido en Guatemala» en Adolfo Gilly (1986, 2: 116).

411. *Ibidem*, pp. 116-117.

412. BRG, «La actividad de la IV Internacional en Guatemala y México es una de las acciones más elevadas del internacionalismo proletario», *Revista Marxista Latinoamericana, órgano del Secretariado Internacional de la IV Internacional*, vol. 2, núm. 14, agosto de 1968, pp. 118-119.

413. El propio Amado Granados concebía a los militantes del POR (T) como organizadores revolucionarios marxistas (Gilly 1986, 91-120).

414. «Guerrilla, programa y partido en Guatemala» en Adolfo Gilly (1986, 2: 121).

415. *Idem*.

camioneros, de la salud, en el movimiento estudiantil, en los barrios y los ingenios azucareros».[416]

El POR (T) atribuyó la creación y aprobación de la «Declaración de la Sierra de Minas», en diciembre de 1964, a ese proceso de educación y discusión militante. Sin embargo, para ese momento los trotskistas solo eran un pequeño grupo que coexistía con militantes del PGT, agrupados en el Destacamento 20 de Octubre, y otras brigadas, como el Movimiento 12 de Abril (Paiz Cárcamo 2015, 51).

La columna «Édgar Ibarra», que se constituyó a finales de 1963, quedó al mando de Luis Augusto Turcios Lima y algunos miembros del PGT, como Ricardo Ramírez (Rolando) y militantes de la Juventud del Partido del Trabajo (JPT); en total eran alrededor de 21 integrantes (2015, 58). Dada la multiplicidad de grupos que formaban la guerrilla, las fricciones no se hicieron esperar.

En contraposición al radicalismo revolucionario trotskista, el frente Édgar Ibarra sostenía que la lucha armada «sería prolongada». Por ello, este quería «eliminar del movimiento las influencias que obstaculicen las condiciones fraternales internas y la búsqueda conjunta de las condiciones para solucionar la crisis de dirección» (2015, 69). Poco después de la reunión de la Sierra de las Minas, a la cual asistió el propio Posadas, Turcios Lima rompió con el MR-13. Las pugnas internas entre esta organización y el PGT tuvieron consecuencias perjudiciales para los trotskistas. Cuando las diferencias directivas y programáticas llegaron a su punto más álgido, los militantes del POR (T) fueron acusados de «agentes divisionistas, provocadores, aventureros y sectarios» (Rodríguez Suárez 1984, 30-37). Los opositores del trotskismo, en el seno de la guerrilla, hablaron de «intimidaciones terroristas» que los militantes del POR (T) supuestamente infringían a quienes no pensaban igual que ellos y de cometer errores estratégicos que perjudicaron al movimiento, como aquella indiscreción que puso al descubierto la ubicación del coronel Augusto Vicente Loarca, quien, posteriormente, fuera asesinado a manos de la policía. Finalmente, al POR (T) se le atribuyó el robo de 40.000 quetzales pertenecientes al movimiento guerrillero (Rodríguez Suárez 1984, 3). Adolfo Gilly, Ríos de Hoyos, Felipe Galván Bartolini, Evaristo Aldana y Amado Granados fueron enjuiciados por un «Tribunal Popular Revolucionario» del MR-13 y encontrados culpables por «deslealtad y sustracción subrepticia de fondos».[417] Carlos Ferra sostiene que

---

416. *Idem.*

417. «Comunicado del MR-13», en Armando Rodríguez Suárez (1984, 70). Durante la primera entrevista que realicé a Carlos Ferra, me comentó que los trotskistas habían acordado con el MR-13 que el dinero que obtuvieran de acciones ilegales, como asaltos bancarios

una facción de la guerrilla pedía el fusilamiento de sus camaradas, sin embargo, la intervención de Yon Sosa evitó que esto sucediera. La expulsión de los trotskistas también se debió a las presiones que ejerció el Gobierno cubano sobre el MR-13, después de que Fidel Castro hiciera pública su posición antitrotskista durante la Primera Conferencia de la Tricontinental, en enero de 1966.[418] En consecuencia, el 1 de mayo de 1966, el comandante Yon Sosa declaró la expulsión de los trotskistas y la ruptura de todo nexo con la Cuarta Internacional. Ríos de Hoyos, Felipe Galván, Evaristo Aldana fueron conducidos hasta la frontera con México, bajo la amenaza de ser fusilados de inmediato, en caso de que regresaran al territorio ganado por la guerrilla. Los defenestrados arribaron a la Ciudad de México muy golpeados. Este episodio fue tan traumático para ellos, que en una reunión posterior, Galván decidió romper definitivamente con el POR (T).[419]

Gilly (Tury), aunque sí fue enjuiciado, había salido de Guatemala el 8 de diciembre de 1965 rumbo al Cono Sur y, luego a Italia. Llegó a México en abril de 1966. En cuanto a Amado Granados, fue asesinado un mes antes, pues fue capturado el 6 de marzo en el denominado grupo de los «28 desaparecidos».[420]

Volvamos al discurso de clausura de la Primera Conferencia Tricontinental que tuvo lugar en el teatro Chaplin de La Habana. Fidel Castro acusó a la Cuarta Internacional, y, a Gilly en específico, de «filtrarse como agentes del imperialismo yanqui en el MR-13 para liquidar el movimiento

---

y secuestros, se destinaría a las finanzas del movimiento guerrillero. Posteriormente, ya con autorización de la dirigencia del MR-13, se le podía otorgar una parte de ese dinero al POR (T). Ferra se enteró de que los trotskistas mexicanos secuestraron a un empresario y, como pago de su liberación, obtuvieron una cantidad bastante fuerte de dinero. Sin embargo, antes de entregar la suma completa al MR-13, se quedaron con el porcentaje que les correspondía, lo cual causó la molestia de los líderes guatemaltecos y eso aceleró su expulsión. La Dirección Federal de Seguridad reportó que en una reunión realizada en el Estado de México el 18 de diciembre de 1965, Gilly informó a sus compañeros del POR (T) que el MR-13 secuestró a un importante banquero guatemalteco, pidiendo un rescate de 50 mil quetzales. Finalmente, después de intentos infructuosos del Gobierno por detener a los responsables, la familia decidió pagar el rescate. Después de eso, gente desconocida realizó otros secuestros, por lo que el Gobierno guatemalteco creó un cerco en 1965, llevando a cabo cateos clandestinos. En una de las redadas policíacas fue detenido David Aguilar el 10 de diciembre de 1965. AGN-FDFS, Versión Pública del PORT, legajo, 3/6, caja 196, foja 88.

418. Entrevista realizada por Josué Bustamante González a Carlos Ferra en Texcoco, Estado de México, el 5 de noviembre de 2017.

419. *Idem.*

420. De acuerdo con Alicia Echeverría, su amiga y socia, «Francisco Amado fue capturado por José María Moreno Márquez, en una casa de la zona 9. Las veintiocho personas fueron reunidas en el sótano del Cuartel General (conocido como Matamoros) asesinados con ráfaga de ametralladora». Alicia Echeverría (1986, 153).

revolucionario».[421] El Gobierno cubano, desde 1962, venía realizando una serie de arrestos contra militantes trotskistas del POR (T) y censurando el periódico *Voz Proletaria*, luego de que el PSP ocupara cargos administrativos de importancia (Gaido y Valera 2016, 316-317). Castro reprobó totalmente que Adolfo Gilly publicara, en el semanario uruguayo *Marcha*, un análisis de la ruptura del Che con el Gobierno cubano, así como las supuestas repercusiones que esta traería para la revolución mundial, y latinoamericana, en particular. Gilly atribuyó la crisis en la dirigencia revolucionaria a las presiones que la Unión Soviética ejerció sobre el Gobierno de Fidel Castro para que adoptara la línea política de la «coexistencia pacífica», caracterizada por los trotskistas como una línea centrista. Gilly pronosticaba que la ruptura entre los líderes obligaría a las masas y tendencias guerrilleras latinoamericanas a mirar hacia otros horizontes, como el guatemalteco del MR-13.[422] Este análisis crítico bastó para que Castro desacreditara al trotskismo y la Cuarta Internacional y pidiera su expulsión de cualquier movimiento revolucionario.[423]

Por su parte, un colérico Juan Posadas aseveró que la Conferencia Tricontinental fue «la expresión del comienzo de la descomposición de Fidel Castro».[424] Además, fechado el 11 de octubre de 1965, Posadas publicó el artículo «La liquidación de Guevara» en *Revolución Socialista* número 20, de noviembre de 1965, en el que acusaba a Fidel Castro de haber asesinado al Che Guevara debido a que dejó la isla para ir a combatir en el Congo. Tesis que *Revolución Socialista* volvió a repetir en el artículo publicado en el núm. 22 de enero de 1966, posiblemente escrito por Galván Bartolini.[425]

En tanto, el SWP, la LOM y el Secretariado Unificado de la Cuarta Internacional se deslindaron del POR (T). Además, Joseph Hansen concluyó que «la dirección del Kremlin», estaba detrás de la campaña antitrots-

---

421. Discurso pronunciado por el comandante Fidel Castro Ruz, primer secretario del Comité Central del Partido Comunista de Cuba y primer ministro del Gobierno revolucionario, en el acto clausura de la Primera Conferencia de Solidaridad de los Pueblos de Asia, África y América Latina (Tricontinental), en el teatro Chaplin, La Habana, el 15 de enero de 1966, p. 9, en http://www.cuba.cu/gobierno/discursos/1966/esp/f150166e.html.

422. Adolfo Gilly, «La renuncia del Che», *Marcha*, Montevideo, 22 de octubre de 1965, p. 22.

423. Discurso pronunciado por el comandante Fidel Castro Ruz, primer secretario del Comité Central del Partido Comunista de Cuba y primer ministro del Gobierno revolucionario, en el acto clausura de la Primera Conferencia de Solidaridad de los Pueblos de Asia, África y América Latina (Tricontinental), en el teatro Chaplin, La Habana, el 15 de enero de 1966, p. 9, en http://www.cuba.cu/gobierno/discursos/1966/esp/f150166e.html, p. 10.

424. Juan Posadas, «Las calumnias de Fidel Castro al trotskismo», *Voz Obrera*, México, DF, núm. 85, primera quincena de febrero de 1966, pp. 1-10.

425. Observación realizada por el doctor Arturo Taracena Arriola.

kista de Castro, pero refrendó la solidaridad y el respeto que la Cuarta Internacional había profesado por la Revolución cubana.[426] Después de esa disputa, la LOM se acercó más a la tendencia guevarista, pero sin aprobar como estrategia interna el foquismo. No obstante, la imagen perniciosa de los trotskistas se mantendría vigente, tanto en Cuba, como en diferentes países de América Latina (Gaido y Valera 2016, 332).

6. LAS CONSECUENCIAS DEL «ULTRAIZQUIERDISMO»

La experiencia guerrillera del POR (T) en el MR-13 dejó profundas secuelas en el movimiento trotskista mexicano. Los asesinatos de Eunice Campirán y David Aguilar Mora, a manos de la policía militar guatemalteca conmocionaron y horrorizaron no solo a sus familiares, sino al estudiantado mexicano de izquierda. David Aguilar Mora, un año menor que su hermano Manuel, fue capturado en Guatemala el 8 de diciembre de 1965, poco antes de cumplir 25 años. Su primera incursión en la guerrilla guatemalteca fue aproximadamente en 1963. El 5 de mayo de 1965 fue detenido en el aeropuerto de Tapachula, Chiapas, cuando, procedente de Guatemala, quería trasladarse a la Ciudad de México llevando consigo propaganda trotskista del MR-13.[427] La policía le incautó treinta y un ejemplares de *Revolución Socialista* correspondientes a la primera y segunda quincena de abril de 1965.[428] Además, le fueron requisados ejemplares de la *Revista Marxista Latinoamericana*; tres recortes del periódico *Prensa Libre* de Guatemala; la *Revista Remembranzas*, también de Guatemala, y la revista *Economía* editada por la UNAM, en la que fungía como reportero.[429] Precisamente, con motivo de los viajes de David Aguilar a Guatemala, en el ejemplar de *Economía* de marzo-abril de 1965, se publicó una entrevista

---

426. Joseph Hansen, «En respuesta al ataque de Castro contra el 'trotskismo'», documento mimeografiado, APAGC, p. 4. La versión en inglés puede consultarse en Joseph Hansen, «In Answer to Castro's Attack on «Trotskyism», *The Militant*, Nueva York, 31 de enero de 1966, pp. 4-5. Véase también, «On the MR-13's Break with Posadas», *World Outlook, Perspective Mondiale*, Nueva York, París, 29 de julio de 1966, vol. 4., núm. 24, p. 35. Asimismo, esto se corrobora en la «Carta abierta al comandante Fidel Castro», en *Cuarta Internacional*, abril de 1966, núm. 5, pp. 178-179.

427. AGN-FDGIPS, «Antecedentes de David Aguilar Mora», informe firmado por el director federal de Seguridad, capitán Fernando Gutiérrez Barrios, 21 de diciembre de 1965, caja 1467A, exp. 3, foja 31.

428. *Idem.*

429. *Idem.*

titulada «Las guerrillas en acción», en la cual un periodista anónimo, pero que muy posiblemente se trataba del mismo David Aguilar, le realizó una entrevista al comandante Yon Sosa en la sierra de Minas.[430]

Asimismo, en otro artículo publicado en *Economía*, denominado «Llamamos a la toma del poder, dicen las guerrillas», firmado por un desconocido Alejandro Rivera, se hacía mención a los postulados que los trotskistas defendían como «la toma del poder por los obreros y los campesinos», y las rencillas que mantenían con el PGT, en términos del tipo de revolución y gobierno supuestamente necesarios para conseguir el triunfo de la revolución socialista.[431]

Torturado en las mazmorras, David Aguilar Mora confesó a los agentes de la Dirección Federal de Seguridad (DFS), que los documentos que llevaba consigo le servirían para elaborar un artículo sobre la situación en Guatemala. Posteriormente fue liberado.[432] Se infiere que el destino original de las revistas y periódicos requisados, era para la formación política de los militantes del POR (T) en México.

De esta manera, las publicaciones trotskistas e informaciones políticas elaboradas por el MR-13 atravesaban los confines de la serranía guatemalteca para circular, aunque fuese limitadamente, entre la dirigencia revolucionaria estudiantil.

Antes de su segunda y fatal detención, David organizó manifestaciones en contra del imperialismo estadounidense en Vietnam y brindó alternativas organizativas al movimiento médico. De vuelta a Guatemala con el MR-13 entró en comunicación con Alfonso Lizárraga, uno de los principales dirigentes del POR (T) en México, que viajaba constantemente a Guatemala para apoyar a los trotskistas en la guerrilla. En una ocasión, David Aguilar y Lizárraga planearon una reunión en la Ciudad de Guatemala. Este último se hospedó en un hotel donde aguardaba que su compañero arribara, sin embargo, apenas llegaba David al lugar del encuentro, cuando se vio rodeado por varias patrullas. A punto de emprender la huida, el destacado militante fue derribado por una bala que le penetró la pierna. Lizárraga, sin poder hacer nada, logró darse a la fuga; en poco tiempo, junto con Eunice,

---

430. BPAGC, «Las guerrillas en acción», *Economía, Estudios Económicos y Políticos*, México, Universidad Nacional Autónoma de México, marzo-abril de 1965, s. p.

431. BPAGC, Alejandro Rivera, «Llamamos a la toma del poder, dicen las guerrillas» *Economía, Estudios Económicos y Políticos*, México, Universidad Nacional Autónoma de México, marzo-abril de 1965, pp. 31-32.

432. Durante su cautiverio, David Aguilar fue quemado con cigarros en diferentes partes del cuerpo. En Jorge Aguilar Mora (1990, 26).

se trasladó a la Ciudad de México y dio aviso a los familiares de David.[433] Jorge Aguilar Mora, el hermano menor, se encargó de viajar a Guatemala para hablar directamente con el Ministerio de Asuntos Exteriores, buscar en las cárceles y ofrecer entrevistas a los periódicos y la televisión; pese a sus esfuerzos solo obtuvo la displicencia y altanería del embajador mexicano en Guatemala (Aguilar Mora 1990, 26).

Luego de su detención, David Aguilar fue torturado; la policía militar quería, a cualquier costo, que confesara su presunta participación en los secuestros ocurridos en la capital guatemalteca.[434]

Aunque el Gobierno mexicano encabezado por Gustavo Díaz Ordaz estaba enterado de la detención (los detalles del caso fueron reportados por Fernando Gutiérrez Barrios a su superior el secretario de Gobernación Luis Echeverría), no estaba dispuesto a tensar las relaciones diplomáticas con el Gobierno golpista guatemalteco liberando a un combatiente del MR-13. El Gobierno mexicano hizo caso omiso y no intercedió.

Con la esperanza de encontrar vivo a su esposo David y retornar con él a la Ciudad de México, Eunice Campirán Villicaña no escuchó (como lo hizo también David) las voces que advertían del peligro que representaba viajar sin compañía a la capital guatemalteca.[435] En este contexto de lucha estudiantil y fraternidad revolucionaria era imposible convencer a una militante que hiciera lo contrario a sus ideales, pues desde el momento en que ingresó a la lucha armada, al lado de su compañero de vida, estaba

---

433. Entrevista realizada por Josué Bustamante González a Carlos Ferra, en Texcoco, Estado de México, el 5 de noviembre de 2017 y conversación informal sostenida con Francisco Colmenares en la Ciudad de México, el 10 de diciembre de 2018.

434. El 20 de diciembre de 1965, el diario parisino *Le Monde* publicó que el Gobierno de Guatemala amenazó con ejecutar a David Aguilar en represalia por el secuestro de figuras prominentes. Después de la detención de David, fue secuestrado el expresidente interino Manuel Ralda, cuando se dirigía a la Ciudad de Guatemala. La familia del acaudalado empresario pagó una suma de 250.000 dólares para obtener su libertad. Según el reporte de *Le Monde*, con Manuel Ralda la guerrilla sumaba seis secuestros. Todos ellos fueron liberados por montos de entre 30.000 y 100.000 dólares. De acuerdo con el testimonio de Ferra y los registros de la DFS, los trotskistas y el MR-13 solo participaron en el secuestro de un banquero. Véase «Nouveau kidnapping d'une riche propiétaire terrien par des guerrilleros», *Le Monde*, París, 20 de diciembre de 1965, en https://www.lemonde.fr/archives/article/1965/12/20/nouveau-kidnapping-d-un-riche-proprietaire-terrien-par-des-guerilleros_2192155_1819218.html [Consulta: 22-12-2019].

435. Para conocer más acerca de la vida y experiencia militante de Eunice Campirán véase Verónica Oikión Solano (2010b, 337-359). Y también consúltese Carlos Ferra, Eunice Campirán Villicaña, folleto, en memoria de David Aguilar Mora y Eunice Campirán, «Mexicanos revolucionarios e internacionalistas, mártires de la Revolución en Guatemala», 2003, Facultad de Economía, s. p. i., p. 4.

cumpliendo una de sus más grandes pasiones: servir a la causa revolucionaria e imaginar el establecimiento inmediato de una sociedad socialista. La intrepidez internacionalista era parte de su condición de luchadora social marxista-leninista, al igual que la de su esposo, y que solo ellos sabían llevar hasta el límite.

Hubo presión internacional. El Gobierno francés y el alemán enviaron telegramas solicitando su liberación. Izquierdistas de diferentes partes del mundo pidieron que se respetara la vida de esos militantes. A la campaña por la liberación de los trotskistas mexicanos se sumaron la fracción francesa, intelectuales como Jean Paul Sartre, el periódico *El Mundo* de Italia e incluso el Partido Comunista Mexicano (Montemayor 2010, 75). Mientras tanto, en el Distrito Federal, militantes del POR (T) recababan firmas para enviar telegramas a la embajada de Guatemala y al dictador Enrique Peralta Azurdia, con la finalidad de que David no fuera fusilado. David Aguilar Mora fue ejecutado en diciembre de 1965 en el interior de la base de Zacapa y, de acuerdo con el testimonio de su hermano Manuel Aguilar, los asesinos fueron el teniente Carlos Cruz Cruz, *el Serrucho*, y los G2 César Guerra Morales y Rigoberto García, *el Gato*.[436]

Eunice Campirán fue detenida el 6 de marzo junto con más de 30 combatientes, entre los que figuraban militantes del PGT y, en la segunda quincena de ese mes, fue asesinada. Según el testimonio de Carlos Ferra, David Aguilar fue asfixiado y fusilado, mientras que Eunice, quien emprendió la búsqueda embarazada, fue violada y apaleada a la orilla del río Motagua, junto con Iris Yon Cerna, sobrina de Yon Sosa. Asimismo, Francisco Amado Granados, Víctor Manuel Gutiérrez, secretario del PGT y el líder campesino Leonardo Castillo Flores fueron asesinados. En total, 35 militantes perdieron la vida salvajemente, en la que se denominó la matanza de Zacapa. La mayoría de los cuerpos fueron embolsados y tirados al mar desde un avión. Aunque según la versión de la Asociación de Estudiantes Democráticos de Guatemala (AEDG), el cuerpo de David fue sepultado en el panteón de El Progreso, mientras que los cuerpos de Eunice y de Iris Yon fueron enterrados a orillas del río Motagua, departamento de Izabal en el oriente del país.[437]

---

436. Manuel Aguilar Mora, «Mi hermano David», versión extendida, p. 8. El testimonio que dio cuenta de los implicados en el asesinato lo ofreció, en un primer momento, Amado Sanz desde Guatemala en su artículo «More on the Deaths of David Aguilar and Eunice Campirán», *World Outlook*, Nueva York, 21 de octubre de 1966, vol. 4, núm. 32, p. 15. Jorge Aguilar Mora también sostiene esta versión. Véase Jorge Aguilar Mora (1990, 26).

437. AGN-FDGIPS, «Versión de que un mexicano y su esposa fueron fusilados en Guatemala», *Excélsior*, 18 de julio de 1966, p. 1, caja 1609-B, exp. 5, diciembre de 1965-10 de agosto de 1966, folio 227.

Otros militantes del POR (T) lograron sobrevivir al terror del encierro y la tortura. Manuel Suárez Jiménez, de la Fracción Estudiantil trotskista, estuvo instalado un par de meses en territorio guerrillero para colaborar con David y, en general, con el MR-13. Durante su estancia fue detenido por la policía y estuvo a punto de ser asesinado. Solo la intervención de su padre, un prominente líder charro de la minería al servicio de Gustavo Díaz Ordaz, logró que la cancillería mexicana intercediera, y con ello se obtuvo su liberación. Un procedimiento que la burocracia no empleó para liberar a David. A su regreso a México, Suárez Jiménez, amigo y camarada de Carlos Ferra, describió los métodos de tortura que la policía empleó para doblegarlo: «… le cubrían la cabeza con una bolsa de plástico que lo asfixiaba. Cuando se desmayaba, se la quitaban. Luego lo tendían sobre la carretera atado de manos y pies, al tiempo que un automóvil a toda velocidad se iba directo contra él, simulando querer atropellarlo».[438] Algunos de los detenidos –prosigue Ferra– sí eran asesinados, porque el conductor no lograba frenar a tiempo, y entonces les aplastaba la cabeza.[439] Suárez Jiménez llegó a México muy desequilibrado, con los nervios destruidos. Nunca volvería a ser el mismo, ni tampoco un militante del POR (T). Años después, su vida tendría un trágico desenlace; dependiente de los fármacos, terminaría suicidándose.

Una última experiencia de alta tensión, no tan impactante como las anteriores, pero que vale la pena mencionar porque forma parte de la movilidad, sociabilidad y participación estudiantil en la red guerrillera guatemalteca, fue aquella que le ocurrió a López Limón. El POR (T) contribuía, mediante sus desplazamientos, a la provisión de información y balas. Durante sus viajes, Carlos Ferra proporcionaba mensajes encubiertos y, algunos de sus compañeros, incluso llevaban municiones escondidas entre sus pertenencias. López Limón, durante su trayecto a la capital guatemalteca transportaba consigo un frasco enorme de gel para el cabello, en el cual previamente había ocultado balas. Antes de cruzar la frontera, los militares, que custodiaban los puestos de control fronterizo, revisaban el equipaje de los extranjeros. Al llegar el turno de López Limón, un soldado lo revisó, cogió el recipiente con municiones y lo pasó sin percatarse de su contenido. Al llegar al hotel en el que se hospedó, López Limón levantó la cubierta del gel y de inmediato sobresalieron las municiones. Apenas conteniendo sus nervios, el militante pensó: «Si tan solo hubieran quitado la tapa, me matan ahí».[440]

---

438. Entrevista realizada por Josué Bustamante González a Carlos Ferra en Texcoco, Estado de México, el 5 de noviembre de 2017.

439. *Idem.*

440. *Idem.*

Todas estas experiencias, pero en específico los asesinatos de Eunice Campirán y David Aguilar Mora, dejaron profundas cicatrices en la memoria de sus familiares y, en general, en la memoria de este sector de la militancia de izquierda. A la postre, Manuel Aguilar no solo rechazaría tajantemente cualquier acción guerrillera, sino que tendría un profundo resentimiento contra Posadas y su tendencia política. Por su parte, Jorge Aguilar Mora intentaría suavizar sus heridas mediante la escritura memoriosa de sus infortunios, como la impotencia que sintió al toparse de frente con la burocracia corrupta durante la búsqueda de su hermano, en su libro *Una muerte sencilla, justa, eterna*. Volcado a la literatura, el menor de los tres hermanos, evocaría a David como un personaje novelado que vivía entre la juventud rebelde y el camino del marxismo, en su obra *Cadáver lleno de mundo* (Aguilar Mora 1971, 227).

De igual manera, motivados por la apertura de los archivos policiacos del Centro de Investigación y Seguridad Nacional (CISEN) en el año 2000, Manuel Aguilar, al igual que Carlos Ferra, se encargarían de dignificar y rememorar al matrimonio de militantes trotskistas asesinados en Guatemala y, por lo tanto, exigir al Estado justicia para ellos.[441] Verónica Oikión, desde un ángulo histórico, daría protagonismo a las mujeres militantes marxistas-leninistas de los años sesenta, mediante la tenaz y, a la vez, dramática figura de Eunice Campirán (Oikión Solano 2010c, 337-359). Óscar de Pablo (2002, 43-45), poseedor de una narrativa crítica (el primer joven universitario que realizó una historia de los trotskismos), sacaría a la luz en el ámbito académico una parte de las vicisitudes que David y Eunice atravesaron durante su paso por la guerrilla guatemalteca. Todas estas obras son también huellas y denuncias para que los crímenes de Estado no queden impunes y se logren apreciar en su plenitud los mecanismos represivos que desplegaban los regímenes autoritarios para detener a sus opositores. Además, son una invitación para escribir «historias a contrapelo».

7. SÍMBOLOS DE LA LUCHA REVOLUCIONARIA Y DEL AUTORITARISMO PRESIDENCIALISTA

La historia de impunidad alrededor de la desaparición de Eunice y David comenzó a circular en el ámbito de la militancia de la izquierda universitaria, y se hizo del dominio público en 1966. *Excélsior* difundió una declaración pública realizada por la AEDG en la que se notificó que los 28

---

441. Manuel Aguilar, «Mi hermano David» y Carlos Ferra, «Eunice Campirán Villicaña».

presos políticos «entre los que figuraba un matrimonio mexicano», estaban muertos.[442] La AEDG citó los testimonios de dos exagentes de la policía secreta que «presenciaron o tuvieron conocimiento» de los hechos. La AEDG tenía en mente solicitar a los tribunales la iniciación de un proceso contra unos treinta expolicías por su presunta participación en estos hechos criminales. En *El Día* apareció específicamente el testimonio de Oswaldo Guerra y Guerra, asesor jurídico de la AEDG, quien confirmó que David Aguilar fue apresado cerca de una base militar de la ciudad de Guatemala el 4 de diciembre, y fue torturado y asesinado en el lugar denominado Mil Vueltas, en el departamento de El Progreso y enterrado allí mismo el 14 de diciembre, según el acta levantada por un juez.[443] Guerra y Guerra afirmó tener pruebas documentales y testimoniales para llevar el caso a los tribunales de justicia.[444] Sin embargo, el Gobierno militar de Peralta Azurdia siempre negó la detención de los militantes desaparecidos.

Las declaraciones de Oswaldo Guerra reanimaron a Manuel Aguilar, quien de inmediato habló con Carlos González Parrodi, secretario del titular de la Secretaría Relaciones Exteriores, con el firme propósito de aclarar la muerte de su hermano y su cuñada. Posteriormente, el dirigente de la LOM se dirigió a las oficinas del diario *La Prensa* para exponer con detalles la actitud negligente con la que había actuado la Cancillería mexicana. Asimismo, Gregorio Aguilar de León, el padre de los hermanos Aguilar, quien también había viajado a Guatemala para conocer el paradero de su hijo, denunció que pese a todos los esfuerzos que realizaron tanto él como su hijo Jorge para extraditar a David, fueron inútiles:

> Las esperanzas de la familia interesada se disiparon poco a poco conforme la vida de David se extinguía en un rincón de la sierra guatemalteca. La actitud de la Secretaría de Relaciones Exteriores mexicana cambió: «el caso de David Aguilar Mora es muy espinoso –decía [Ernesto] Madero al señor Aguilar–; nos ha causado muchos líos». Los familiares siguieron promoviendo la intervención de la SRE; llevaron actas de nacimiento y otros documentos a la Dirección de Servicios Diplomáticos como la constancia de que David era estudiante de la Universidad de México y una relación

---

442. AGN-FDGIPS, «Versión de que un mexicano y su esposa fueron fusilados en Guatemala», *Excélsior*, 18 de julio de 1966, p. 1, caja 1609-B, exp. 5, diciembre de 1965-1 de agosto de 1966, folio 227.

443. AGN-FDGIPS, «Versión de un estudiante guatemalteco», *El Día*, México, 21 de julio de 1966, p. 1, caja 1609-B, exp. 5, diciembre de 1965-10 de agosto de 1966, folio 270.

444. *Idem.*

de los seudónimos que virtualmente pudo utilizar en Guatemala, afirmó su padre. Pero de nada valió nada.[445]

En agosto de 1966, la noticia seguía dando la vuelta al mundo. En el periódico *Le Monde* se reprodujo la versión de la AEDG con el título «Les arrestations et exécutions au Guatemala».[446] Un escándalo nacional e internacional ponía en aprietos la imagen democrática que el régimen autoritario mexicano se esforzaba por preservar en el exterior.

La situación política en ese momento era de una fuerte tensión entre el Gobierno, la burocracia universitaria y las organizaciones estudiantiles de izquierda. Los universitarios críticos, que venían de destituir al rector Ignacio Chávez, dirimían entre ellos y también con el nuevo rector, Javier Barros Sierra, por establecer una reforma universitaria o pugnar por una revolución educativa.

En las asambleas estudiantiles confluían trotskistas, espartaquistas y comunistas. En ellas estaba presente la idea de combatir cualquier tipo de injerencia gubernamental e imperialista en el ámbito universitario y luchar «hasta con las armas en la mano» (los trotskistas de la LOM no compartían este punto) por la autonomía universitaria y la soberanía nacional. Las reuniones terminaban ovacionando la revolución y abucheando al Gobierno de Díaz Ordaz y el sindicalismo charro.[447] En estos mítines se hablaba de la muerte de David Aguilar y Eunice Campirán como ejemplos de la dureza de la lucha antiimperialista. Manuel Aguilar Mora, Enrique Martínez Helmcke, Carlos Sevilla e Israel Galán aprovechaban esta coyuntura política impartiendo cursos en la Escuela Nacional de Ciencias Políticas y Sociales; allí analizaban, mediante su concepción del marxismo, las problemáticas «políticas y económicas» de México. Estos cursos incluían la lectura del *Manifiesto comunista* y la enseñanza de una metodología, teoría y práctica del marxismo.[448]

---

445. AGN-FDGIPS, Leonardo Femat, «Que nada se hizo por David Aguilar Mora», *La Prensa*, México, 25 de julio de 1966, p. 3, caja 1609-B, exp. 5, diciembre de 1965-10 de agosto de 1966, folio 298.

446. «Les arrestations et exécutions au Guatemala», *Le Monde*, París, 9 de agosto de 1966. Véase https://www.lemonde.fr/archives/article/1966/08/09/les-arrestations-et-executions-an-guatemala_2679137_1819218.html.

447. AGN-FDGIPS, «Mitin en el auditorio Justo Sierra de la Facultad de Filosofía y Letras», 20 de junio de 1966, caja 1609-B, exp. 5, diciembre de 1965-10 de agosto de 1966, folios 162-165.

448. AGN-FDGIPS, «Actividades en la UNAM», 10 de julio de 1966, caja 1609-B, exp. 5, diciembre de 1965-10 de agosto de 1966, folios 168-169 y 176.

En julio de 1966, diferentes líderes estudiantiles se sumaron a las manifestaciones públicas para exigir justicia por la muerte de los jóvenes militantes.[449] En la Escuela Nacional de Economía se rindió homenaje a David y Eunice.[450] La lucha por esclarecer y detener a los culpables de los crímenes se convirtió también en una lucha política contra los gobiernos dictatoriales y contra la complicidad y corrupción gubernamentales. Presionada, la Secretaría de Relaciones Exteriores declaró públicamente que había exigido al embajador de México en Guatemala que solicitara al Gobierno guatemalteco un nuevo informe en el que se esclareciera la desaparición de los estudiantes.[451] Incluso el embajador de México en Guatemala, Leobardo Reynoso, en una declaración para la agencia de noticias France-Press, culpó al Gobierno de Peralta Azurdia de negar rotundamente que los mexicanos fueran apresados, por lo tanto, esperaba que el nuevo Gobierno aclarara los acontecimientos.[452] La explicación pública de los hechos nunca llegó por parte de las autoridades oficiales de ambas naciones. Después de todo, el régimen priista endureció las medidas represivas contra los estudiantes de izquierda.

8. UNA SOCIABILIDAD «SUBVERSIVA»

Pero estas complicadas experiencias no fueron las únicas que acompañaron el desenvolvimiento político del POR (T). Luego de la debacle trotskista en Guatemala, Adolfo Gilly, Óscar Fernández Bruno y Teresa Confreta permanecieron reorganizando las fuerzas del POR (T) desde la Ciudad de México. Posadas y su Comité Central no estaban dispuestos a perder la presencia que habían ganado en el ámbito universitario capitalino. El propio Posadas viajó con mayor frecuencia a la Ciudad de México, acompañado por el matrimonio conformado por Fernández Bruno y su esposa Eduwiges Teresa Confreta. Pese a lo sucedido en Guatemala –y a sabiendas que el

---

449. AGN-FDGIPS, Leonardo Femat, «Indigna a Estudiantes el caso de Guatemala», *La Prensa*, 20 de julio de 1966, p. 3. caja 1609-B, exp. 5, diciembre de 1965-10 de agosto de 1966, folio 267.

450. AGN-FDGIPS, «Actividades de los grupos trotskistas de las escuelas nacionales de ciencias políticas y Economía para conmemorar la muerte de David Aguilar», caja 1609-B, exp. 5, diciembre de 1965-10 de agosto de 1966, folios 258-259.

451. «Solicitó Relaciones nuevos informes sobre el estudiante David Aguilar Mora», *El Día*, 21 de julio de 1966, p. 1.

452. «Declaraciones de Leobardo Reynoso sobre el estudiante Aguilar Mora», *El Día*, 22 de julio de 1966, p. 7.

régimen autoritario de Díaz Ordaz no solo tenía grupos de choque en la Universidad, sino que también contaba con una vasta red de agentes de seguridad infiltrados en las agrupaciones políticas a nivel nacional–, organizaba reuniones de formación política, conocidas entre los trotskistas como «ampliados», con los mínimos requerimientos de seguridad. Las juntas se hacían a puerta cerrada en el departamento de algún militante y también al aire libre, «camufladas» como días de campo; que podían realizarse en el Distrito Federal, Acapulco, Veracruz y el Estado de México.

Creyendo burlar la vigilancia del Estado, los integrantes del POR (T) aparentaban convivir en una simple «reunión de amigos» preparando carnes asadas y practicando futbol, el deporte predilecto de Posadas, quien por cierto se sumaba a los juegos.[453] Sin embargo, la programación política era la que acaparaba la mayor parte del día. Por varias horas, Posadas, el principal dirigente de la Internacional, hablaba sin recibir crítica u objeción alguna, ya que trataba de conducir los cursos en un entorno que él consideraba de rigurosa «disciplina».

Sentados sobre el césped o alrededor de una mesa, los militantes escuchaban los temas que su líder disertaba; ocasionalmente había espacio para preguntas. Cuando Posadas estaba de viaje en Guatemala o Sudamérica se leían sus cartas y se discutían sus escritos. El médico militar Baldomero Rodríguez Tique, alias Néstor, era uno de los dirigentes más importantes en la formación de cuadros estudiantiles y fue clave también en la colaboración con el MR-13. A los militantes les inculcaba que «aunque Trotsky murió hace 25 años fue cegado de la lucha por el arma homicida del Partido Comunista Soviético, su revolución no ha quedado trunca ya que existe un individuo, J. Posadas, que es el único real continuador de su lucha y el más puro y luminoso ideólogo del proletariado actual».[454] En torno a la figura de Posadas había un fuerte culto a la personalidad (por sus rasgos físicos se le comparaba con el cura Miguel Hidalgo). Sus extensos discursos siempre eran grabados por Fernández Bruno y Teresa Confreta, para después ser publicados en *Voz Obrera* y la *Revista Marxista Latinoamericana*.

Además, en la sociabilidad del POR (T) se tenían que acatar las medidas moralistas de su líder; a los jóvenes trotskistas se les prohibía fumar

---

453. Entrevista realizada por Josué Bustamante González a Carlos Ferra en Texcoco, Estado de México, el 5 de noviembre de 2017. Una obra que también muestra el tipo de sociabilidad que se formó en torno a la figura de J. Posadas, es la de A. M. Gittlitz (2020, 19-110).

454. AGN-FDFS, «Partido Obrero Revolucionario Trotskista», informe de actividades elaborado por el director federal de Seguridad, capitán Fernando Gutiérrez Barrios, 1965, Versión Pública del PORT, legajo 3/6, caja 196, folio 76.

cigarrillos, beber y tener más de una mujer.[455] Únicamente se les permitía emular los hábitos de Posadas: «tomar una que otra copa de vino tinto, fumar mate y respetar el matrimonio».[456] El dirigente argentino ponía como ejemplo la relación con su esposa, conocida como la «Petisa» (por su baja estatura),[457] con quien solía frecuentar las sesiones. Posadas alardeaba que «la Internacional [la suya] se había construido gracias a la Petisa y el mate». De allí que en las reuniones circulara esta infusión. Los jóvenes querían imitar entonces a su venerado dirigente. En palabras de Posadas, los militantes de la Internacional debían consagrarse al «desarrollo de la revolución». Posteriormente, varios trotskistas se darían cuenta que él infringía sus propia reglas. Carlos Ferra era uno de los integrantes inconformes con la excesiva sumisión que permeaba las relaciones entre el líder y la base. Pero finalmente, el representante del Buró Político tenía el control de la organización. Ferra comentó que cuando él hacía algunas bromas acerca de Posadas era reprendido por sus propios compañeros, quienes le decían que «eso era una falta de respeto». Por otra parte, Óscar José Fernández Bruno,[458] panadero y textilero, por entonces se había convertido en un hombre incondicional del partido, se mantenía fiel a los designios de su líder; guardaba con celo la imagen idílica del posadismo. En contraparte, su esposa Teresa Confreta ocasionalmente criticaba el comportamiento de

---

455. Alicia Echeverría asistió a estos «ampliados» porque colaboró por un tiempo con el POR (T) y el MR-13 gracias a la influencia de Francisco Amado. En sus memorias narra los sucesos que se sucitaron en una reunión que se realizó en Cuernavaca y que duró dos semanas, en la que había «un grupo de aproximadamente 20 personas entre hombres y mujeres, estudiando, leyendo los diarios para analizar la situación internacional y escuchando conferencias que nos daban los dirigentes del partido. Había algunos sudamericanos que tenían varios años de militancia partidaria y que nos dirigían las actividades. Fue una experiencia extraordinaria por el orden y el respeto que imperaba; todas las tareas incluyendo las de cocinar y de limpieza, se hacían por comisiones formadas sin distinción de sexo. No se presentaban coqueteos entre muchachos y muchachas; había un gran sentido de convivencia, de entrega total. Yo, que desde niña me había sentido sola, por primera vez experimenté la dicha de la fraternidad; ya no estaba sola, todos eran mis hermanos; aunque no perteneciéramos al mismo partido» (Echeverría 1986, 141).

456. Entrevista realizada por Josué Bustamante González a Carlos Ferra en Texcoco, Estado de México, el 5 de noviembre de 2017. Posadas llamaba a este tipo de vida «la voluntad para construir el partido», véase BRG, J. Posadas, «Concentrar la voluntad en la construcción de equipos sólidos, estables en la política, el programa, las perspectivas y la moral de la revolución socialista», *Revista Marxista Latinoamericana, órgano del Secretariado Internacional de la IV Internacional*, vol. 2, núm. 14, agosto de 1968, pp. 84-85.

457. Se desconoce su nombre real y su trayectoria personal.

458. Hijo de un maestro repostero. Almeyra aduce que Fernández Bruno creía en Posadas «como los creyentes creen en la virginidad de la virgen» (Almeyra 2013, 221).

Posadas y se mostraba más comprensiva con la actitud rebelde de los estudiantes.[459]

Cuando Posadas no estaba, Adolfo Gilly presidía los círculos educativos. Discutía con los militantes los artículos más recientes de *Voz Obrera*, y la prensa que les llegaba de otras partes de América Latina, Europa y Estados Unidos, como el periódico *Voz Proletaria* del POR argentino, *Red Flag*, *Lutta Operaria*, *Montly Review* y aquel volante enviado por un grupo de estudiantes de secundaria de Montevideo, Uruguay que protestaba por los asesinatos de dos elementos del POR (T) bajo el régimen dictatorial de Peralta Azurdia.[460]

Durante 1965, uno de los temas más discutidos por los militantes de la Cuarta Internacional posadista, lo constituía la solidaridad internacionalista con el MR-13 guatemalteco. Para ello se comentaban las cartas que enviaba Posadas desde Argentina, en las cuales se aseguraba que los elementos trotskistas que trabajaban con Yon Sosa habían logrado notables progresos «incrementando los cuadros y ganando adeptos para la causa de la Cuarta Internacional, entre el sector estudiantil y entre los obreros y campesinos del vecino país del sur».[461] Gilly llevaba las últimas noticias de los acontecimientos en Guatemala y formaba grupos de estudio para leer *Revolución Socialista*. Cuando David Aguilar estaba cautivo, ideó junto con sus compañeros la campaña para su liberación.[462]

Sin embargo, la falta de medidas de seguridad permitió que entre las filas del POR (T) se infiltraran agentes de la DFS, quienes haciéndose pasar por militantes reportaban minuciosamente las conversaciones, los nombres y los domicilios de los trotskistas. Los principales dirigentes y militantes de base estaban plenamente identificados. Sin sospechar que eran vigilados, en abril de 1966, Adolfo Gilly, Eduwiges Teresa Confreta y Óscar José Fernández Bruno fueron detenidos en su departamento de la Ciudad de México mientras dormían. La DFS les requisó credenciales falsas, una valija con dólares y monedas guatemaltecas, peruanas y paraguayas. Además se apoderó de la propaganda que los militantes tenían consigo: *Voz Obrera*, *Revolución Socialista*, cintas magnetofónicas, foto-

---

459. Fernández Bruno y Teresa Confreta compartían el gusto por la «teoría de Posadas», de hecho discutían en función de sus escritos y conferencias.

460. AGN-FDFS, «Partido Obrero Revolucionario Trotskista», informe de actividades elaborado por el director federal de Seguridad, capitán Fernando Gutiérrez Barrios, 1965, Versión Pública del PORT, legajo 3/6, caja 196, folio 75.

461. *Ibidem*, folio 78.

462. *Ibidem*, folios 89-90.

grafías y documentos diversos, algunos relativos a la huelga de la UNAM.[463] Poco después fueron capturados y consignados los mexicanos Gildardo Islas Carranza (Heraclio), Leocadio Francisco Zapata Múzquiz (Minero), Sergio Garcés Estrada (Dante), Ramón Vargas Salguero (Julio) y Martha Elena Vargas Salguero (Mayo). Todos fueron consignados por tratarse de «presuntos responsables de conspiración». La captura de estos integrantes del POR (T) se debió a la infiltración de agentes de la DFS en los ampliados. Antes de su detención, la policía política había elaborado una lista de los asistentes que frecuentaban las reuniones periódicas.[464]

Los dirigentes del POR (T), que todavía se encontraban en libertad, organizaron campañas propagandísticas para la liberación de los presos políticos. La Fracción Estudiantil, en una manifestación antiimperialista y en conmemoración del asalto al cuartel Moncada, se pronunció por la liberación de los presos políticos, incluyendo a los ferrocarrileros y Demetrio Vallejo.[465] En octubre de 1966, el POR (T) aprovechando un aniversario más del asesinato de Trotsky, luchaba por la formación de un partido obrero campesino, anticharro, internacionalista y estudiantil, en el que convergieran los camioneros de Córdoba, los obreros de Tlalnepantla, la lucha de los obreros textiles de Guadalajara, para «transformar la revolución mexicana en revolución socialista».[466] El propio Posadas elaboró un extenso escrito en el boletín interno titulado «Sobre la detención de camaradas en México y de Adolfo Gilly».[467]

Se puede afirmar que el culto a la personalidad de Posadas supone que en la sociabilidad trotskista el liderazgo representaba un papel fundamental para el crecimiento y estructura de su organización. Para que la proyección idílica del «líder» cobrara sentido entre los estudiantes, se necesitaba de militantes abnegados como Óscar José Fernández Bruno, quien, para ese contexto, representaba una prueba palpable, de cómo el trotskismo había convertido a un obrero en un «revolucionario internacionalista».

---

463. Gilly, Confreta y Fernández Bruno pasaron seis años en prisión. «Presos tres agitadores extranjeros», *La Prensa*, 26 de abril de 1966, p. 2.

464. AGN-FDGIPS, «Investigación», Informe de Investigación sobre actividades del PORT, Dirección Federal de Seguridad, 13 de mayo de 1966, caja 1576-B, exp. 5, foja 58.

465. AGN-FDGIPS, «Manifiestos de la Fracción Estudiantil», caja 818, exp. 2, vol. 818, folio 18.

466. AGN-FDGIPS, «Organizar la dirección de la actual etapa de la revolución en México, a 26 años del asesinato de Trotsky», caja 818, exp. 2. vol. 818, folio 19.

467. AGN-FDGIPS, Carta de J. Posadas en boletín interno «Sobre la detención de camaradas en México y de Adolfo Gilly», Partido Obrero Revolucionario Trotskista, IV Internacional, en caja 2966-A, exp. s/n.

En la imagen de Posadas los jóvenes militantes veían una figura que para ellos contenía una especie de virtudes marxistas: el internacionalismo, el radicalismo revolucionario y la erudición. Es importante destacar que antes del posadismo, como ya se ha dicho, existía el BLA de la IV Internacional. A pesar de su ruptura entre 1962 y 1963 con el Secretariado Unificado, los trotskistas argentinos, Gilly, Fernández Bruno, Confreta y Guillermo Almeyra, pertenecientes al Buró Político del BLA, poseían una amplia experiencia en la formación de cuadros latinoamericanos, por lo tanto, su trayectoria política los colocaba como parte de la tradición trotskista. Su calidad de viajeros, militantes y conocedores del mundo les valía ser escuchados atentamente; sus charlas no solo eran órdenes, sino que para sus adeptos demostraban un alto conocimiento del marxismo. Esta movilidad internacionalista a la que los militantes del BLA estaban acostumbrados se conjuntó con la inquietud de jóvenes deseosos por formarse en la teoría y en la práctica. Se trataba de una preparación educativa constante para destacarse como «revolucionarios profesionales», una educación política que no encontraban dentro de las aulas universitarias, pero que para ellos era igual o más valiosa por el tipo de causa que perseguían y defendían. Formar parte de este tipo de organización internacional, proporcionaba a los militantes la seguridad para legitimarse como grupo y asumirse como una vanguardia estudiantil y proletaria que los identificara como los «auténticos revolucionarios» frente a sus adversarios, también comunistas en sus otras variantes: maoístas, espartaquistas y estalinistas.

9. LA SECCIÓN DE POZA RICA

Después de la detención de los principales dirigentes del POR (T) en la Ciudad de México, Posadas envió al militante argentino Guillermo Almeyra, con el seudónimo de Vito Durich, para que reforzara el comité regional de Poza Rica en el estado de Veracruz (Almeyra 2013, 222-223). Instalado en México, Almeyra contó con el apoyo de la Fracción Estudiantil, concretamente de Roberto Ching Sedano, Fernando López Limón, Carlos Ferra y Alfonso Lizárraga, quienes, a su vez, lo persuadieron de la importancia que para el POR (T) había adquirido el comité regional (Oikión Solano 2014, 40). Pronto, Almeyra se entrevistó con los responsables de su organización y funcionamiento: el doctor Tito Armando Domínguez Lara (Porfirio) y el abogado Genaro Jongitud Lara (Cuitláhuac).[468] El médico Fausto Dávila Solís (Romo) tenía una presencia más bien simbólica; su madurez política y su cercanía con la izquierda durante los años cincuenta le valieron gran prestigio entre la nueva generación de izquierdistas veracruzanos. Generalmente, él aportaba dinero para la compra de papel e impresión de los volantes y boletines.

Tito Armando y Genaro Jongitud eran quienes viajaban a diferentes partes de la república para participar en los ampliados, conocían la dirección argentina y le repartían a los militantes veracruzanos la propaganda del POR (T). La sección de Poza Rica contaba en sus filas con algunos campesinos, profesores, excomunistas, estudiantes preparatorianos y obreros de la localidad. Solo se registró la adscripción de una mujer, de nombre Hortensia Flores Betello. En general eran pocos militantes, la mayoría eran simpatizantes. Los lunes y los sábados realizaban reuniones en diferentes lugares como el parque principal, el Cerro del Abuelo, el ejido «El Marino», municipio de Cazones y la plaza de Coatzintla.[469] En esos círculos se criticaba fuertemente al Gobierno de Díaz Ordaz, al que se concebía como contrarrevolucionario, por la falta de libertades democráticas, de reunión, de expresión y de huelga que había en el país. Los militantes, en su mayoría, insistían en «acelerar la revolución» e instaurar una democracia sindical (control obrero de PEMEX y por la escalada móvil de horas de trabajo). Almeyra realizaba conferencias, y mantenía las reuniones políticas llamadas «ampliados».

Ching Sedano, Lizárraga, López Limón y Ferra viajaban frecuentemente a Poza Rica, llevando consigo los números más recientes de *Voz Obrera*, la revista *Lucha Estudiantil* y diferentes obras marxistas que pudieran servir para mejorar la preparación política de la escuela de cuadros veracruzana.[470]

Cabe destacar que los militantes del comité de Poza Rica no conocían a Posadas, solo habían escuchado que él era «la máxima autoridad moral dentro del partido». Más bien se habían familiarizado con Guillermo

---

468. Para conocer la versión oficial de la DFS acerca de la sección de Poza Rica véase AGN-FDGIPS, «Partido Obrero Revolucionario Trotskista. Detención de líderes del Comité Regional de Poza Rica, Ver.», informe elaborado por el director federal de Seguridad, capitán Fernando Gutiérrez Barrios, 5 de diciembre de 1966, vol. 2966.

469. AGN-FDGIPS, «Acta de averiguación de hechos delictuosos de Paul Pérez Cortés», Ciudad de México, 2 de diciembre de 1966, caja 1576-B, exp. 5, folio 30.

470. Entrevista realizada por Josué Bustamante González a Carlos Ferra en Texcoco, Estado de México, el 5 de noviembre de 2017. Y véase AGN-FDGIPS, «Acta de averiguación de hechos delictuosos de Roberto Ching Sedano», ciudad de México, 17 de diciembre de 1966, vol. 2966.

Almeyra y con los líderes de la Fracción Estudiantil, quienes se desplazaban constantemente del Distrito Federal a la ciudad de Poza Rica para ofrecer conferencias o formar escuelas de cuadros.

Sin embargo, la lucha política que el POR (T) mantenía contra el régimen, y la difusión de su programa socialista, le valieron la censura del Gobierno municipal en contubernio con el federal. La policía política tenía un claro objetivo: acabar con la Cuarta Internacional posadista.

Almeyra y Carlos Ferra planearon una reunión política con estudiantes de Poza Rica. Desde la madrugada en que arribaron a la terminal veracruzana, los agentes de la policía siguieron a los trotskistas. Durante el transcurso de la reunión, a las orillas del río Cazones, con alrededor de veinte estudiantes, los trotskistas fueron sorprendidos por la policía. El propio Almeyra narra cómo se dio su detención (2013, 226):

> Sorpresivamente a la orilla del río donde habíamos dejado las camisas y pantalones (y yo bajo mi camisa, mi 32) se llenó de policías que reclamaron que saliera del río y me entregara y que dispersaron a la docena de compañeros que me rodeaban. Tuve que obedecer pues la alternativa consistía en intentar escapar río abajo seguido por ellos, y tratar de llegar, decalzo, semidesnudo y sin documentos ni dinero, a la ciudad de México, distante más de 500 kilómetros.

Posteriormente, fue torturado física y psicológicamente por Miguel Nassar Haro (Almeyra 2013, 226-229). El militante argentino estuvo en calidad de desaparecido por un tiempo, hasta que el secretario de Gobernación Luis Echeverría decidió expulsarlo del país. Unos meses después, a inicios de diciembre de 1966, fue desarticulado totalmente el comité regional de Poza Rica. La Policía Judicial del estado de Veracruz detuvo a Tito Armando Domínguez Lara, Fausto Dávila Solís, Paul Pérez Cortez, Genaro Jongitud Lara y Antonio Blanco González. A mediados de ese mes fueron detenidos los dirigentes de la Fracción Estudiantil, Fernando López Limón, Roberto Ching Sedano y Alfonso Lizárraga. La policía buscaba a Federico Rivera Rivera y Carlos Ferra. Después de estos selectivos encarcelamientos, fue detenido Francisco Colmenares, uno de los líderes del POR (T) en la Escuela Nacional de Economía.

Al respecto, los comités ejecutivos de las sociedades de alumnos de las escuelas de Economía, Ciencias Políticas y Sociales y Filosofía y Letras de la UNAM condenaron públicamente esas detenciones arbitrarias. A principios de 1967, los militantes del POR (T) detenidos, estaban en calidad de desaparecidos, pero las organizaciones estudiantiles sabían que la DFS conocía su paradero.[471] Incluso, desde la cárcel preventiva del Distrito Federal, los presos políticos se sumaron a las voces que reclamaban y exigían la aparición de los estudiantes.[472]

Para Posadas, la experiencia mexicana y guatemalteca, representaba «la capacidad inmensa de acción, de influencia, pero también las limitaciones impuestas por la falta de disciplina, por la falta de asimilación de vida orgánica y del descuido, la negligencia en comprender que el enemigo es fuerte, tiene medios e instrumentos para poder aplastarnos».[473] Posadas había sido el principal responsable de que las medidas en el POR (T) fueran demasiado laxas (Almeyra 2013, 222-223). Este dirigente argentino puede catalogarse como un obsesionado por la disciplina, la cual quería decir subordinación dentro de un orden jerárquico partidista. Sin embargo, según Almeyra, Posadas desatendía con frecuencia el funcionamiento de las secciones internacionales. Por tal motivo, en abril de 1977, Adolfo Gilly, Guillermo Almeyra y otros trotskistas del buró político de Posadas, rompieron públicamente con este.

En un extenso documento llamado «Balance crítico de la extendencia del Buró Latinoamericano de la IV Internacional», dichos militantes interpretaron el posadismo como una «involución acelerada» y una «degeneración del trotskismo».[474] Guillermo Almeyra, en su autobiografía, trataría a Posadas como un dirigente egoísta, autoritario, evadido de la realidad (2013, 236-237). En México, algunos militantes como Carlos Ferra, por razones similares, dejarían las filas del POR (T). En 1967 la DFS estaba a la espera

---

471. Los firmantes del documento fueron los representantes de las siguientes organizaciones: Grupo Miguel Hernández, el Partido Estudiantil Socialista Revolucionario, la Liga Obrero Estudiantil, la Alianza de la Izquierda Revolucionaria de Economía y el Frente Revolucionario Estudiantil (Preparatoria número 7). HNDM, *Sucesos para todos*, México, DF, 28 de enero de 1969, p. 90.

472. Los firmantes del documento fueron los siguientes presos políticos: Carlos Aguilera Delgadillo, Gilberto Balam Pereyra, Miguel Cruz Ruiz, Fausto Dávila Solís, Tito Armando Domínguez Lara, Gumersindo Gómez Cuevas, Genaro Jongitud Lara, Rolf Meiners Huebner, José Navarro López, Oliverio Juan Pérez Galicia, Bonifacio Pérez Hernández, Isaías Rojas Delgado, Gonzalo Santillán Esquivel y Raúl Ugalde Álvarez. HNDM, *Sucesos para todos*, México, DF, 28 de enero de 1969, p. 90.

473. «Enseñanzas y conclusiones de la experiencia de las prisiones en México», *Revista Marxista Latinoamericana, órgano del Secretariado Internacional de la IV Internacional*, agosto de 1968, vol. 2, núm. 14, p. 123, y véase también AGN-FDGIPS, J. Posadas, «Sobre la detención de camaradas en México y de Adolfo Gilly», Boletín interno del Partido Obrero Revolucionario Trotskista, en caja 2966-A, exp. s/n.

474. Esta crítica se concentró en la ruptura que el BLA tuvo con el Secretariado Unificado de la IV Internacional, APAGC, «Balance crítico de la extendencia del Buró Latinoamericano de la IV Internacional», *Boletín Obrero*, núm. 8, pp. 13-14.

de que Posadas regresara a México para capturarlo. Una ficha policíaca de sus actividades militantes y unas fotografías suyas tomadas en 1965, en compañía de su esposa, revelan que el líder argentino era buscado por el aparato represivo del régimen.[475]

10. LA MAQUINARIA DEL RÉGIMEN CONTRA LOS «SEDICIOSOS» Y LOS «CONSPIRADORES»

En *World Outlook*, la revista del Secretariado Unificado de la IV Internacional, la LOM hizo un llamado a los revolucionarios del mundo para que protestaran contra la tortura sufrida por Adolfo Gilly, Teresa Confreta y Óscar José Fernández Bruno. Aunque la LOM manifestó su rechazo hacia Posadas y la línea política del POR (T), narró la estremecedora forma en la que el periodista y militante argentino fue martirizado por los cuerpos de «seguridad» del régimen:

> La policía política lo arrestó repentinamente y después lo torturó durante tres días consecutivos en un intento por obligarlo a confesar que pertenecía a la Cuarta Internacional y para que proporcionara información sobre sus camaradas. En siete sesiones fue golpeado en la cabeza, los riñones y recibió un puñetazo en el abdomen. Luego estuvo sumergido bajo el agua hasta que estuvo a punto de ahogarse. Posteriormente fue amenazado con ser echado a la carretera y dispararle mientras «huía». Nada de esto le quitó la confesión deseada. Por tal motivo, fue llevado ante un oficial superior que le dijo que estaban considerando llevarlo a la frontera y entregarlo a las autoridades guatemaltecas, quienes lo ejecutarían de inmediato.[476]

Una tortura parecida fue la que recibió Guillermo Almeyra, quien por órdenes de Nassar Haro fue aislado, golpeado y amenazado en diferentes ocasiones y de diferentes formas con ser asesinado. Solo su pericia política logró mantenerlo con vida (Almeyra 2013, 226-229). La policía se encargó de difundir en la prensa comercial fragmentos, un tanto tergiversados, de las comparecencias que los trotskistas detenidos le proporcionaron a la Jefatura de Policía del Distrito Federal. Básicamente esta versión entregada

---

475. AGN-FDGIPS, «Partido Obrero Revolucionario Trotskista. Antecedentes de J. Posadas», informe del director federal de Seguridad, capitán Fernando Gutiérrez Barrios, 6 de abril de 1967, caja 1467B, exp. 10, folio 146.

476. Liga Obrera Marxista, «Free Adolfo Gilly», *World Outlook, Perspective Mondiale*, Nueva York, París, vol. 4, núm. 24, 29 de julio de 1966, p. 37.

a los medios de comunicación era el resultado de la vigilancia y los reportes frecuentes que la DFS elaboraba. En este sentido, la versión que circuló públicamente tenía una marcada línea anticomunista gubernamental, que los periódicos oficiosos reprodujeron acríticamente, empleando un tono de misterio conspirativo que criminalizaba la militancia comunista.

En la narrativa periodística los detenidos fueron presentados como «sediciosos», «rojos internacionales» y sus comités regionales, así como la sociabilidad política al interior de ellas, como «alteradores del orden público» e «incitadores a la rebelión».[477] Asimismo, las publicaciones editadas en México y Guatemala por el POR (T) fueron satanizadas y tomadas como pruebas irrefutables que «demuestran la intención y las acciones acordes con el objeto de realizar un movimiento militar para abolir la Constitución Política de los Estados Unidos Mexicanos y sus instituciones».[478] Estos tendenciosos relatos propagaron el estigma oficial y conservador que caracterizaba al trotskismo y el comunismo como «doctrinas importadas» y «perniciosas». A partir de allí comenzaron a realizarse una serie de persecuciones y detenciones contra los militantes trotskistas y, en general, contra los líderes políticos de las izquierdas, en especial contra aquellos extranjeros que militaban en algún partido socialista, comunista o marxista.

Estas detenciones arbitrarias y selectivas representaban la histeria acumulada por el régimen, especialmente en 1966, un año de mucha agitación estudiantil en todo el país. Durante el transcurso de ese año se hicieron sentir las movilizaciones de solidaridad con Vietnam, las pugnas por la reforma universitaria tanto en la UNAM, como en la Universidad Michoacana de San Nicolás de Hidalgo, y las intensas exigencias militantes y estudiantiles en pro de la liberación de los detenidos políticos. A ellas se sumó un sector de la izquierda que veía en la vía armada foquista, una alternativa de cambio social revolucionario. Precisamente con esta idea se creó el Movimiento Revolucionario del Pueblo (MRP), cuyo líder fue el periodista de origen español Víctor Rico Galán, detenido por la policía en agosto de 1966.[479]

El Gobierno estaba sensible ante cualquier brote que le pareciera «subversivo», pero al tratarse de un régimen autoritario, no vislumbraba la posi-

---

477. HNDM, «Consignarán hoy a los Rojos Internacionales», *El Sol de México*, 27 de abril de 1966, p. 1 y véase «Intervención de los comunistas en lo acontecido», *El Informador*, 29 de abril de 1966, p. 12 A.

478. HNDM, «Intervención de los comunistas en lo acontecido», *El Informador*, 29 de abril de 1966, p. 12 A.

479. HNM, «Aprehensión de un grupo que hacía prácticas subversivas», *El Universal*, México, 13 de agosto de 1966, p. 1.

bilidad de atender las demandas democráticas de los movimientos. Todo lo contrario, los criminalizaba, obligándolos a operar como en el caso del POR (T), en la clandestinidad, contribuyendo así a que los militantes se formaran un enconado resentimiento antigubernamental, y encontraran en la lucha radical una posibilidad legítima de instaurar el socialismo.

Las propias organizaciones fantasmas vinculadas al Estado, como la Unión Democrática Estudiantil (UDE), contribuían ampliamente para que el POR (T), la LOM, la CNED y la JC adquirieran una imagen perniciosa dentro del estudiantado universitario. Por ejemplo, en aras de impulsar una campaña de «profilaxis y sanidad estudiantil», la UDE, en 1967, hizo circular entre los universitarios dos libelos: uno titulado «Estudiantes (?) en aprietos» (octubre de 1966) [480] y otro con el nombre de «¿Redentores?» (marzo de 1967) [481] en los cuales aparecían más de 43 fichas elaboradas con el claro objetivo de estigmatizar a los activistas de izquierda. El POR (T) aparecía como el ejemplo perfecto de aquellos grupos que, según la UDE, perseguían «la confusión y la anarquía». Por tal motivo, en el folleto «Redentores» aparecieron la ficha política y su respectiva fotografía de Adolfo Gilly, Teresa Confreta, Fernández Bruno, Roberto Ching Sedano y Federico Rivera Rivera. Un hecho que también resalta es que las ilustraciones formaban parte de los expedientes que la policía archivaba, lo cual indica que las organizaciones conservadoras y/o porriles recibían apoyo de los agentes gubernamentales para la elaboración y difusión de este tipo de materiales.

De igual forma, la CIA tenía, desde 1961, un registro de los grupos de izquierda (nombres, lugar de origen, estatus legal, número de militantes y simpatizantes) que operaban en distintos países de América Latina, entre los que se encontraban por supuesto los partidos obreros revolucionarios trotskistas de Chile, Argentina, Bolivia, Perú y México. [482]

La prensa comercial contribuía a extender este clima de tensión y vigilancia. En el periódico *La Crítica*, a partir de 1963, se publicó una lista detallada de las organizaciones, que a decir del artículo, «conspiraban contra el gobierno», entre las que se encontraban el POR (T) y la LOM. [483] También, en 1969, por si la masacre de Tlatelolco resultara de poca importancia,

---

480. AGN-FDGIPS, «Estudiantes (?) en aprietos», Unión Democrática Estudiantil, caja 1611-B, exp. 9, folio 105.

481. AGN-FDGIPS, «¿Redentores?», Unión Democrática Estudiantil, marzo de 1967, caja 1532-A.

482. «Communist and Marxist Parties of Latin America», tipo de documento: CREST, Colección General CIA Records, documento núm. CIA-RDP78-00915R001200220001-3, consúltese en https://www.cia.gov/library/readingroom/document.

483. HNM, «Quiénes conspiran contra el gobierno», *La Crítica*, 1 de mayo de 1963, p. 4. Hubo una segunda entrega el 1 de junio de 1963.

el ultraconservador Jorge Prieto Laurens, en el semanario *Impacto*, continuaba atizando la idea de que en México los comunistas y «sus amos rusos, cubanos y chinos rojos» realizaban «actividades subversivas altamente peligrosas».[484] Para reforzar su alarmismo, ofrecía un cuadro muy extenso (le requirió dos entregas) que contenía una gama amplia de organizaciones sindicales, editoriales extranjeras e intelectuales que se encontraban establecidas en México. Gran parte de este nerviosismo anticomunista y conspirativo en las altas esferas oficiales, promovidas por los agentes de seguridad y los grupos conservadores, serían una justificación para realizar la matanza estudiantil del 2 de octubre de 1968.

La sociabilidad militante era un espacio de conexión política mediante el cual los trotskistas reflexionaban sus estrategias, creaban nuevos contactos, se mantenían informados de la política nacional e internacional y delineaban el rumbo político que ellos consideraban adecuado. También, la prensa ocupaba un lugar fundamental en la formación de cuadros revolucionarios, puesto que contribuía a la formación de una conciencia internacionalista, en la cual se reunía el razonamiento político de la realidad local, nacional y global. Sin embargo, para el Estado, la prensa comunista solo era un mecanismo de propagación de ideas subversivas. Resulta interesante conocer de qué manera los materiales impresos se convirtieron para la policía política en una especie de «armas» que se le incautaban a un grupo delictivo. La censura y la violación de las garantías individuales eran las formas políticas mediante las cuales el régimen encabezado por Díaz Ordaz preservaba el ejercicio del poder y se mantenía como legítimo heredero de la Revolución mexicana.

II. *WORLD OUTLOOK* Y LA SOLIDARIDAD INTERNACIONALISTA CON DANIEL CAMEJO GUANCHE

En 1967, aunque eran una minoría, los trotskistas de la LOM tenían cierto prestigio entre las organizaciones políticas universitarias de los años sesenta. Eran reconocidos por su militancia socialista y por su liderazgo intelectual al interior del medio estudiantil. Al grado, como hemos visto, que impartían diferentes cursos sobre marxismo y habían logrado intervenir en

---

484. HNDM, Jorge Prieto Laurens, «Cuadro general del comunismo en México», *Impacto*, México, 13 de agosto de 1969, p. 52. La segunda parte apareció con el mismo título en el ejemplar del 20 de agosto de 1969.

la huelga camionera de 1966; luchaban también por una virtual unión entre el sector estudiantil y el obrero, así como por un cambio de régimen de gobierno y, por ende universitario, focalizado en el socialismo. Sus nexos con el Secretariado Unificado de la IV Internacional, a los ojos de algunos estudiantes, les garantizaba autoridad en términos del manejo de información y análisis internacional sobre México y el mundo. Una revista con las características internacionalistas de *World Outlook*, la revista teórica del Secretariado Unificado, permitía que entre los líderes trotskistas circularan en inglés, francés y español los análisis y las perspectivas políticas socialistas de varios países de Europa, Asia, América Latina y el Caribe como Cuba, México, Perú, Chile, Guatemala, Brasil, Argentina, Bolivia, República Dominicana, Colombia, Uruguay, China, Japón, Estados Unidos, Dinamarca, India, Yugoslavia, la URSS, Francia, Australia, Vietnam, Países Bajos, Argelia, Canadá, Corea del Norte, Puerto Rico, Indonesia, Filipinas y Venezuela, solo por mencionar los más constantes. Esta manufactura y compendio de información política estaba destinada a la formación de una conciencia internacionalista, que confería a los militantes, líderes principalmente, el estatus para algunos de «intelectuales» y para otros de «radicales», y para la policía, de «rojos extremistas» o «conspiradores manipulados por agentes soviéticos».

World Outlook unía los objetivos del Secretariado Unificado y de la LOM. Como se vio en el caso del POR (T), el desarrollo del circuito internacionalista implicaba la movilidad militante, en el caso de la LOM, de México hacia Estados Unidos, y viceversa, de Estados Unidos hacia México. Y es que México se había convertido en un país atractivo para la sociabilidad transnacional de las organizaciones marxistas. Precisamente esta movilidad y sociabilidad serían claves para el dinamismo de la LOM, antes y después de 1968. Veamos aquí de qué forma en *World Outlook* se creó una campaña internacionalista para liberar a Daniel Camejo Guanche.[485]

---

485. La Cuarta Internacional tenía una amplia experiencia en la movilización internacional en apoyo a sus camaradas. En la revista *Cuarta Internacional* comenzó a exaltar la lucha de Hugo Blanco en Perú. Este dirigente, originario de Cuzco, adscrito al trotskismo y la Cuarta Internacional, se sublevó contra los terratenientes locales de La Convención (Cuzco). A principios de noviembre de 1962, al mando de 300 guerrilleros se apoderó de una comisaría de policía, formó grupos de autodefensa y organizó diversas huelgas campesinas. Hugo Blanco fue capturado en mayo de 1963 acusado de asesinar a dos policías. Fue condenado a 25 años de prisión en 1966. El SI de la IV Internacional y los trotskistas en México, por medio de su revista *Cuarta Internacional*, emprendieron una campaña para su liberación. Véase Hugo Blanco y Vicente Romero, «Acá debemos elaborar nuestra propia política», *Amérique Latine Histoire et Mémoire Les Cahiers ALHIM*, núm. 36, 2018, en https://journals.openedition.org/alhim/6529.

Recapitulando, a la par de las movilizaciones estudiantiles que brotaban en todo el país, se estaban conformando organizaciones radicales que procedían clandestinamente, con cánones marxistas-leninistas, y tenían como eje la idea de una lucha violenta (guerrilla) para derrocar al Estado autoritario. Y es que a partir de 1965, la figura del Che les dio un nuevo impulso moral y estratégico a las oposiciones radicales marxistas que buscaban cambiar el sistema político mexicano. La posibilidad de la lucha armada latinoamericana adquirió mayor difusión debido a la red informativa militante de organizaciones como la LOM y el POR (T) que buscaban ampliar su base política en el medio estudiantil y obrero. Sin embargo, el régimen de Díaz Ordaz con el alarmismo motivado desde la DFS y la CIA, primero eliminó el 23 de septiembre de 1965 al Grupo Popular Guerrillero (GPG), cuando intentó asaltar el cuartel Madera. Después descabezó al POR (T) en abril, septiembre y diciembre de 1966, y lo mismo hizo con el MRP dirigido por Víctor Rico Galán. La tensión del Estado iba en aumento, al tiempo que criminalizaba e impedía la constitución de organizaciones políticas de oposición. A estas alturas, la propaganda marxista era estigmatizada, las librerías que distribuían materiales socialistas eran vigiladas, al igual que los consumidores de esta literatura. Los textos eran demonizados y se proyectaban como armas utilizadas por grupos criminales.

Además, el Gobierno vigilaba secretamente a los extranjeros que llegaban a México con ideas socialistas o «subversivas», como los aparatos del Estado las denominaban. Aun así, algunos militantes extranjeros vieron en los movimientos rebeldes mexicanos un terreno fértil para iniciar una revolución. Con esas ideas llegó a la LOM, en 1967, el venezolano Daniel Camejo Guanche, el hermano mayor de Pedro (Peter) Camejo, uno de los principales dirigentes del SWP.

Procedente de Estados Unidos, Daniel Camejo entró en contacto con la LOM, específicamente con Carlos Sevilla y Manuel Aguilar a quienes les proporcionó ejemplares de *World Outlook*. Camejo frecuentaba de forma habitual la sociabilidad trotskista: reuniones, discusiones, estudio de libros editados por la LOM, como *La Revolución Permanente* de Trotsky y la revista clandestina *Perspectiva Mundial* que estaba a cargo de Carlos Sevilla. Esta última era la traducción al español de *World Outlook*. De inmediato, Camejo fue apoyado por el matrimonio formado por Renata Hanffstengel y Carlos Sevilla, quienes le consiguieron un trabajo de profesor en un centro de enseñanza de lenguas extranjeras ubicado en Tacuba.[486]

---

486. AGN-FDGIPS, informe de actividades de Daniel Camejo Guanche, 17 de julio de 1967, caja 1466-A, exp. 5, foja 31.

Camejo presentó en el auditorio «Justo Sierra» y en la Facultad de Arquitectura de la UNAM dos películas, una de su autoría intitulada «Niños venezolanos desnutridos», en la que mostraba varios aspectos políticos del Frente de Liberación Nacional venezolano relacionados con las guerrillas rurales y urbanas; la otra película mostraba las perjudiciales consecuencias inhumanas de la intervención armada estadounidense en Vietnam. En las dos presentaciones hubo buena afluencia estudiantil.[487]

Sin embargo, las ideas revolucionarias de Daniel Camejo, que iban más allá de la movilización estudiantil, lo llevaron a establecer vínculos con un grupo maoísta en formación llamado Movimiento Marxista Leninista de México (MMLM) liderado por Pablo Alvarado Barrera,[488] exintegrante del GPG y el ingeniero Manuel Fuentes Gutiérrez, quien a su vez era propietario de la librería El Primer Paso, ubicada en la Ciudad de México, en donde proliferaban obras de Mao, Marx y Lenin y se realizaban tertulias políticas. Al círculo maoísta también asistían Raúl Contreras Alcántara,[489] Eduardo Fuentes y de la Fuente,[490] Hugo David Uriarte Bonilla,[491] José Luis Calva Téllez,[492] César Catalán Sánchez,[493] Adán Nieto Castillo,[494] Enrique Escudero,[495] Manuel Méndez Bravo,[496] Miguel Ángel Flores Bernal,[497] Adrián Campos Díaz[498] y el salvadoreño Silvestre Enrique Marenco Martínez.[499] No obstante, en un operativo de la DFS, los 13 integrantes del MMLM fueron detenidos cuando tenían una reunión política en el interior de El Primer Paso, el 17 de julio de 1966. Un día después, el procurador adjunto llevó a cabo su conferencia de prensa anunciando «el descubrimiento de un

---

487. «Victims of Mexicans Witch-Hunt Imprisoned Without Trial», *World Outlook, Perspective Mondiale*, Nueva York, París, vol. 5, núm. 28, 11 de agosto de 1967, p. 720.

488. Maestro normalista.

489. Preparatoriano, empleado en la librería El Primer Paso.

490. Estudiante preparatoriano de la UNAM, 19 años. Agente de ventas de la librería El Primer Paso.

491. Empleado de pagos en la Secretaría de Hacienda y Crédito Público y estudiante universitario.

492. Negó todos los cargos imputados.

493. Originario de Acapulco, Guerrero. Estudiante universitario.

494. No quiso hacer ninguna declaración. Aseguró que se estaban violando sus derechos.

495. Nació en Chilpancingo, Guerrero, 21 años y alumno del primer año de la Escuela Técnica Industrial.

496. Nació en Nayarit, 24 años.

497. Vendedor de libros. Casado.

498. Nació en Guerrero. Dijo no saber leer ni escribir.

499. Salvadoreño, tenía 36 años y dijo ser casado, ateo y contador público. Trabajó en la librería El Primer Paso.

complot para derrocar al gobierno de Díaz Ordaz» y el plan para organizar «guerrillas urbanas y rurales». El 21 de julio los detenidos pudieron hacer declaraciones públicas.

Ante la censura que el régimen le impuso a los medios de comunicación de izquierda, el Secretariado Unificado de la Cuarta Internacional emprendió, mediante *World Outlook*, una campaña en defensa de los 13 detenidos, que consistió en denunciar públicamente las maniobras que la policía política del régimen empleó para mantener tras las rejas a los implicados en el MMLM.

En *World Outlook* se examinó meticulosamente el caso, y se denunció el principal mecanismo represivo que ya era una costumbre en la DFS para obtener declaraciones y condenar a los supuestos agresores: la tortura física y mental. Fue, mediante este seguimiento, que se pudo dar a conocer a nivel internacional que 12 de los consignados firmaron acusaciones bajo coacción. Uno más se resistió. La mayor parte de ellos sufrió contusiones corporales y fracturas, producto de las golpizas (patadas y puñetazos) a las que fueron sometidos.[500] A Calva Téllez le quemaron los hombros y los brazos con cigarrillos. Todos fueron secuestrados, atados de pies y manos, vendados de los ojos, llevados fuera de la ciudad, interrogados y amenazados de muerte mientras un policía les apuntaba en la cabeza, amén de la incomunicación y la mala alimentación. Algunos como Manuel Méndez Bravo fueron hospitalizados.[501]

Asimismo, en *World Otlook* se exhibieron las otras partes del entonces habitual mecanismo contrainsurgente que el Gobierno y su aparato represor empleaban para encarcelar a sus opositores marxistas y estigmatizar su imagen: 1) ofrecer a los medios de comunicación las supuestas declaraciones de los inculpados, exhibiéndolos como complotistas, saboteadores y terroristas; 2) los periódicos oficiosos reproducían de manera sensacionalista las versiones ofrecidas por el procurador general; 3) dentro de este mecanismo, aparte de las fotografías de los detenidos, la principal prueba fabricada por la policía para, según ella, dar certeza de los actos conspirativos, recaía en la literatura socialista. Por tal motivo, en los periódicos comerciales aparecieron múltiples imágenes de las «toneladas» de libros «subversivos» que fueron extraídos de la librería El Primer Paso. Frente a las obras incautadas, se colocaron retratos de Mao, Lenin y Marx. Con todos estos elementos la prensa compuso una historia, que para los mili-

---

500. «Witch-Hunt Prisoner Charge Brutal Physical and Mental Torture», *World Outlook, Perspective Mondiale*, Nueva York, París, vol. 5, núm. 28, 11 de agosto de 1967, pp. 722-727.

501. *Ibidem*, p. 724.

tantes de la Cuarta Internacional, colocaba a los detenidos y su ideología como «terroríficos».[502]

No era la primera vez que el Gobierno ponía en práctica este *modus operandi*, cuando en agosto de 1966 los integrantes del MRP fueron detenidos, en los periódicos comerciales se reprodujeron las fotografías de los detenidos (visiblemente nerviosos), las armas que se les decomisaron y varios discos con la portada del Che.[503]

Durante dos días, Daniel Camejo fue interrogado para que dijera la ubicación de una imprenta obrera; ante su negativa, un policía sacó su pistola y lo amenazó: «díganos donde está la imprenta o lo mataremos» (Camejo 2010, 51). Daniel mantuvo la entereza y no habló. Sabía que si declaraba, la familia campesina que resguardaba la prensa, pagaría las consecuencias (2010, 51). Pedro Camejo hizo lo posible por sacar de la cárcel a su hermano Daniel, pues no quería que fuera deportado a Venezuela porque corría el riesgo de ser asesinado por el régimen de Raúl Leoni, quien «estaba acorralando a los líderes de izquierda vinculados con las Fuerzas Armadas de Liberación Nacional (FALN)» (2010, 51).

Sin embargo, Pedro también fue detenido y, debido a que era ciudadano estadounidense, fue deportado de inmediato. Sus esfuerzos en México fueron en vano. Pero desde Estados Unidos emprendió, junto con los militantes mexicanos de la LOM, la campaña en pro de la liberación de los presos políticos. Aun así, en 1969, después de dos años, el juez Raúl Jiménez O'Farrill encontró a los miembros del MMLM culpables de «conspiración, incitación a la rebelión y daño a la propiedad pública».[504] Todos apelaron la sentencia de cinco años que se dictaminó en su contra. Camejo dijo que «la investigación oficial había sido una farsa, cuyo único propósito era intimidar al pueblo mexicano y a aquellos que luchaban por sus derechos».[505]

World Outlook concluyó que el veredicto, «como en otros casos recientes en México, no se basó en otro delito que el de oponerse al régimen de Díaz Ordaz». Por errores de la policía mexicana, Daniel Camejo fue deportado a Colombia. Permaneció encarcelado tres semanas allí y después fue enviado a Venezuela (Camejo 2010, 54). Un familiar de los hermanos Camejo que

---

502. «Mexican Guvernment Launches New With-Hunt», *World Outlook, Perspective Mondiale*, Nueva York, París, vol. 5, núm. 28, 11 de agosto de 1967, p. 716.

503. HNDM, Leopoldo Mendivil E. «Con discos de ¡Aquí está el Che! detienen a 33 agitadores, en la Ciudad de México», *El Heraldo de México*, México, 13 de agosto de 1966, pp. 1 y 4 A, y «Rico Galán no niega los cargos en su declaración», *El Heraldo de México*, 17 de agosto de 1966, p. 1 y 12 A.

504. Daniel Camejo, «Other Political Prisoners Sentenced in Mexico», *Intercontinental Press*, vol. 7, núm. 21, 2 de junio de 1969, p. 524.

505. *Idem*.

ocupaba un alto puesto en el Gobierno venezolano intervino, por lo cual, luego de pasar dos semanas en la cárcel, Daniel fue liberado (2010, 54). La fortuna no fue la misma para los otros integrantes del MMLM, quienes fueron liberados hasta 1972. Además, Pablo Alvarado Barrera fue asesinado en la cárcel. Este tema y el de la vida política de los presos en Lecumberri fueron ampliamente abordados en el 2015 por Hugo David Uriarte Bonilla en su libro *Las rejas no matan*, en un esfuerzo por rememorar y exigir justicia para el estudiante caído en esa época. Para los trotskistas, esta oleada de detenciones emprendida por el Gobierno mexicano y el estadounidense, era parte de la «cacería de brujas» que tenía raigambre en el macartismo de los cincuenta.

Como lo señala Adela Cedillo (2008, 12):

> En su momento, el movimiento armado socialista fue objeto de la campaña de manipulación ideológica y linchamiento más asidua de la segunda mitad del siglo XX mexicano, en la medida en que la clase política, los medios de comunicación, el empresariado, el alto clero, el grueso de la organizaciones políticas legales y semilegales ajenas a la ultraizquierda y hasta la academia abanderaron su descalificación y colaboraron con su tergiversación informativa. La ideologización consistió en invisibilizar el conflicto o minimizar su importancia, soslayar sus causas de fondo y negar su sentido político, asimilándolo a la delincuencia organizada, así como en promover la imagen de los guerrilleros como terroristas, inadaptados sociales, aventureros, lúmpenes, asesinos.

Con los ejemplos que hasta aquí hemos proporcionado, se puede agregar que la estigmatización de la militancia del POR (T) y la LOM fue parte de esa campaña de manipulación ideológica, pero que el circuito de solidaridad internacionalista donde se encontraba inserta la Cuarta Internacional luchó por derribarla.

12. LOS TROTSKISTAS DEL SECRETARIADO UNIFICADO EN EL MÉXICO DE 1968

Entre los estudiantes, los trotskistas de la LOM gozaban de cierta popularidad, de tal manera que, aparte de confrontar la injerencia gubernamental en la Universidad y, en específico, al sistema presidencialista y capitalista de Díaz Ordaz, asistían a algunas fiestas y resultaban atractivos para las jóvenes universitarias que frecuentaban sus círculos políticos. Incluso algunas de las parejas sentimentales de los militantes financiaban las publicaciones periódicas. Manuel Aguilar explica que en esta etapa los militantes de la LOM «éramos unos jóvenes muy simpáticos, muy fiesteros y muy novieros, nos llamaban los trotskistas a gogó».[506] Pero esa imagen afable de la LOM empezó a cambiar durante 1967 y 1968 cuando las movilizaciones estudiantiles desbordaron las universidades y la fuerza militar del Estado se desplegó para detenerlas.

Durante esta última etapa de los sesenta los representantes de la Cuarta Internacional estaban volcados completamente en el movimiento estudiantil. La LOE «23 de Marzo» había establecido un programa que contemplaba la formación de un gran «frente unitario contra la avanzada priísta en la Escuela Nacional de Ciencias Políticas y Sociales», en el que se incluía a los trabajadores de la UNAM y a los «maestros progresistas».[507] La LOE luchaba también contra las «tácticas de corrupción y confusión» que a sus ojos «empantanaban el movimiento pro-reforma universitaria».[508] Para los trotskistas, la UNAM era una universidad «subdesarrollada, dependiente de la metrópoli y de la burguesía nacional», cuya burocracia administrativa «sostenía y toleraba» el sistema político imperante en México.[509] Como lo señala Rivas Ontiveros (2007, 499), en Economía y Ciencias Políticas, los trotskistas y los espartaquistas tenían fuerte presencia, luego de que expulsaran a los comunistas de la presidencia de la Sociedad de Alumnos.

No obstante, con la idea de conformar un movimiento estudiantil de masas, la LOM, que era la cabeza de la Cuarta Internacional dentro del estudiantado, se disolvió a finales de 1967; Manuel Aguilar y Carlos Sevilla querían organizar una juventud marxista revolucionaria que incluyera en sus filas grupos estudiantiles de la Juventud Comunista, guevaristas, exmilitantes del PCM y simpatizantes, entre otros. En ese año, los trotskistas habían conseguido ampliar sus conexiones entre los estudiantes que iniciaron la huelga por la federalización de la Escuela Superior de Agricultura Hermanos Escobar de Ciudad Juárez, Chihuahua, y con los huelguistas del Instituto Politécnico Nacional, en solidaridad con las demandas por la educación pública y gratuita. Este movimiento también incluyó a universitarios de la Universidad Autónoma de Chapingo (Condés Lara 1998, 27).

---

506. Entrevista realizada por Josué Bustamante González a Manuel Aguilar Mora en la Ciudad de México, el 10 de septiembre de 2016.

507. AHUNAM-CHME, «Declaración de principios de la Liga Obrera Estudiantil», p. 8, Ramo, Conflicto Universitario, año 1966, caja 2, exp. 9.

508. *Ibidem*, p. 6.

509. *Ibidem*, pp. 6-7.

Asimismo, tanto Aguilar Mora[510] como Sevilla se integraron al Comité de Lucha de la Facultad de Filosofía y Letras denominado Movimiento Estudiantil Popular (MEP), junto con otros estudiantes entre los que se encontraban Alfonso Molina, *el Ronco*, Cuauhtémoc Sánchez, Ignacio Osorio, Enrique Sevilla (hermano de Carlos), Jesús Anaya, Alfonso Peralta y otros.[511]

Los trotskistas llamaban a la unificación porque veían en el movimiento estudiantil la «convergencia hacia una postura marxista revolucionaria». Durante la movilización estudiantil y popular de 1968, hasta antes de la represión, Carlos Sevilla González, el principal promotor de esta idea, se alió con José Revueltas, quien en ese entonces coincidía en sus planteamientos políticos con aquellos que reivindicaban la Cuarta Internacional, e impulsaba «la formación de una nueva asociación internacional, libre y democrática de trabajadores, que agrupe a todas las fuerzas nuevas y renovadoras del marxismo con la finalidad de derrocar al capitalismo».[512] En el campo estudiantil, tenía todo un programa que denominaba de revolución universitaria, que iba desde la instauración de la «autogestión académica» (educación para la acción revolucionaria) hasta la instauración de una «democracia cognoscitiva», que no era otra cosa que una propuesta educativa para formar un pensamiento crítico y militante, por medio de la cual se mantuvieran las huelgas y asambleas.[513] Revueltas se integró al MEP y preservó una fuerte solidaridad política con Sevilla, Aguilar Mora y los otros integrantes:

> De inmediato nos integramos al Comité de Lucha de la Facultad, al cual también de inmediato se unió el viejo revolucionario comunista y escritor José Revueltas, con quien tejimos una amistad fructífera y entrañable. Fueron días de una actividad febril. Las ideas eran traducidas directamente a la acción. La teoría y la práctica (la *praxis*) eran la mancuerna que una difusión cada vez más amplia del marxismo, en su versión revolucionaria antiestalinista, determinaba la militancia de miles de estudiantes que ya tenían años de militancia y experiencia como la vanguardia que fueron en

---

510. En este período Manuel Aguilar cursaba su segunda licenciatura en la Facultad de Filosofía y Letras de la UNAM.

511. Manuel Aguilar Mora, «Los últimos días de González de Alba y Escudero», documento proporcionado por el autor, p. 1.

512. «Prohibido prohibir la revolución», en José Revueltas (2003, 37).

513. «Metas y tareas de la huelga dentro de la perspectiva estratégica del movimiento en su conjunto», en José Revueltas (2003, 42).

la lucha antiimperialista, en especial contra la guerra de Vietnam y por la democratización de México.[514]

Esta unión de representantes estudiantiles y la experiencia política de Revueltas se conjuntaron para dar paso a un extenso programa que pretendía derrocar «el sistema de opresión política y de centralismo en el ejercicio del poder», para instituir, desde la Universidad, un sistema de pensamiento crítico «en pro de las libertades y derechos ciudadanos» que incluía la libertad de los presos políticos y la constitución de organizaciones políticas independientes del Estado.[515] Se querían crear más comités de huelga y brigadas democráticas que mantuvieran la unidad estudiantil. Además, el MEP había acordado formar una «vanguardia ideológica y política que promoviera la acción conjunta con las masas obreras».[516]

Esta propuesta fue la base del programa del Consejo Nacional de Huelga (CNH). Carlos Sevilla, quien también se desempeñaba como miembro del Consejo Político de la Preparatoria Popular, presentó este documento en una reunión que se llevó a cabo en los cubículos de la Torre de Humanidades en Ciudad Universitaria, con la participación de una cantidad importante de miembros de los comités de lucha de la UNAM, del Politécnico, de Chapingo y de diferentes escuelas.[517] Revueltas era parte del presídium. Los miembros del MEP se alzaron en un combate político que para ellos significaba la conformación de un movimiento social de dimensiones internacionalistas y características independientes:

> Los estudiantes mexicanos repudian la intervención imperialista de Estados Unidos en Vietnam y la invasión soviética a Checoeslovaquia. Bajo la influencia de esos días incendiados se discutió el nombre que llevaría el nuevo movimiento que impulsaríamos y surgieron dos propuestas: independiente e internacionalista.[518]

Los trotskistas habían impulsado la formación de un pensamiento que concatenaba las coyunturas políticas internacionales con las nacionales. Para

---

514. Manuel Aguilar Mora, «El 68, la patria de mi juventud».

515. «Nuestra bandera», José Revueltas (2003, 49-50).

516. «Valoración del movimiento estudiantil de julio-agosto. Su significado político dentro del contexto y sus tareas tácticas y estratégicas», José Revueltas (2003, 43).

517. Entrevista realizada por Josué Bustamante González a Manuel Aguilar Mora en la Ciudad de México, el 10 de septiembre de 2016. Véase Óscar de Pablo (2002, 71) y Manuel Aguilar, «Los últimos días de González de Alba y Escudero», pp. 2-3.

518. Manuel Aguilar, «Los últimos días de González de Alba y Escudero», p. 3.

la otrora LOM se trataba de acabar con un sistema capitalista, instrumento del capital norteamericano, encarnado en el «PRI-gobierno», como se le denominaba en aquella época al partido hegemónico.[519] Reivindicando estas ideas, Aguilar Mora, Revueltas y Sevilla dieron vida al Movimiento Comunista Internacionalista (MCI), en septiembre de 1968.[520]

Sin embargo, pese a todo el esfuerzo depositado en la plataforma política del CNH,[521] este primer ascenso del movimiento estudiantil fue liquidado por la invasión del ejército a Ciudad Universitaria (CU), el 18 de septiembre de 1968 y la toma del Politécnico en su campus del Casco de Santo Tomás el día 23 de ese mismo mes. Manuel Aguilar logró permanecer en libertad, porque se encontraba fuera de CU; conducía su automóvil por el Teatro Insurgentes cuando se percató que los tanques del ejército iban con dirección hacia la UNAM. Sin embargo, Carlos Sevilla tenía una reunión con el CNH en la Facultad de Medicina. Aunque se dio cuenta que CU se encontraba invadida por el ejército decidió dirigirse al lugar de la reunión con sus compañeros, para repartirles el programa político que previamente habían acordado; al llegar a su destino se encontró con un aula casi vacía, aun así se realizó la distribución del material entre los asistentes. No obstante, pese a su ingenioso intento por burlar a los soldados fue detenido:

> Me asomé por la ventana [del baño de Filosofía y Letras] y descubrí a unos policías con macanas blancas. Así que le pedí a la muchacha [Alcira Soust Scaffo][522] unas hojas de papel y me hice una macana blanca. Mientras tanto, el ejército había rodeado la Universidad. Había cientos de soldados. Los estudiantes capturados estaban tirados en el piso. Fui directamente con los soldados y les pregunté: «¿Dónde está su jefe?» y apuntaron más allá. Seguí haciendo eso casi hasta llegar a mi auto, pero había un retén en la gasolinera y me tuve que parar ahí. Pensé en comprarle un uniforme a uno de los trabajadores de la gasolinera. Entonces alguien me gritó: «¡Carlos!». Estaba tan sorprendido que dejé caer mi macana, rompiéndola. Era alguien de la escuela, un tipo que siempre iba de traje y corbata. Furioso, le dije: «No somos amigos». Y me respondió: «No te preocupes, nos [sic] voy a sacar

---

519. Manuel Aguilar Mora, «El 68 mexicano, 50 años después», *Sin permiso, República y socialismo, también para el siglo XXI*, 4 de agosto de 2018, en http://www.sinpermiso.info/textos/el-68-mexicano-50-anos-despues.

520. Apenas en julio de 1968, el ejército invadió, mediante el uso excesivo de la fuerza, la Escuela Nacional Preparatoria número 1 de San Ildefonso. La policía y los militares ocuparon las preparatorias 5 y las vocacionales 2 y 7.

521. La expresión pública de dicha plataforma fue el pliego petitorio con las exigencias del movimiento.

522. Poetisa uruguaya que permaneció entre 12 y 15 días encerrada en un baño de la Facultad de Filosofía y Letras.

de aquí». Y entonces dijo: «Coronel, disculpe. Quiero pedirle un favor: mi amigo y yo queremos salir. Estábamos en un examen profesional…». Y ya saben, el coronel vio mi parche del Che Guevara y dijo: «Por supuesto, ¿quieren algo más?». Y el muchacho dijo: «Sí, ¿podría mover su tanque para que pueda sacar mi coche?». Cinco o diez minutos después, el coronel volvió con cinco o más soldados y dijo: «Vámonos, malnacidos». Nos llevaron a un camión y nos quedamos ahí hasta las dos o tres de la mañana y entonces nos llevaron a la policía.[523]

En la cárcel Carlos Sevilla fue interrogado y golpeado:

> Primero nos llevaron al sótano de la estación de policía, insultándonos, golpeando a los que estaban cerca de los barrotes, diciendo que nos iban a matar y más. El piso estaba lleno de orines; no había ventanas pero la luz siempre estaba prendida y no nos dieron nada de comer por varios días. Entonces nos llevaron a Lecumberri, a un pabellón especial para prisioneros peligrosos. Al principio hubo momentos muy difíciles, pero no teníamos miedo de nada. Pienso que era porque éramos jóvenes: siempre teníamos esperanza.[524]

Afectado por el encarcelamiento, Carlos Sevilla se distanció de Manuel Aguilar y del trotskismo. Incluso llegó a tener amplias diferencias políticas con Revueltas.[525] Durante las múltiples represiones del 68 este último fue aprehendido, al igual que César Nicolás Molina Flores, un viejo profesor de filosofía, recordemos antiguo militante del POI, quien durante los cuarenta tuvo nexos con el SWP y con Max Schachtman; en los sesenta también se desempeñaba como traductor de las obras de Trotsky, y según Manuel Aguilar tenía una «impresionante» biblioteca marxista; desde 1966 visitó a Adolfo Gilly en Lecumberri a quien le proporcionó bibliografía para la elaboración de su libro *La revolución interrumpida*.[526] Manuel Aguilar Mora

---

523. Carlos Sevilla González, «Entrevista», en Heidrun Holzfeind (s/f, 25). Recurso en línea http://www.mexico68.net/files/mex68spanishrz.pdf.

524. Carlos Sevilla González, «Entrevista», en Heidrun Holzfeind (s/f, 26). Sevilla fue liberado casi tres años después en 1971.

525. Entrevista realizada por Josué Bustamante González a Manuel Aguilar Mora en la Ciudad de México, el 10 de septiembre de 2016.

526. César Nicolás Molina tuvo nexos con Max Shachtman en 1947. El profesor Alejandro Gálvez me mostró el libro *Behind the Moscow Trial* de Shachman con un dedicatoria para Molina. APAGC, Ciudad de México. Para conocer el perfil militante de César Nicolás Molina Flores, véase Sergio Abraham Méndez Moissen, «César Nicolás Molina Flores: filósofo trotskista preso en 1968», *La Izquierda Diario, Movimiento de los Trabajadores Socialistas*, 25

reportó a la revista *Intercontinental Press* (la revista que a partir de la segunda mitad de 1968 se volvió el órgano de difusión del Secretariado Unificado de la IV Internacional) los miles de arrestos arbitrarios que se suscitaron durante ese período, poniendo especial énfasis en el caso de Carlos Sevilla y la solidaridad internacional que se había conformado para exigir su liberación: «*Le Monde* informa que ya se han producido manifestaciones en solidaridad con los presos políticos de México en París y Estocolmo. Indudablemente, se realizarán manifestaciones similares en otras ciudades del mundo».[527] Entre otros asuntos, Aguilar Mora combatía el discurso oficial imperante durante el gobierno de Díaz Ordaz en el que se concebía a los jóvenes como «antipatrióticos y extremistas».[528]

Después de la masacre popular estudiantil del 2 de octubre, Manuel Aguilar, el único trotskista que tenía nexos amplios con el Secretariado Unificado, ofreció en *Intercontinental Press* un recuento extenso y detallado de la violenta represión. Este análisis incluía diferentes testimonios de gente que logró escapar de Tlatelolco, pero que pudo presenciar los flagrantes ataques de los cuerpos del ejército y policías encubiertos contra la multitud de civiles, así como las versiones oficiales de la prensa mexicana.[529] Este recuento no oficial de los hechos fue quizás uno de los más completos que se elaboró poco después del deplorable suceso.

Para el líder trotskista, la matanza del 2 de octubre tenía dos lecturas significativas. Primero, el Gobierno, al no contener la oleada de protestas y movilizaciones, pese al despliegue del ejército en diferentes campus universitarios, recurrió a un ataque minuciosamente planificado para atrapar de una sola vez a los líderes y cuadros del CNH: «El gobierno esperaba que un golpe asesino llenara de tanto terror a la población como para asegurar la calma durante las semanas de los Juegos Olímpicos».[530] Segundo, en términos políticos, la feroz represión había sido un error de la burguesía

---

de septiembre de 2015, en http://www.laizquierdadiario.mx/Cesar-Nicolas-Molina-Flores-filosofo-trotskista-preso-en-1968.

527. «Massive Arrests in Mexico», *Intercontinental Press*, núm. 33, vol. 6, 7 de octubre de 1968, p. 833. En ese mismo número, *Intercontinental Press* dio a conocer una lista extensa de los prisioneros políticos en México, véanse en este mismo número los artículos «104 of the Political Priosioners in Mexico» y «Mexican Political Prisoners Voice Thanks for Solidarity», pp. 833-834.

528. Ricardo Ochoa (Manuel Aguilar Mora), «Why the Mexican Government Ordered Out the Troops», *Intercontinental Press*, vol. 6, núm. 33, 7 de octubre de 1968, p. 826.

529. «Massacre Stuns Mexico City», *Intercontinental Press*, vol. 6, núm. 34, 14 de octubre de 1968, pp. 862-865.

530. Richardo Ochoa (Manuel Aguilar Mora), «The October 2 Pacification», *Intercontinental Press*, vol. 6, núm. 35, 21 de octubre de 1968, p. 890.

mexicana: «... ahora se debe evaluar el significado del 2 de octubre».[531] Aguilar Mora estaba convencido que el 2 de octubre traería el consiguiente resurgimiento y continuidad del movimiento estudiantil en contra del Estado, el cual había mostrado sin caretas sus mecanismos autoritarios.[532] Todos estos análisis eran enviados directamente hacia las oficinas de Joseph Hansen, quien junto con su equipo los traducían del español al inglés.

La mayoría de los artículos elaborados por Aguilar Mora para *World Outlook* no fueron publicados en español. Empero, este envío constante de materiales hacia Estados Unidos fue parte de ese flujo internacionalista con el cual se quería generar una opinión pública global a favor de los estudiantes reprimidos y para condenar los ataques militares lanzados por el régimen de Gustavo Díaz Ordaz. Además, después de este severo golpe, los estudiantes en México no contaban con sus medios de comunicación críticos, por lo que el intercambio de información internacional establecido por el Secretariado Unificado fue un canal de expresión política importante para manifestar el descontento estudiantil y romper con las historias oficiales que empezaron a circular alrededor de la matanza del 2 de octubre.

---

531. *Idem.*
532. *Idem.*

EPÍLOGO

DEL GRUPO COMUNISTA INTERNACIONALISTA AL PARTIDO REVOLUCIONARIO DE LOS TRABAJADORES. LA DIFUSIÓN DE UNA CONCIENCIA INTERNACIONALISTA

Aunque el movimiento estudiantil se dispersó y entró en una fase de clandestinidad, a principios del año siguiente se reactivó.[533] Por su parte, a finales de 1968 y principios de 1969, un núcleo de activistas en el que se encontraban Manuel Aguilar Mora, Alfonso Peralta, Emilio Brodziak, Ricardo Hernández, Jaime González, Alfredo López y alrededor de otros siete u ocho trotskistas formó el Grupo Comunista Internacionalista (GCI). El GCI, en 1969, se convirtió en la organización representante de la Cuarta Internacional en México.

El Secretariado Unificado llevó a cabo su IX Congreso el 19 de abril de 1969; Manuel Aguilar Mora nuevamente fungió como el representante de la sección mexicana. Allí se adoptaron diferentes documentos, pero uno de los que más impacto tuvo entre los trotskistas mexicanos fue el titulado «El nuevo ascenso de la revolución mundial», en el cual se apuntalaba a los jóvenes como parte de la contraofensiva para detener a las fuerzas imperialistas que en ese entonces encontraba su impulso internacional en la «revolución colonial vietnamita», que para la Cuarta Internacional frenaba «la expansión y la arrogancia del imperialismo norteamericano».[534] En el análisis del Secretariado Unificado, la movilización de los jóvenes, ya fuesen estudiantes u obreros, había «exacerbado las contradicciones sociales en el seno de la sociedad imperialista»; había entonces un ascenso revolucionario de las masas, principalmente en Europa occidental y América Latina.[535]

---

533. El organismo que rearticuló el movimiento estudiantil fue el Comité Coordinador de Comités de Lucha (COCO). Verónica Oikión Solano (2018, 236-253).

534. «El nuevo ascenso de la revolución mundial», *Cuarta Internacional*, Noviembre de 1970, p. 9. Según Pierre Frank, al evento asistieron 98 delegados de diferentes secciones trotskistas, así como organizaciones simpatizantes. Véase Pierre Frank (1970, 153).

535. «El nuevo ascenso de la revolución mundial», *Cuarta Internacional*, noviembre de 1970, p. 11.

Se afirmaba entonces que los vínculos entre los núcleos de trabajadores y el movimiento estudiantil de México y Brasil eran síntomas «significativos de un resurgimiento proletario».[536]

En la concepción del Secretariado Unificado, la movilización estudiantil latinoamericana se entendía como «una fuerza política y social, capaz de estimular o profundizar crisis revolucionarias a través de su intervención» y no únicamente como una fuerza de apoyo o fuente de cuadros.[537] Durante esta década y a lo largo del desarrollo del Congreso, la tesis anticapitalista y antiimperialista de Ernest Mandel fue la que predominó. En ella, el movimiento estudiantil se veía como un elemento activo que impugnaba al capitalismo tardío y a su sostén tecnocrático, la universidad burguesa (Mandel 1973, 7-50). Para Brodziak, Mandel apuntaba que en los años sesenta surgió un poderoso aliado del proletariado a escala mundial, «un movimiento estudiantil masivo radicalizado, claramente orientado al cuestionamiento del *establishment* y con importantes sectores en su seno que tomaban y ponían en práctica posiciones abiertamente revolucionarias, antimperialistas y socialistas» (Brodziak 1993, 8).

La posición de la delegación mexicana ante el Congreso fue que en México, en particular, y América Latina, en general, las organizaciones marxistas revolucionarias se encontraban en una fase de «formación política y organizativa».[538] Para el caso exclusivamente mexicano, se pensaba formar a corto plazo una «mínima organización nacional» que coordinara los centros urbanos de Monterrey, Guadalajara y Veracruz, y combatiera las oligarquías nacionales.[539] José Revueltas, desde la prisión en México, envió un mensaje solidario al Congreso.[540] Por cierto, este prolífico escritor y militante seguía manteniendo nexos con Aguilar Mora. El IX Congreso despertaría una discusión muy importante que se desarrollaría ampliamente durante los años setenta y hasta provocaría divisiones: el tema de la integración estudiantil en las guerrillas latinoamericanas.

Con base en estas resoluciones, y como respuesta directa a la masacre del 68, el recién formado GCI publicó en abril de 1969 el primer número de *La Internacional*, un boletín teórico semiclandestino, mimeografiado,

---

536. «Resolución sobre América Latina», *Cuarta Internacional*, noviembre de 1970, p. 43.

537. *Ibidem*, p. 44.

538. «Posición de la delegación mexicana con respecto a la resolución sobre América Latina del Secretariado Unificado de la IV Internacional para el Noveno Congreso de la Propia Organización», *Boletín de Informaciones Internacionales*, Nueva York, octubre de 1973, núm. 3, p. 51.

539. *Ibidem*, pp. 51-52.

540. «El Noveno Congreso Mundial de la Cuarta Internacional», *Cuarta Internacional*, noviembre de 1970, p. 7.

que se elaboraba en la casa de Brodziak, «era hecho a mano por nosotros, artesanalmente, en nuestras casas».[541]

El primer número estuvo compuesto principalmente por dos ensayos traducidos al español: «Carta de los estudiantes checoslovacos»[542] y «Checoslovaquia, primer balance, primeras lecciones»,[543] publicados originalmente en diferentes números de *Intercontinental Press* de finales de 1968.

La Internacional, en formato de boletín se publicó hasta 1972, conformando alrededor de 20 números; paulatinamente tuvo un tiraje de 500 a 1.000 ejemplares.[544] Su rusticidad tenía que ver con la falta de recursos económicos y la condición de clandestinidad en la que se encontraba el grupo: «… nos reuníamos en las universidad, en las escuelas, en una casa de mi madre, con buenas condiciones. Nadie sospecharía nada y allí las hacíamos porque no teníamos local, entonces la clandestinidad implicaba también el que funcionáramos durante todo ese periodo con nombres falsos, con seudónimos».[545]

En este boletín, Manuel Aguilar comenzó a delinear su tesis sobre el bonapartismo mexicano, la cual, después de la matanza estudiantil de 1968 y luego de la que suscitó Luis Echeverría, el 10 de junio de 1971, consistía en la caracterización del sistema presidencialista mexicano como un «gobierno despótico, oligárquico y político militar» dotado de una fachada democrática, cuyas características se encontraban en los siguientes elementos que lo sostenían:

> El uso de la fuerza militar represiva, el control de las masas por medio de las organizaciones charras coordinadas políticamente por el PRI y el uso de la economía para satisfacer demandas parciales de las masas trabajadoras (reparto de tierras, seguridad social, libertad de huelga, alzas de salarios) dentro de una economía sin un alto índice inflacionario.[546]

---

541. *La Internacional*, marzo-abril de 1969, núm. 1, s. p., y entrevista con Manuel Aguilar Mora.

542. «Czechoslovak Students Appeal for International Solidarity», *Intercontinental Press*, vol. 6, núm. 4, 2 de diciembre de 1968, p. 1069.

543. «Czechoslovakia, First Balance Sheet, First Lessons», *Intercontinental Press*, vol. 6, núm. 33, 7 de octubre de 1968, pp. 849-856.

544. Entrevista realizada por Josué Bustamante González a Manuel Aguilar Mora en la Ciudad de México, el 16 de septiembre de 2016.

545. Entrevista realizada por Josué Bustamante González a Édgar Sánchez en la Ciudad de México, el 24 de octubre de 2017.

546. AHUNAM-FPSR, «Después del 10 de junio profunda crisis del régimen de Echeverría», *La Internacional*, junio-julio de 1971, pp. 3-4, caja 12, exp. 51, folio 108.

Con este esquema teórico, *La Internacional* pretendía preparar a sus cuadros políticos, conformados principalmente por estudiantes que vivieron la represión del 68 y, posteriormente, la de 1971. El GCI, en su órgano teórico, ofrecía respuestas a preguntas de gran calado para explicar la conformación del sistema político mexicano que los regía en esa época. Manuel Aguilar creó un conjunto de textos pensados en forjar una concepción política que esclareciera a los jóvenes militantes los orígenes y el desarrollo de la que denominó «la crisis de la izquierda» y el papel del trotskismo en ella. Se trataba de crear, con la noción del análisis global marxista, explicaciones al por qué del desarrollo capitalista en México, al por qué «de la crisis de la dirección proletaria», y la expresión en México de lo que Aguilar Mora llamaba «el proceso de revolución permanente» (Aguilar Mora 1982, 1: 18). En síntesis, para el dirigente del GCI, el llamado retraso de la revolución socialista se debía, principalmente, «a la bancarrota de las direcciones tradicionales del movimiento obrero»; a partir de esa reflexión se tenía contemplado que la dirigencia y la base delinearan la estrategia y tácticas que consideraran necesarias para vincular al GCI con las masas trabajadoras (1982, 1: 18; Aguilar Mora 1983, 14).[547]

Desde 1970, la nueva organización trotskista, con apoyo de su tribuna marxista, había trazado los lineamientos para la conformación de una «unión obrero-estudiantil».[548] En este sentido, en *La Internacional*, de 1970 a 1971, proliferaron los escritos que mostraban lo que para el GCI representaba la función del estalinismo y de los gobiernos burgueses en el bonapartismo mexicano: «Díaz Ordaz pasará a la historia como el Chacal de Tlatelolco»,[549] «Imposturas ideológicas en México»,[550] «El informe enmascarado, la crisis del régimen»,[551] «La crisis global y prematura del estalinismo en México»,[552] «Penetración monolítica de los Estados Unidos en México»,[553]

---

547. Véase también «La situación internacional. Caracterización política», en «El desmayo del movimiento estudiantil», México, julio de 1972, p. 2.

548. «Se impone la unión obrero-estudiantil», *La Internacional*, núm. 13, noviembre de 1970, pp. 1-12.

549. AHUNAM-FPSR, «Díaz Ordaz pasará a la historia como el chacal de Tlatelolco», *La Internacional*, septiembre de 1970, pp. 1-3, caja 28, exp. 115, folio 126.

550. *Ibidem*, pp. 11-16.

551. AHUNAM-FPSR, «El informe enmascarado de la crisis del régimen», *La Internacional*, núm. 18, septiembre de 1971, pp. 1-14, caja 28, exp. 115, folio 54.

552. *Ibidem*, p. 17.

553. «Penetración monolítica de los Estados Unidos en México», *La Internacional*, enero de 1970, s. p.

«México: historia y crisis actual del charrismo sindical»,[554] «Anatomía del charrismo»,[555] «Crisis de los partidos comunistas»,[556] «Breve historia del PCM»,[557] entre otros.

Los trotskistas no creían en absoluto en la «apertura democrática» y el discurso conciliador promovido por Luis Echeverría; más bien articularon un programa político marxista, que para ellos cambiaría de raíz la forma de gobernar en México y el mundo.

Del movimiento estudiantil del post-68, visto como la vanguardia del proletariado que derrotaría al régimen oligárquico de Luis Echeverría, aparecieron en *La Internacional* múltiples textos, entre los que se encuentran los siguientes: «El movimiento estudiantil en la encrucijada»,[558] «El nuevo roll de las universidades en el mundo capitalista»,[559] «La unión obrero-estudiantil»,[560] «Teoría del movimiento estudiantil»,[561] «La crisis actual, ¿cómo resolverla?: formando la vanguardia estudiantil».[562]

En *La Internacional* también se hizo una extensa campaña en pro de la liberación de los presos políticos, sobre todo, después de que emprendieran la gran huelga de hambre del 10 de diciembre de 1970. Además, en dicha revista siguieron apareciendo textos de los dirigentes más reconocidos del Secretariado Unificado de la IV Internacional, como Ernest Mandel y George Novack. Hugo Blanco, quien en 1971 permaneció temporalmente en México luego de que fuera liberado y deportado, colaboró en *La Internacional* con un escrito titulado «El gobierno, la oligarquía y los explotados en el Perú de 1970».[563]

---

554. «México: historia y crisis actual del charrismo sindical», *La Internacional,* núm. 14, enero-febrero de 1971, p. 4.

555. «Anatomía del charrismo», *La Internacional,* núm. 14, enero-febrero de 1971, p. 10.

556. «Crisis de los partidos comunistas», *La Internacional*, enero de 1970, pp. 10-11.

557. «Breve historia del PCM», *La Internacional*, núm. 21, mayo de 1972, pp. 4-7.

558. «El movimiento estudiantil en la encrucijada», *La Internaciona*l, abril de 1971, p. 1.

559. «El rol de las universidades en el mundo capitalista», *La Internaciona*l, abril de 1971, pp. 7-17.

560. «La unión obrera estudiantil», *La Internacional*, núm. 14, enero-febrero de 1971, pp. 1-2.

561. «Teoría del movimiento estudiantil», *La Internacional*, núm. 16, junio-julio de 1971, pp. 9-12.

562. «La crisis actual, ¿cómo resolverla?: formando la vanguardia estudiantil», *La Internacional*, núm. 17, agosto de 1971, pp. 1-2.

563. Hugo Blanco, «El gobierno, la oligarquía y los explotados en el Perú de 1970», *La Internacional*, núm. 14, enero-febrero de 1971, p. 1.

Durante estos años, *La Internacional* se había convertido en la manifestación del nuevo ascenso del trotskismo, así como de la preparación política que habían adquirido sus líderes como Manuel Aguilar, Alfonso Peralta, Ricardo Hernández y, ya en esa época, Cristina Rivas. Desde 1970 el GCI trabajaba en el reclutamiento y preparación de cuadros estudiantiles, mediante la creación en la UNAM de las células políticas, «Rosa Luxemburgo» en Filosofía y Letras, dirigida por Peralta, y la «Rubén Jaramillo» en la Escuela Nacional de Economía, encabezada por Aguilar Mora.[564] Precisamente en una de esas escuelas de cuadros, Jaime González, estudiante del sexto semestre de la Preparatoria n.° 4, se convirtió en un militante formal del GCI.[565] González, quien dicho sea de paso, como integrante trotskista fue uno de los activistas que lucharon por la erradicación de los porros en dicha preparatoria.[566]

Sin embargo, al concebirse como un grupo clandestino, por motivos de seguridad estas células militantes difícilmente tenían contacto entre ellas. No fue hasta finales de 1970 cuando el GCI celebró una especie de congreso o encuentro nacional en Puebla, ubicado en un lugar secreto, que ni siquiera le fue revelado a la base política, la cual fue trasladada desde diferentes partes de México; allí varios militantes se conocieron y convivieron por primera vez. En 1971, con la creación de los planteles del Colegio de Ciencias y Humanidades (CCH) por parte del rector de la UNAM Pablo González Casanova, el GCI logró que algunos militantes experimentados, como Alfonso Peralta y Lucinda Nava, se incorporaran como profesores, principalmente en el plantel de Azcapotzalco, logrando con ello que el movimiento trotskista creciera. Precisamente, al interior del CCH, militantes del GCI formaron la Juventud Marxista Revolucionaria (JMR) y rápidamente elaboraron un boletín semanal llamado *Virus Rojo*, y más adelante, en la UNAM crearon el *Topo Rojo*.[567] También en los *Cuadernos complementarios*, los trotskistas del CCH, hicieron circular fragmentos de *La Revolución Rusa* de Trotsky y la *Introducción a la lógica marxista* de George Novack.

Estas publicaciones eran autogestionadas por los propios militantes de base mediante colectas, aportaciones económicas de los dirigentes y la venta de la propaganda. El GCI también aprovechaba la influencia y presencia

---

564. Entrevista realizada por Josué Bustamante González a Édgar Sánchez en la Ciudad de México, el 24 de octubre de 2017.

565. Entrevista realizada por Josué Bustamante González a Jaime González en la Ciudad de México, el 16 de noviembre de 2017.

566. *Idem.*

567. Entrevista realizada por Josué Bustamante González a Édgar Sánchez en la Ciudad de México, el 24 de octubre de 2017.

que tenían en el Comité de Lucha de Filosofía y Letras, en donde contaban con mimeógrafos, esténciles y papel para confeccionar sus publicaciones.

Precisamente, en la Facultad de Filosofía y Letras de la UNAM, Édgar Sánchez, estudiante de la carrera de Historia, se convirtió en el principal dirigente de la escuela de cuadros y fue representante de dicha institución en el COCO.[568] Asimismo, siguiendo la directriz de formar una gran vanguardia revolucionaria estudiantil, en 1971, el GCI formó parte de la Alianza Revolucionaria Marxista que incluía al Grupo «Teoría y Práctica», al Partido Mexicano del Proletariado y al Núcleo de Marxistas Independientes; juntos publicaron la revista *Brecha* en septiembre de 1971.[569] Este movimiento conjunto se disolvió en 1972 debido a incompatibilidades analíticas y, de *Brecha*, solo se publicaron cuatro números.

Uno de los momentos más importantes del GCI fue cuando publicó el periódico *Bandera Roja* a finales de 1972 y comienzos de 1973. La idea del Comité Central era ampliar el movimiento a nivel nacional. Así, durante la vigencia de *Bandera Roja* se mostraron paulatinamente los nexos políticos que los trotskistas fueron articulando en Sonora, Baja California, Tijuana, Mexicali, Chihuahua, Monterrey, Estado de México, Morelos, Guerrero, Oaxaca, Veracruz y Chiapas. En síntesis, las directrices de *Bandera Roja*, que van de 1973 a junio de 1976, pueden dividirse en tres partes: en primer lugar, la crítica a los gobiernos militares y autoritarios latinoamericanos, en especial, por obviedades territoriales se proyectó la oposición inmediata al Gobierno de Luis Echeverría; en segundo lugar, la solidaridad con el movimiento obrero y estudiantil nacional e internacional en países como Francia, Argentina, Chile, El Salvador, Portugal; en tercer lugar, la solidaridad con las secciones de la Cuarta Internacional a nivel global.

En el ejemplar del 2 de junio de 1976, *Bandera Roja* anunció la fusión entre el GCI y la Liga Socialista (LS), la cual dio origen a la Liga Comunista Internacionalista (LCI).[570]

Se debe mencionar que la expansión del GCI trajo consigo nuevas escisiones internas durante el período de 1972 a 1976. Por ejemplo, entre octubre y noviembre de 1972, los militantes de la Juventud Marxista Revolucionaria: Ricardo Hernández, Jaime González, Cristina Rivas, Ismael Contreras, Sergio Reséndiz, Telésforo Nava y Mariano Elías rompieron con

---

568. Entrevista realizada por Josué Bustamante González a Édgar Sánchez en la Ciudad de México, el 24 de octubre de 2017.

569. AHUNAM-FPSR, «Una alianza para iniciar la superación de nuestra actual crisis», *Brecha*, septiembre de 1971, pp. 1-3. caja 12, exp. 51, folio 1.

570. «LCI-LS las direcciones aceptan la fusión», *Bandera Roja*, México, 2 de junio de 1976, p. 2.

el GCI y, formaron hacia fines de 1972 la LS vinculada estrechamente con el SWP cuya tendencia era antiguerrillera; en su lugar, dirigía la estrategia revolucionaria hacia las grandes huelgas obreras.[571]

Durante esta época, se habían conformado dos tendencias al interior del Secretariado Unificado de la IV Internacional, una denominada Tendencia Mayoritaria Internacional (TMI), que agrupaba a Maitan, Mandel y Frank, y su eje de acción era ingresar en los movimientos de masas; por ello varios grupos trotskistas latinoamericanos se sumaron a los movimientos guerrilleros de sus respectivos países (De Pablo 2002, 77-78). La segunda tendencia adquirió el nombre de Fracción Leninista Trotskista (FLT), dirigida por militantes del SWP, como Joseph Hansen y Barry Shepard; su línea rechazaba cualquier involucramiento de los militantes en las guerrillas (2002, 79).

En mayo de 1976, el GCI y la LS acordaron iniciar la unificación; el primer paso sería la constitución y coordinación de un periódico de funcionamiento y trabajo conjunto.[572] Fue así como el boletín *Rojo* se fusionó con *Bandera Roja* en junio de 1976. De hecho, la LS también se había dividido; hubo una fracción llamada Tendencia Militante (TM) que siguió el giro a la izquierda del argentino Nahuel Moreno. En ella participaron Ricardo Hernández, Telésforo Nava, Mariano Elías y Cuauhtémoc Ruiz (2002, 96). Por su parte, Sergio Rodríguez Lazcano y Lucinda Nava formaron la «Tendencia Combate», para impulsar la incorporación de los jóvenes del GCI a la guerrilla de Lucio Cabañas (2002, 82). Según Aguilar Mora, estas tendencias de la LS se fusionaron posteriormente en el Partido Revolucionario de los Trabajadores (PRT).

Aparte de las divisiones internas, el GCI tuvo que afrontar la represión y asesinato de algunos de sus militantes, como fue el caso de Antonio Maldonado integrante de la Liga Socialista y estudiante de la Benemérita Universidad Autónoma de Puebla, quien fue asesinado en noviembre de 1974, a manos de un grupo vinculado con el PRI, llamado «Los Gavilanes».[573] A finales de 1975, Raúl Villegas, del GCI, fue secuestrado por la policía en Ciudad Juárez (Chihuahua), en compañía de su pareja Concepción Flores Madrid y Yolanda Quezada. Ese mismo día en la Ciudad de México Carlos Ferra Martínez (exmilitante del PORT), María Elisa Villaescuza y Margarito

---

571. «Por qué nos escindimos del GCI», *Virus Rojo*, 17 de noviembre de 1972, núm. 20, p. 4. Para conocer más acerca de las escisiones internas durante este período, véase Óscar de Pablo (2002, 75).

572. «LCI-LS: las direcciones aceptan la fusión», *Bandera Roja*, México, DF, 2 de junio de 1976, p. 2.

573. «Antonio Maldonado asesinado en Tlaxcala», *Intercontinental Press*, vol. 12, núm. 43, 2 de diciembre de 1974, p. 1628.

Montes Parra, todos militantes del GCI, fueron secuestrados del local de la organización donde se editaba su órgano *Bandera Roja*. Los tres permanecieron privados de su libertad en la casa de Ferra por agentes de la Dirección de Investigaciones para la Prevención de la Delincuencia. Los trotskistas fueron trasladados a la cárcel clandestina del «Pocito», especializada en la obtención de confesiones forzadas.[574] Posteriormente, fueron liberados.

Pese a muchas dificultades, después de un largo recorrido militante, el 18 de septiembre de 1976, una cantidad importante de integrantes de la LCI y de la LS fundaron el PRT.

Para entonces, la Cuarta Internacional contaba con secciones en Chile, China, Argentina, Australia, Brasil, Reino Unido, Canadá, India, Irán, Nueva Zelanda, Perú, España, Uruguay y Venezuela.

Durante ese lapso que abarca, 1970-1976, los trotskistas, principalmente del GCI, habían introducido a México una amplia gama de materiales escritos, fruto de sus cada vez más amplias conexiones con las secciones de la Cuarta Internacional en Francia, España, Estados Unidos y Argentina. Los jóvenes del GCI tenían a su disposición una gran cantidad de material documental, como el que se presenta en la tabla 11, destinado a la formación de una conciencia internacionalista.

Tabla 11.
Materiales de formación y discusión política del GCI

Boletín de Sociología del Siglo XX

Boletín de Informaciones Internacionales del Secretariado Unificado de la Cuarta Internacional y traducido por el Partido Socialista de los Trabajadores de Argentina de tendencia morenista (PST)

International Internal Discussion Bulletin del Secretariado Unificado de la IV Internacional, publicado por el SWP

Intercontinental Press del Secretariado Unificado de la IV Internacional

La Breche, de la Liga Marxista Revolucionaria de Suiza

La Gauche Socialiste et Revolutionnaire de Bélgica

---

574. Gabriel Montoya, «Secuestran y torturan a trotskistas mexicanos», *Intercontinental Press*, vol. 13, núm. 38, 27 de octubre de 1975, p. 1469.

The Militant del SWP

Red Mole de Inglaterra

Was Tun de Alemania

Cuarta Internacional de Bélgica

Quatrième Internationale

Rouge de la Liga Comunista de Francia

Intercontinental Press del Secretariado Unificado de la IV Internacional

Bandiera Rossa Grupo Comunista Revolucionario de Italia

Resoluciones de la Liga Comunista de España

International Socialist Review del SWP

Resoluciones de la Cuarta Internacional

Inprecor Correspondencia Internacional

Fuente: Elaboración propia con documentos del AHUNAM, Fondo Lucila Flamand. La documentación correspondiente a su militancia en el GCI se encuentra en proceso de catalogación.

Además de estas publicaciones, los militantes del GCI complementaban sus estudios con aquellos libros y folletos que la antigua LOM había creado a principios de los sesenta por medio de la editorial Índice Rojo y la editorial Saeta, al igual que la revista *Cuarta Internacional* de 1965 y 1967. Igualmente, el GCI tenía a la venta en 1971, las siguientes obras de León Trotsky:

- *La era de la revolución permanente, antología de escritos*, editorial Saeta
- *La revolución permanente*, Ediciones Clave
- *Su moral y la nuestra*, Ediciones Clave

Se precisa que los libros de las Ediciones Clave reimpresos en los años setenta muy probablemente formaban parte de la colección de César Nicolás Molina Flores, o bien, de Félix Ibarra o del propio Luciano Galicia.

Este último le regaló a Manuel Aguilar todos los números de la revista *Clave* de finales de los años treinta.

La LCI, en 1976, tenía a la venta la colección llamada Folletos de Bandera Roja en la que se incluían las siguientes obras:

1. *Capital monopolista de Estado o Estado de capital monopolista: La posición de la LCI en la coyuntura electoral*
2. *Plataforma programática de la LCI*
3. *Primer Congreso del Grupo Comunista Internacionalista*

Sin duda, la amplia variedad de revistas y libros que el Comité Central del GCI, primero, y después la LCI, hicieron circular entre sus militantes, así como el contacto que algunos de estos tuvieron con representantes extranjeros, como Joseph Hansen, James P. Cannon y Ernest Mandel, logró que varios trotskistas, en especial la vanguardia dirigente, adquirieran un sentido de admiración, comprensión y pertenencia a una Internacional comunista antiimperialista.

La experiencia de Jaime González es un caso relevante para visualizar ese efecto. Este militante fue invitado por el SWP para participar en una escuela de cuadros en Oberlin, (Ohio) en 1971. Junto con Alfonso Peralta viajó en Jeep hasta la sede del evento. Allí conoció a Joseph Hansen, el continuador del SWP después del retiro político de Cannon.[575] Tan solo la convivencia con militantes más experimentados y de diferentes nacionalidades le significó «ver la Internacional»:

> Tú te puedes imaginar para un joven como yo en ese momento pertenecer a una Internacional, ¡uff! Una cosa era pertenecer y otra cosa era verla, ya que tú la veías era difícil llegar a creer incluso con mis propios ojos la maravilla que estaba yo viendo. La Internacional en Francia, en Estados Unidos estaba creciendo de manera verdaderamente espectacular, jugando un papel importantísimo en las luchas de sus respectivos países, estábamos extraordinariamente orgullosos de ellos.[576]

Durante esa estancia en la escuela de cuadros, González tuvo la oportunidad de preguntarle a Hansen, cuál era la alternativa programática para América Latina, a propósito de la discutida línea guerrillera. El dirigente

---

575. Durante este período, el viejo Cannon ya estaba fuera de la vida política.

576. Entrevista realizada por Josué Bustamante González a Jaime González en la Ciudad de México, el 16 de noviembre de 2017.

del SWP, sin rodeos le contestó: «Los trabajadores… son ellos quienes tienen que hacer la revolución… y tu piensa en la fuerza que podría tener una huelga general».[577] González describe el impacto que tuvieron en él esas palabras: «en ese momento me cayó el veinte, qué línea adoptar». Deslumbrado, de vuelta a México, el joven militante todavía del GCI se convirtió en un firme opositor al acercamiento con la guerrilla, a diferencia de sus promotores, Mandel y Livio Maitan. Después de ese encuentro González asegura que se convirtió en un revolucionario de tiempo completo. Para los jóvenes dirigentes, los experimentados líderes de la Cuarta Internacional eran ante todo ejemplos muy prestigiosos, «muy buenos maestros» –La Internacional–, refiere González, «nos va a dar una formación que ningún otro político, que ningún otro grupo político en México podía llegar a ofrecernos».[578]

Sin duda, las lecturas y la sociabilidad política internacionalista definían en los trotskistas buena parte su comportamiento intelectual y militante. La mayoría de estos jóvenes, incluso no necesariamente de la cúpula, al igual que Lucila Flamand, militante de base, combinaban estas lecturas «teóricas» con las revistas más críticas de la situación nacional, como *Solidaridad* y *Punto Crítico*, y otras de marcado carácter militante, como *Tribuna Roja*, *El Gallo Rojo* y *Tricontinental*.[579] Toda esta preparación llegaba a su máximo capacidad en el debate político, el contacto directo con los trabajadores y las movilizaciones sociales.

Durante la década de los setenta, el trotskismo proliferó como una alternativa política fuerte ante lo que sus militantes denominaron «la crisis de izquierda». La casa editorial Juan Pablos Editor en la Ciudad de México, desde 1972, con la dirección de César Nicolás Molina Flores, en la que colaboraba asiduamente Alejandro Gálvez Cancino, puso en circulación la colección «Obras de León Trotsky», que constaba de más de una veintena de libros. En la actualidad, todavía se pueden apreciar algunas de estas publicaciones en las bibliotecas personales de líderes de la izquierda, como la del propio Aguilar Mora, Carlos Ferra, Rafael Galván y en los locales del PRT y del Partido Obrero Socialista (POS) en la Ciudad de México. En una ocasión, antes de una entrevista, encontré a Ferra en su cubículo de la Universidad de Chapingo tomando apuntes del libro de

---

577. *Idem.*

578. *Idem.*

579. Entrevista realizada por Josué Bustamante González a Lucila Flamand, Delia Hidalgo Romero y Roberto Marín Maldonado en la Ciudad de México, el 13 de septiembre de 2016. Consúltese también AHUNAM, Fondo Lucila Flamand. Los documentos correspondientes a su militancia de izquierda se encuentran en proceso de clasificación.

Trotsky *Historia de la Revolución rusa*; se trataba, precisamente de una edición de Juan Pablos Editor de 1972. El motivo por el que Ferra releía este libro era la elaboración de una ponencia con la que participaría en un Foro Socialista conmemorativo por los cien años de la Revolución de Octubre de 1917.

Por otro lado, Adolfo Gilly y Francisco Colmenares, a mediados de los setenta, colaboraron en la revista *Solidaridad* de la Tendencia Democrática del Sindicato de Trabajadores Electricistas de la República Mexicana (STERM). En 1977, estos dos exmilitantes del POR (T) fundaron la revista *Coyoacán, Revista Marxista Latinoamericana*, en la que abordaron los problemas nacionales e internacionales del momento con la mirada crítica del marxismo y, por supuesto, del pensamiento de Trotsky. Durante los setenta, el POR (T) tenía una minoritaria presencia entre los estudiantes. Seguía publicando la revista *Voz Obrera* y la revista *Lucha Estudiantil*. Otra tendencia, la LOM lambertista, había puesto en circulación el periódico *El Obrero Militante*.

Por último, el PRT puso un cuantioso volumen de publicaciones en manos de sus militantes; formó el periódico *Bandera Socialista* y los *Folletos de Bandera Socialista*, una serie de textos muy sintéticos destinados a la formación de los cuadros políticos. Cabe destacar que varios de estos folletos incluían el feminismo como tema de estudio, pues el PRT ya tenía en sus filas un buen contingente de mujeres que experimentaron el 68 y el 71 (López Rosado y Márquez Gileta 2019, 155; 2022, 9-219). Exmilitantes como Delia Hidalgo Romero[580] y Sergio Reséndiz[581] todavía conservan buena parte de estos folletos. Amén de la continuación de la revista *La Internacional* y, en 1977, la revista *Perspectiva Mundial*, que encontraba su fuente de inspiración en la revista *Intercontinental Press*.

Con la fundación del PRT, como organismo político nacional, aglutinante de todas las corrientes trotskistas en México, se cerró un ciclo de fuertes implicaciones sociopolíticas que produjo el pensamiento de León Trotsky en grupos muy acotados de distintas generaciones de jóvenes militantes desde los años treinta hasta los setenta. Su *ethos* de izquierda ha quedado

---

580. Entrevista realizada por Josué Bustamante González a Lucila Flamand, Delia Hidalgo Romero y Roberto Marín Maldonado en la Ciudad de México, el 13 de septiembre de 2016.

581. Resolución del Secretariado Unificiado de la IV Internacional, *Revolución socialista y la lucha por la liberación de la mujer*, abril de 1978, Folletos de *Bandera Socialista*, núm. 59, pp. 86. Consúltese también León Trotsky, Caroline Lund, Elizabeth Barnes (1971, 51). Este folleto fue publicado originalmente en 1970 por la editorial Pathfinder Press, ligada al SWP, en Nueva York.

expresado en su abanico de publicaciones como muestra de la intensa difusión del trotskismo en México. Y esto es parte significativa de nuestra propia historia del siglo xx.

CONCLUSIONES

A lo largo del período histórico que comprende esta investigación, es decir, 1940-1976, se observó de qué forma en México se fue creando una reducida vanguardia bolchevique que progresivamente se asumió como trotskista y representante de la Cuarta Internacional. Después de que en julio de 1928, algunos delegados como James P. Cannon que asistieron al VI Congreso Mundial de la Internacional Comunista, conocieron el documento de Trotsky «El proyecto de programa de la III Internacional Comunista: una crítica de los fundamentos», en el cual se criticaba *in extenso* la política denominada del «tercer período», dieron un viraje hacia el pensamiento de Trotsky y la Oposición de Izquierda. A partir de ese momento, se inició en Estados Unidos y América Latina un proceso de difusión del pensamiento de Trotsky y la lucha por la construcción de oposiciones de izquierda al interior de los partidos comunistas. Para ello fue fundamental el *Biulleten Oppositsii*, *La Vérité* y *The Militant*. A finales de los años veinte, y durante toda la década siguiente, paulatinamente en diferentes países de América Latina, entre ellos México, fueron apareciendo primero, pequeñas oposiciones trotskistas, luego ligas, y finalmente, partidos marxistas revolucionarios.

Todo este crecimiento se debió a la conformación de diferentes centros rectores internacionales del trotskismo como la Communist League of America (1929), la Oposición de Izquierda Internacional (1930), la Preconferencia Internacional de la Oposición de Izquierda (1933), el Workers Party of the United States (1934), el Parti Ovrier Internationaliste (1936), la Conferencia de Ginebra del Movimiento por la IV Internacional (1936) y la Conferencia de Fundación de la IV Internacional (1938). Durante este período, el trotskismo se convirtió en una corriente bolchevique internacional que constituyó una red militante y un circuito comunicativo en los que había prácticas políticas concretas muy específicas: la elaboración de una prensa militante, la batalla por la formación de una vanguardia marxista-leninista dotada de una idea radical del internacionalismo proletario y el establecimiento de una sociabilidad política que rebasaba las fronteras nacionales. En esta investigación se demuestra de qué forma en México estas tres prácticas estuvieron fuertemente entrelazadas para formar una vanguardia trotskista, que de manera peculiar se estableció y se desarrolló en México.

La prensa militante fungió como una representación de la imagen de Trotsky y del programa de la Cuarta Internacional. La prensa fue un medio de formación política, de reclutamiento, de debates nacionales e internacionales, de creación de símbolos. La prensa militante también reflejó la precariedad o auge de la organización que la producía. El internacionalismo proletario, por su parte, implicaba el desplazamiento de militantes de diferentes nacionalidades que tenían en común establecer una sociedad socialista y la formación de una conciencia crítica que superaba los confines del nacionalismo.

La diferencia que las prácticas trotskistas tenían de otras corrientes marxistas, recaía sobre su condición disidente de la III Internacional Comunista, ya que sobre Trotsky y sus seguidores pesaba un fuerte estigma que fue reproducido en centenares de publicaciones. Prácticamente allí donde la IC tenía sus secciones, había campañas antitrotskistas, lo cual marginalizó, en gran medida, el trabajo militante de la Cuarta Internacional. Los textos que elaboró Trotsky y que los trotskistas se apropiaron, al grado de la veneración, llevaron el signo de la confrontación contra Stalin, el PCUS y la IC. Esta marginalidad y radicalidad «antiestalinista» enfrascaron a los trotskistas en una lucha maniquea, sin fin, contra todas las secciones nacionales de la IC, en la que ellos se encontraban en una franca desventaja numérica y, por ende, mucho más limitados económicamente para emprender sus proyectos políticos. Los trotskistas se convirtieron así en una selecta vanguardia comunista que trataba de abrirse paso en el movimiento obrero de masas. Esta radicalidad tenía su fuente de legitimidad en la concepción de la revolución que Trotsky elaboró, con respecto a su protagonismo en la Revolución rusa de 1917; en su calidad de exintegrante del Comité Central del PCUS, y de su condición de crítico marginal del Gobierno soviético, así como en el llamado «Programa de Transición» y en la fundación de la Cuarta Internacional. Esta noción de legitimidad fue adoptada y defendida por los trotskistas al grado de asumirse como los «auténticos revolucionarios», «incorruptibles», «defensores de los Cuatro Primeros Congresos de la Internacional Comunista» y «científicos marxistas».

Cuando Trotsky falleció, en agosto de 1940, su imagen fue enaltecida con estas mismas cualidades, pero se le añadió la de «profeta», capaz de vaticinar el proceso histórico mundial y el curso de los sucesos «revolucionarios». Mientras tanto, los trotskistas se erigieron en «herederos» del marxismo-leninismo y perpetuaron no solo la imagen inmaculada de Trotsky, sino que a sus textos le confirieron una cualidad de verdad revelada. La palabra de Trotsky era «veraz», no tenía punto de equivocación. De tal manera, que la vanguardia trotskista quiso asimilar de raíz la imagen de su creador: «la del revolucionario abnegado», «el luchador tenaz», «el crítico». Junto con esta recepción y proyección imaginaria, que para los trotskistas era un distintivo de la que denominaban «lucha por instaurar una dictadura proletaria», los llevó a integrarse como una oposición bolchevique (minúscula) que luchaba por obtener el poder político a nivel mundial e instaurar un régimen socialista. Con base en su «Programa de Transición», los trotskistas diseñaron un tipo ideal de sociedad socialista. Esto permitió a los militantes de la Cuarta Internacional fungir como un grupo crítico y opositor a los diferentes regímenes en el poder.

El *ethos* trotskista se complementó con dos prácticas más, propias de una vanguardia política comunista: la del faccionalismo y las escisiones. El saber «trotskista» o «ideología trotskista» se preservó en una diminuta cúpula de dirigentes versados en el marxismo y en los textos de los revolucionarios rusos. Los militantes de la Cuarta Internacional, al formar parte de una estructura de mando vertical, tenían la habilidad para convertirse en representantes, escritores, «teóricos» y tomadores de decisiones al interior de la organización trotskista a la que pertenecían. Cuando alguna directriz cambiaba de rumbo, o no era como las figuras de mayor rango lo querían, había expulsiones, separaciones y las organizaciones en lugar de fortalecerse se debilitaban. En otros casos, después de las expulsiones o escisiones, se creaban facciones como aquella que formaron Max Shachtman, James Burnham, Martin Abern, y otros, en 1939. Estas disputas se agudizaron con la muerte de Trotsky y con la relectura de su obra, la cual continuó siendo del dominio de los dirigentes.

Además, en esta investigación, la perspectiva transnacional permitió conocer que la movilidad de los líderes trotskistas hacia México fue inseparable del internacionalismo proletario, pues de ella se derivó la aparición del trotskismo en el territorio mexicano. En primer lugar, al ser una organización marxista-leninista de carácter internacional, la presencia en México de militantes extranjeros, como Russell Blackwell (alias Rosalío Negrete), Abraham Golod (A. González), Charles Curtiss (C., Carlos Cortés), Grandizo Munis y el propio León Trotsky, fue vital para que en México se formara y permaneciera un núcleo de militantes trotskistas. Durante este lapso, los extranjeros, principalmente del swp, se esforzaron por crear un partido que se rigiera por los cánones que la cúpula trotskista fue desarrollando gradualmente. A partir de allí, se estableció una sociabilidad transnacional que consistía, primero en el establecimiento de una jerarquía en la cual los militantes extranjeros, debido a su formación política, tenían un estatus superior sobre los mexicanos.

El ideario trotskista, que se fue construyendo a lo largo de la década de los años treinta, circuló en los boletines, revistas y periódicos que los mexicanos y extranjeros confeccionaron. En la práctica, durante este período, la prensa sirvió principalmente para mantener con vida al movimiento trotskista en México.

Durante los años cuarenta del siglo xx, los militantes mexicanos, después de una serie de divisiones y expulsiones, como las que se llevaron a cabo en 1939 con la reestructuración de la LCI, trabajaron mejor coordinados y, con ayuda de G. Munis, lograron encaminarse hacia la conformación de una oposición política que acataba las directrices de la Cuarta Internacional. Fue así como surgió el Partido Obrero Internacionalista sección mexicana de la IV Internacional y el periódico *Lucha Obrera*, en septiembre de 1939. Los militantes mexicanos asumieron el control de la dirección trotskista en México, a partir de 1943, y después de varios años lograron ampliar su base militante.

En el caso de los dirigentes extranjeros, estadounidenses principalmente, seguían teniendo una influencia importante en el POI, al grado de que la sección mexicana reproducía acríticamente las posturas que alguno de estos líderes les proporcionaba. Sin embargo, la presencia de los trotskistas estadounidenses en la Ciudad de México durante este período fue más limitada, pero no por ello menos importante. Ocasionalmente, las secciones estadounidense y española se reunían en México para dialogar sobre las directrices que debía seguir la Cuarta Internacional. Asimismo, realizaban conferencias políticas, participaban en los aniversarios del asesinato de León Trotsky y alimentaban con propaganda el circuito comunicativo que la Cuarta Internacional tenía en México.

Durante la década de los cuarenta en México, los desplazamientos de James P. Cannon, Albert Goldman, Grandizo Munis, Benjamin Péret, Natalia Sedova y los socialistas Julián Gorkin, Marceau Pivert y Víctor Serge fueron un nexo importante para que los trotskistas mexicanos se asumieran plenamente como militantes de la Cuarta Internacional y emprendieran una lucha política contra los Gobiernos de Ávila Camacho, Miguel Alemán Valdés y sus rivales de la CTM y el PCM. De igual forma, en esta etapa *Lucha Obrera* se develó como el instrumento que proyectaba el programa político de la Cuarta Internacional. En este medio de comunicación se observó el dinamismo de los trotskistas, su influencia y su circuito nacional e internacional. Durante los años cuarenta, los trotskistas crearon la Editorial Clave y pusieron en circulación obras de Trotsky y varios folletos de los dirigentes de la Cuarta Internacional como Ernest Mandel y Grandizo Munis, entre otros.

Lucha Obrera fungió como un espacio en el cual el internacionalismo no solo se concentró en la difusión del proyecto de revolución socialista mundial y en la circulación de información propagandística, sino también en un medio de comunicación utilizado por los militantes extranjeros, como G. Munis y Benjamin Péret de la sección española, para generar debates con otros trotskistas de mayor rango en torno a la concepción de la URSS como un Estado obrero. Estas confrontaciones generalmente terminaron en expulsiones.

En *Lucha Obrera* se reprodujeron los designios del SI, constatando así que entre el centro rector del trotskismo ubicado en París y la sección mexicana persistió la comunicación, aunque no tan fluida. El POI cobró relevancia al enfrentarse contra las políticas encabezadas por los gobiernos de Manuel Ávila Camacho y Miguel Alemán Valdés. En esa reyerta, los trotskistas en franca minoría, difundieron su programa en diferentes organizaciones de trabajadores que se oponían a las políticas laborales de los gobernantes en turno. En esta época, aunque los trotskistas incrementaron su base militante y de simpatizantes, no dejaron de ser una muy pequeña vanguardia marxista-leninista que luchaba por convertirse en un movimiento de masas.

Uno de los principales logros políticos del movimiento trotskista durante estos años, y que se refleja en el imaginario heroico de la izquierda, fue la elevación de Trotsky como un símbolo de la revolución socialista a escala internacional. La sección mexicana en colaboración con otras secciones, hicieron del 21 de agosto una fecha conmemorativa en la que se recuerda el asesinato de su líder y se critica duramente al estalinismo. Amén de los libros y periódicos que convirtieron a Trotsky en un mártir del socialismo, dotado de inmaculadas virtudes revolucionarias.

La sección mexicana de la IV Internacional, a finales de los años cuarenta, ya muy desgastada, no superó el incesante faccionalismo de sus dirigentes, ni las duras acometidas que frenaron de golpe su relativo crecimiento, propiciadas por la CTM, el PCM y la persecución anticomunista del Gobierno alemanista. Por ello, en la mayor parte de la década de los cincuenta, el trotskismo en México volvió a ser un grupúsculo, al borde de la extinción, sin ninguna injerencia significativa en el movimiento obrero. Su historia casi fue borrada de la geografía ideológica mexicana de no ser porque detrás de ella había un circuito comunicativo transnacional e internacionalista que hizo lo posible por preservar sus secciones latinoamericanas.

De nueva cuenta, el SWP de James P. Cannon, que en esa época había formado su propio Comité Internacional con la línea «del trotskismo ortodoxo», luego de una escisión con el SI de la Cuarta Internacional pablista, logró establecer un subcircuito comunicativo entre Nueva York y la Ciudad de México, en el cual básicamente se encontraba Cannon del SWP y Rafael Galván, este último en su calidad de dirigente electricista y exmilitante del POI. Poco después, los mexicanos consiguieron vincularse con el POR boliviano dirigido por Guillermo Lora y Hugo González Moscoso. Entre 1953 y 1954 se integró a este subcircuito el peruano Ismael Frías, del Partido Obrero Revolucionario Sección Peruana de la IV Internacional, quien desde la Ciudad de México analizó el proceso contrarrevolucionario acaecido en Guatemala. Gracias a este subcircuito trotskista, Rafael Galván creó en México la revista clandestina *¿Qué hacer?*, la cual impulsaba la formación de un partido obrero campesino socialista, como alternativa a lo que llamaba la degeneración del sistema político mexicano.

Además, el intercambio informativo militante, que en ese entonces comprendía la circulación de las revistas *The Militant*, *Fourth International*, *International Information Bulletin*, *Lucha Obrera* y *Revolución Permanente* permitió a *¿Qué hacer?* construir un modelo político de oposición revolucionaria. Sin embargo, este proyecto, aunque tenía su fundamento en el trotskismo y el internacionalismo, incorporó elementos del nacionalismo revolucionario mexicano en boga durante la década de los cuarenta y los cincuenta. Una intención de fondo que tenían los creadores de *¿Qué hacer?* era canalizar la insatisfacción del movimiento obrero y formar una vanguardia proletaria independiente del Estado.

Sin embargo, excluido del movimiento de masas, el grupo en torno a *¿Qué hacer?* desapareció a mediados de los años cincuenta. De nueva cuenta, sobre los trotskistas repercutió la persecución anticomunista del régimen autoritario priista, la pugna permanente que ellos tenían con el PCM y la CTM, su completa marginalidad y su imposibilidad por crear un partido político. En los hechos, el programa de los trotskistas no era compatible con la realidad política mexicana. El trotskismo en México quedó reducido a un grupo de no más de diez personas, aunque se decía preparado para un cambio social revolucionario.

A finales de los años cincuenta, el trotskismo no tenía ninguna presencia en el movimiento obrero, su tradición estaba desperdigada en algunos de sus militantes como Luciano Galicia, Félix Ibarra, Rodolfo Ornelas, César Nicolás Molina Flores, la propia Natalia Sedova, entre otros de quienes no quedan rastros. Óscar de Pablo ha hablado de una sección de Poza Rica liderada por Fausto Dávila Solís, sin embargo, no se conoce nada de ella entre los años de 1950 a 1959. Este es un tema de investigación que todavía se encuentra pendiente.

Aparte del pensamiento de la Cuarta Internacional, lo que circulaba entre los trotskistas mexicanos eran varios fragmentos de la vida de Trotsky y algunas de sus obras más conocidas.

Por lo tanto, a finales de los años cincuenta y principios de los sesenta del siglo xx, en un escenario político en el cual el trotskismo se encontraba casi extinto, nuevamente el internacionalismo proletario y la movilidad transnacional de los militantes extranjeros que llegaron a México, sacaron a flote un barco que parecía totalmente hundido. Tanto el Buró Latinoamericano de la IV Internacional como el Comité Internacional del swp canalizaron la insatisfacción y el ímpetu de un grupo de jóvenes universitarios que encontraron en el trotskismo una alternativa que se les presentaba como novedosa. Este resurgimiento trotskista en México no fue fortuito, sino que respondió a intereses que la Cuarta Internacional tenía en América Latina como resultado del triunfo revolucionario en Cuba y las movilizaciones populares en contra de las dictaduras golpistas, que con la complicidad de Estados Unidos se fueron implantando en diferentes países latinoamericanos en aquel período.

Durante los sesenta, el por (t) y la lom lograron reactivar el circuito comunicativo internacionalista con aquellas organizaciones coordinadoras del trotskismo a nivel global. Durante este período la Revolución cubana propició una nueva división en la Cuarta Internacional. Por un lado, se conformó el Secretariado Unificado de la Cuarta Internacional y por el otro, trabajó de manera independiente, pero asumiéndose como parte de la Cuarta Internacional, el Buró Latinoamericano. En México la lom permaneció leal a la primera, mientras que el port formaba parte de la segunda. Se diferenciaron a partir de la adopción de la lucha armada como forma de toma del poder por parte de la segunda. Por ello, los líderes del port mexicano incursionaron en el movimiento guatemalteco del MR-13 a partir de 1963, con una experiencia frustrada y trágica.

Por primera vez hubo representantes mexicanos que podían desplazarse a diferentes países y tratar de aplicar las directrices que se determinaban en los congresos internacionales del trotskismo. Los casos más significativos fueron el de Manuel Aguilar relacionado con el Secretariado Unificado de la IV Internacional, y los de Felipe Galván, David Aguilar Mora y Eunice Campirán con el Buró Latinoamericano de Posadas.

Además, Joseph Hansen del swp llegó a México y del por (t) los argentinos Juan Posadas, Adolfo Gilly, Óscar José Fernández Bruno, Eduwiges Teresa Confreta y Guillermo Almeyra. Estos dirigentes argentinos lograron crear en el POR (T) fuertes lazos de sociabilidad militante, gracias al culto que había en torno a la figura de su dirigente Juan Posadas y de su muy particular lectura dogmática de Trotsky.

Como parte de esta sociabilidad internacionalista, los trotskistas en general, ampliaron sus cuadros y su circuito propagandístico, en el que transitaba una buena cantidad de revistas y periódicos que reforzaban el vínculo entre los militantes y los trabajadores.

Por ejemplo, *El Obrero Militante* se develó como el medio de comunicación que sirvió de puente ideológico entre el Secretariado Unificado de la Cuarta Internacional y la LOM. A partir de ese nexo internacionalista, Manuel Aguilar, y su círculo de militantes, se integraron a un circuito transnacional en el que los congresos internacionales no solo servían para establecer pautas programáticas, sino que también fungían como espacios de interacción ideológica que contribuían a la formación de líderes trotskistas. Además, el tránsito de materiales propagandísticos permitió que algunos dirigentes como Manuel Aguilar Mora, contaran con la prensa militante tanto de México como de Estados Unidos y Europa. Por ejemplo, *World Outlook*, la revista del Secretariado Unificado de la Cuarta Internacional, con sede en Nueva York, posibilitó que Manuel Aguilar denunciara el autoritarismo del presidente Gustavo Díaz Ordaz, cuando prácticamente los canales de expresión alternativa estaban cerrados. *World Outlook* también favareció que el trotskismo siguiera con vida antes y después de la represión de 1968, porque en sus páginas Manuel Aguilar desarrolló sus ideas políticas que cobrarían mayor impulso en los setenta, como la teoría del «régimen bonapartista».

Por ello, en la década de 1970 el trotskismo se revitalizó. Durante este período el cicuito comunicativo de la Cuarta Internacional se encontraba en paulatina expansión. A este movimiento se sumó una nueva generación de jóvenes izquierdistas que fueron educados políticamente por una dirigencia en ascenso, y por las revistas y los periódicos trotskistas que se producían en México, así como en las diferentes secciones de la Cuarta Internacional. Algunos líderes tuvieron la oportunidad de complementar su educación militante dialogando cara a cara con las figuras más representativas del movimiento trotskista internacional.

Por último, es importante señalar que muy diversos procesos políticos todavía quedan por estudiar, a la luz de los documentos de primera mano y los testimonios de los militantes y exmilitantes. Por ejemplo, la participación de las mujeres trotskistas en el escenario político mexicano y latinoamericano, así como las actividades del PRT y otras tendencias de la Cuarta Internacional después de 1976.

Por último, la presente historia sobre los trotskismos en México había permanecido oculta en la historiografía de las corrientes de la izquierda. Mi contribución crítica es un aporte para los estudios del campo político de las izquierdas mexicanas del siglo xx. Con el término de esta investigación se espera que se incentive y se revitalice el estudio del trotskismo en México a la luz de los grandes desafíos del planeta globalizado del siglo xxi. En esos marcos se confrontarán de nuevo los valores sociopolíticos del legado de la revolución permanente de León Trotsky, para México y para el mundo.

FUENTES CONSULTADAS

FUENTES DOCUMENTALES

Archivo General de la Nación, Ciudad de México.
Fondo de la Secretaría de Gobernación, Sección Dirección de Investigaciones Políticas y Sociales

Archivo Histórico de la Universidad Nacional Autónoma de México, Ciudad de México.
Fondo Lucila Flamand y Pablo Sandoval

Archivo Histórico del Centro de Estudios del Movimiento Obrero y Socialista, Ciudad de México.
Fondo Carlos Sánchez Cárdenas
Fondo Gerardo Unzueta

Archivo Histórico de la Secretaría de Relaciones Exteriores, Ciudad de México.
Fondo

Universidad Obrera de México Vicente Lombardo Toledano, Ciudad de México.
Fondo Histórico Lombardo Toledano

Archivo Personal del Maestro Alejandro Gálvez Cancino, Ciudad de México

Archivo Instituto Internacional de Historia Social, Ámsterdam.
Fondo electrónico en https://search.socialhistory.org/Record/ARCH01483/ArchiveContentList#927

HEMEROGRAFÍA

Hemeroteca Nacional, UNAM. Ciudad de México

Boletines

Boletín Informativo de Lucha Obrera
Claridad
International Internal Discussion Bulletin
Virus Rojo

Periódicos

Bandera Roja
Bandera Socialista
El Obrero Militante
IV Internacional
La Voz de México
The Militant
Voz Obrera

Revistas

Boletín de Informaciones Internacionales
Boletín de Sociología del Siglo XX
Clave. Tribuna Marxista
Cuarta Internacional
Fourth International
Information Bulletin
Inprecor
Intercontinental Press
International Socialist Review
La Internacional
Lucha Estudiantil
Lucha Obrera
Marcha
Memoria
Mundo Socialismo y Libertad
Quatrième Internationale
¿Qué hacer?

Revista Marxista Latinoamericana
World Outlook

Prensa comercial

El Día
El Informador
El Porvenir
El Sol de México
El Universal
Excélsior
Impacto
La Crítica
La Jornada
La Prensa
Le Monde
Proceso
Siempre!

BIBLIOTECAS CONSULTADAS

Biblioteca «Luis González y González» de El Colegio de Michoacán. Zamora, Michoacán
Biblioteca Rafael Galván, Casa Museo de León Trotsky. Ciudad de México
Biblioteca Social Reconstruir. Ciudad de México
Biblioteca «Daniel Cosío Villegas» de El Colegio de México. Ciudad de México
Base de datos Immigrations, Migrations and Refugees: Global Perspectives, 1941-1996, From the Archives of Central Intelligence Agency
Biblioteca Nacional de México. Ciudad de México
Colección Boris Rosen
Biblioteca Privada de Heberto Castillo, Fundación Heberto Castillo. Ciudad de México

ENTREVISTAS

Entrevista realizada por Josué Bustamante González a Manuel Aguilar Mora, en la Ciudad de México, los días 10 y 16 de septiembre de 2016.

Entrevista realizada por Josué Bustamante González a Lucila Flamand, Delia Hidalgo Romero y Roberto Marín Maldonado, en la Ciudad de México, el día 13 de septiembre de 2016.

Entrevista realizada por Josué Bustamante González a Carlos Ferra en Texcoco, Estado de México, el día 5 de noviembre de 2017.

Entrevista realizada por Josué Bustamante González a Édgar Sánchez en la Ciudad de México, el día 24 de octubre de 2017.

Entrevista realizada por Josué Bustamante González a Jaime González, en la Ciudad de México, el día 16 de noviembre de 2017.

BIBLIOHEMEROGRAFÍA

Acevedo Tarazona, Álvaro. 2019. «Orígenes del trotskismo en Colombia: de los colectivos socialistas revolucionarios al Bloque Socialista (1971-1977)». *Historia del Caribe* 34: 123-149.

Acevedo Tarazona, Álvaro y Emilio Lagos Cortés. 2022. «El trotskismo en Colombia: análisis historiográfico y documental de sus orígenes e impacto intelectual, político y universitario en los años setenta del siglo xx». *Revista Colombiana de Sociología* 2: 45-67.

Arruda Campos, Alzira Lobo de, Marília Gomes Ghizzi Godoy y Rafael Lopes de Souza. 2019. «Teoria e práxis revolucionária dos trotskistas brasileiros (São Paulo, 1930-1945)». *Historia Crítica* 72: 115-137.

Aguilar Mora, Jorge. 1971. *Cadáver lleno de mundo*. México: Joaquín Mortiz.

—. 1990. *Una muerte sencilla, justa, eterna. Cultura y guerra durante la Revolución Mexicana*. México: Ediciones Era.

Aguilar Mora, Manuel. 1982. *El Bonapartismo Mexicano. I. Auge y decadencia*. 2 tomos. México: Juan Pablos Editor.

—. 1983. *La crisis de la izquierda en México. Orígenes y desarrollo*. México: Juan Pablos Editor.

—. 2003. «Mi hermano David». En *Memoria de David Aguilar Mora y Eunice Campirán. Mexicanos revolucionarios e internacionalistas, mártires de la Revolución en Guatemala*, coords. Manuel Aguilar y Carlos Ferra. México: Facultad de Economía de la Universidad Nacional Autónoma de México.

—. 2006. «Nuestro presente y futuro de Trotsky y el trotskismo». *Memoria*, 203: 53-57.

—. 2010. *El escándalo del Estado: una teoría del poder político en México*. México: Distribuciones Fontamara.

—. «El 68, la patria de mi juventud». http://www.30-30.com.mx/el-68-la-patria-de-mi-juventud/ [Documento inédito proporcionado por el autor].

—. 2018. «El 68 mexicano, 50 años después». *Sin permiso, República y Socialismo, también para el Siglo XXI*, s/f. http://www.sinpermiso.info/textos/el-68-mexicano-50-anos-despues.

Agulhon, Maurice. 1994. *Historia vagabunda*. México: Instituto Mora.

Alexander, Robert J. 1972. «El trotskismo». *Problemas Internacionales* 3: 27.

—. 1973. *Trotskyism in Latin America*. California: Stanford University.

—. 1991. *International Trotskyism, 1929-1985. A Documented Analysis of the Movement*. Estados Unidos: Duke University Press.

—. 2007. *A History of Organized Labor in Peru and Ecuador*. Connecticut: Praeger Publishers.

Almeyra, Guillermo. 2013. *Militante crítico: una vida de lucha sin concesiones*. Buenos Aires: Ediciones Continente.

Alonso, Jorge. 1985. «La izquierda mexicana en la encrucijada». En *La izquierda en los cuarenta*, Roger Bartra et al. México: Ediciones de Cultura Popular / Centro de Estudios del Movimiento Obrero y Socialista.

—. 1990. *En busca de la convergencia. El Partido Obrero Campesino Mexicano*. México: Centro de Investigaciones y Estudios Superiores en Antropología Social / Ediciones de la Casa Chata.

Anders, Roger M. 1978. «The Rosenberg Case Revisited: The Greenglass Testimony and the Protection of Atomic Secrets». *The American Historical Review* 2: 388-400.

Avilés, Homero. 2018. *Movimientos sociales e izquierda partidista: el caso del trotskismo en Baja California Sur*. Tesis de doctorado. Morelia: Universidad Michoacana de San Nicolás de Hidalgo.

Barbio, Márcio. 2008. «Los trotskistas brasileños de 1960 a 1964: un rescate necesario». *Socialismo o Barbarie* 22: 241-262.

Bartra, Roger, Jorge Alonso, Miguel Ángel Velasco, María Eugenia Romero Sotelo, Juan Pablo Arroyo Ortiz, Valentín Campa, Alejandro Gascón Mercado, Javier Moreno, Arnoldo Martínez Verdugo. 1985. *La izquierda en los cuarenta*. México: Centro de Estudios del Movimiento Obrero y Socialista.

Basurto, Jorge. 1996. *Del avilacamachismo al alemanismo (1940-1952)*. México: Siglo XXI Editores.

Benjamin, Walter. 2013. *Tesis sobre la historia y otros fragmentos*. México: Universidad Autónoma de la Ciudad de México / Ítaca.

Bensaïd, Daniel. 2007. *Trotskismos*. España: El Viejo Topo.

Biazzi, Paolo et al. 1985. *Diccionario de términos marxistas*. México: Grijalbo.

Blanco Hugo y Vicente Romero. 2018. «Acá debemos elaborar nuestra propia política», *Amérique Latine Histoirie et Mémoire Les Cahiers ALHIM* 36: s/p. https://journals.openedition.org/alhim/6529.

Bosch, Constanza. 2015. «Los primeros folletos de 'Acción Obrera'. Una experiencia editorial en los orígenes del trotskismo argentino (1938-1941)». *Revista Izquierdas* 23: 1-22.

—. 2017. «Los orígenes de la Cuarta Internacional en Argentina. Liborio Justo y el caso del Grupo Obrero Revolucionario y la Liga Obrera Revolucionaria». *Diálogos. Revista Electrónica de Historia* 1: 199-223.

Brodziak, Emilio. 1993. «1968: año revolucionario. Notas sobre la concepción de la ruptura histórica según la teoría marxista elaborada por Ernest Mandel». México: Seminario de El Capital / Facultad de Economía Universidad Autónoma de México.

Broué, Pierre. 1974. *El partido bolchevique*. Madrid: Ediciones Castilla.

—. 1982. «Le mouvement trotskyste en Amérique latine jusqu'en 1940». *Cahiers Leon Trotsky* 11: 13-30.

—. 1988. *Trotsky*. París: Editorial Fayart.

Camarero, Hernán. 2020. «Contra la corriente. La Oposición de Izquierda en Argentina, 1929-1933». *Archivos de Historia del Movimiento Obrero y la Izquierda* 17: 15-38.

Campa Salazar, Valentín. 2014. *Mi testimonio, memorias de un mexicano comunista*. México: Cronicas, testimonios y documentos.

Cannon, James P. 1951. *The Road to Peace. According To Stalin And According To Lenin*. Nueva York: Pioneer Publishers.

Carr, Barry. 1996. *La izquierda mexicana a través del siglo xx*. México: Era.

—. 2011. «La crisis del Partido Comunista y el caso Trotsky 1939-1940». En *El Comunismo: otras miradas desde América Latina*, coord. Elvira Concheiro Bórquez et al. México: Universidad Nacional Autónoma de México / Centro de Investigaciones Interdisciplinarias en Ciencias Sociales y Humanidades.

—. 2017. «Escribiendo la historia de los comunismos en las américas: retos y nuevas oportunidades». En *El comunismo en América Latina. Experiencias militantes, intelectuales y transnacionales (1917-1955)*, coord. Patricio Herrera González. Valparaíso: Universidad de Valparaíso, pp. 13-34.

Cedillo Cedillo, Adela. 2008. «El fuego y el silencio. Historia de las Fuerzas de Liberación Nacional Mexicanas (1969-1974)». Tesis de licenciatura en Historia. México: Universidad Nacional Autónoma de México / El Colegio de Historia.

Cervera Gil, Javier. 1997. «La Quinta Columna en la retaguardia republicana de Madrid». *Historia, Antropología y Fuentes Orales* 17: 93-110.

Claude Fisera, Vladimir. 1988. «De l'imprecation à la compréhension historique: J. B. Tito, le PC yougoslave et le trotskysme (documents inédits, 1937-1977)». *Cahiers Leon Trotsky* 34: 65-71.

Clifford, James. 1999. *Itinerarios transculturales*. Barcelona: Gedisa.

Coggiola, Osvaldo. 2006. *Historia del trotskismo en Argentina y América Latina*. Buenos Aires: Ediciones RyR.

Concheiro, Elvira, Massino Modonesi y Horacio Crespo (coords.). 2011. *El Comunismo: otras miradas desde América Latina*. México: Universidad Nacional Autónoma de México / Centro de Investigaciones Interdisciplinarias en Ciencias Sociales y Humanidades.

Concheiro, Elvira y Carlos Payán (comps.). 2014. *Los congresos comunistas, México, 1919-1981*. 2 vols. México: Secretaría de Cultura del Gobierno del Distrito Federal / Centro de Estudios del Movimiento Obrero y Socialista.

Concheiro, Luciano y Ana Sofía Rodríguez. 2017. «Las revistas del comunismo». En *Camaradas. Nueva historia del comunismo en México*, coord. Carlos Illades. México: Secretaría de Cultura / Fondo de Cultura Económica.

Condés Lara, Enrique. 1998. «Años de rebelión y de esperanza». En *Asalto al cielo. Lo que no se ha dicho del 68*. Rubén Aréchiga Robles et al. México: Océano.

Cordal, Sabrina. 2016. «El primer debate en el trotskismo latinoamericano sobre la lucha armada. Polémica con el putschismo entre Nahuel Moreno y Daniel "Che" Pereyra en Perú entre 1961 y 1963». *Cuadernos de Marte* 10: 43-82.

Crespo, Horacio. 2016. «El comunismo mexicano y la lucha por la paz en los inicios de la Guerra Fría». *Historia Mexicana* 2: 653-723.

Dunkerley, James. 2003. *Rebelión en las venas. La lucha política en Bolivia, 1952-1982*. La Paz: Plural Editores.

Durand Ponte, Víctor M. et al. 1984. *Las derrotas obreras, 1946-1952*. México: Universidad Nacional Autónoma de México.

—. 1986. «Economía, política y sindicatos de industria en los años cuarenta». En *75 años de sindicalismo mexicano*, coords. Alejandra Moreno Toscano y Samuel León González. México: Instituto Nacional de Estudios Históricos de la Revolución Mexicana.

Echeverría, Alicia. 1986. *De burguesa a guerrillera*. México: Joaquín Mortiz.

Estrada Ramos, Juan Uvaldo. 2002. *El Partido Comunista Mexicano bajo la dirección de Dionisio Encina: 1940-1959*. Tesis doctoral. México: Universidad Autónoma Metropolitana Unidad Iztapalapa.

Fontana, Josep. 2011. *Por el bien del imperio: una historia del mundo desde 1945*. Barcelona: Pasado y Presente.

Frank, Pierre. 1970. *Historia de la IV Internacional*. Colección Cuadernos para el Debate Ideológico. Caracas: Ediciones Bárbate.

—. 1973. *Historia de la IV Internacional*. Colección Cuadernos Rojos. Buenos Aires: Daniel Bilbao Editor.

Frías, Ismael. 1980. «Guatemala: la posición de los trotskistas». En *El marxismo en América Latina: Antología, desde 1909 hasta nuestros días*. Michael Löwy. Colección El Hombre y su Tiempo. México: Era.

Gaido, Daniel. 2020. «Los orígenes del Pablismo: La Cuarta Internacional en la posguerra y la escisión de 1953». En *Historia del Socialismo Internacional: ensayos marxistas*, eds. Daniel Gaido, Velia Luparello y Manuel Quiroga. Santiago de Chile: Ariadna Ediciones, pp. 565-656.

Gaido, Daniel y Velia Luparello. 2020. «El trotskismo norteamericano y la revolución europea, 1943-1946». En *Historia del Socialismo Internacional: ensayos marxistas*, eds. Daniel Gaido, Velia Luparello y Manuel Quiroga. Chile: Ariadna Ediciones, pp. 499-563.

Gaido, Daniel, Velia Luparello y Manuel Quiroga (eds.). 2020. *Historia del Socialismo Internacional: ensayos marxistas*. Santiago de Chile: Ariadna Ediciones.

Gaido, Daniel y Constanza Valera. 2016. «Trotskismo y guevarismo en la revolución cubana, 1959-1967». *Revista Izquierdas* 27: 293-341.

Gall, Olivia. 1981. «*Clave*: outil politique de Trotsky», Mecanuscrito, ensayo final de la maestría en historia política del Institut d' Estudes Politiques, Université de Grenoble.

—. 1982. «La revue *Clave*: outil politique de Trotsky». *Cahiers Leon Trotsky* 11: 55-61.

—. 1991. *Trotsky en México y la vida política en tiempos de Lázaro Cárdenas, 1937-1940*. México: Era.

—. 2011. «El papel del PCM y de Lombardo en la guerra del Kremlin, la Comintern y la GPU. México 1936-1940». En *El Comunismo: otras miradas desde América Latina*, coords. Elvira Concheiro Bórquez, Massino Modonesi y Horacio Crespo. México: Universidad Nacional Autónoma de México / Centro de Investigaciones Interdisciplinarias en Ciencias Sociales y Humanidades.

—. 2012. *Trotsky en México y la vida política en tiempos de Lázaro Cárdenas (1937-1940)*. México: Universidad Nacional Autónoma de México / Centro de Investigaciones Interdisciplinarias en Ciencias Sociales y Humanidades.

Gálvez Cancino, Alejandro. 1986. «L'auto-absolution de Vidali et le mort de Mella». *Cahiers Leon Trotsky* 26: 39-53.

García Hernández, Frank. 2017. «El trotskismo cubano y la revolución rusa en los años veinte». En *Las izquierdas latinoamericanas. Multiplicidad y experiencias durante el siglo xx*, ed. Caridad Massón. Santiago de Chile: Ariadna Ediciones.

García Higueras, Gabriel. 2017. *Trotsky en el espejo de la historia (ensayos)*. México: Fontamara.

García Treviño, Rodrigo. 1959. *La ingerencia rusa en México (y Sudamérica)*. México: Editorial América.

Gilly, Adolfo. 1986. *La senda de la guerrilla (por todos los caminos/2)*. México: Nueva Imagen.

—. 2006. *Historia a contrapelo. Una constelación*. México: Era.

—. 2010. «Lo que existe no puede ser verdad». *New Left Review* 64: 28-44.

Gittlitz, A. M. 2020. *I Want to Belive. Posadism, UFOs, and Apocalypse Communism*. Londres: Pluto Press.

Glondys, Olga. 2007. «Reivindicación de la independencia intelectual en la primera época de *Cuadernos del Congreso por la Libertad de la Cultura*: I (marzo-mayo de 1953)-XXVII (noviembre-diciembre de 1957)». Trabajo de investigación. Barcelona: Departamento de Filología Española, Universidad Nacional Autónoma de Barcelona.

—. 2012. *La guerra fría cultural y el exilio republicano. Cuadernos del Congreso por la Libertad de la Cultura (1953-1965)*. Madrid: Consejo Superior de Investigaciones Científicas.

Goldman, Albert. 1941. *Quién está detrás del asesino de León Trotsky. Los hechos y los argumentos que prueban la culpabilidad de Stalin*. México: Editorial Clave.

González, Ernesto (coord.). 1995. *El trotskismo obrero e internacionalista en la Argentina. Del GOM a la Federación Bonaerense del PSRN (1943-1955)*, tomos i-ii. Buenos Aires: Editorial Antídoto.

Gouldner, Alvin W. 1989. *Los dos marxismos*. Madrid: Alianza Editorial.

Guevara Niebla, Gilberto. 1978. «Antecedentes y desarrollo del movimiento del 68». *Cuadernos Políticos* 17: 6-33.

Guillamón, Agustín (dir.). 1996. *Documentación histórica del trosquismo español (1936-1948). De la guerra civil a la ruptura con la IV Internacional*. Madrid: Ediciones de la Torre.

Hernández y Lazo, Begoña C. 2015. «Indignación y coraje: protestas contra la persecución a 'prófugos rojos' de Estados Unidos en suelo mexicano». En *De agentes, rumores e informes confidenciales. La Inteligencia política y los extranjeros (1910-1951)*, coords. Delia Salazar y Gabriela Pulido Llano. México: Instituto Nacional de Antropología e Historia.

Herrera, Patricio (coord.). 2017. *El comunismo en América Latina. Experiencias militantes, intelectuales y transnacionales, (1917-1955)*. Valparaíso: Universidad de Valparaíso.

Illades, Carlos. 2012. *La inteligencia rebelde. La izquierda en el debate público en México 1968-1989*. México: Océano.

— (coord.). 2017. *Camaradas. Nueva historia del comunismo en México*. México: Secretaría de Cultura / Fondo de Cultura Económica.

Jannello, Karina. 2014. «Los intelectuales de la Guerra Fría. Una cartografía latinoamericana (1953-1962)». *Políticas de la Memoria* 14: 79-102.

Jeifets, Víctor y Lazar Jeifets. 2017. *América Latina en la Internacional Comunista, 1919-1943. Diccionario biográfico*. Buenos Aires: Consejo Latinoamericano de Ciencias Sociales.

Kriegel, Annie. 1986. *Las internacionales obreras (1864-1943)*. Barcelona: Orbis.

Karepovs, Dainis. 2021. «Los trotskistas del Brasil y América Latina en los años 1930 y 1940». *Políticas de la Memoria* 21: 134-147.

Lauria Monteiro, Marcio. 2017. «O trotskismo e a Revolução Boliviana de 1952. Trotskyism and the 1952 Bolivian Revolution». *Tensões Mundiais* 24: 139-166.

Lenin. 1961a. *Obras escogidas en tres tomos. Tomo I: ¿Qué hacer?* Moscú: Editorial Progreso.

—. 1961b. *Obras escogidas en tres tomos*. Moscú: Editorial Progreso.

—. 1961c. *Obras escogidas en tres tomos. Tomo III: Sobre el significado del materialismo militante*. Moscú: Editorial Progreso

—. 1973. *La información de clase*. Argentina: Siglo XXI Argentina Editores.

—. 1979. *La formación de cuadros*. Moscú: Editorial Progreso.

Les congrès de la IVᵉ Internationale (manifestes, thèses, résolutions). 1 Naissance de la IV International (1930-1940). 1978. Montreuil: La Brèche.

Les congrès de la IVᵉ Internationale (manifestes, thèses, résolutions). 2 L'Internationale dans la guerre (1940-1946). 1981. París: La Brèche.

Les congrès de la IVᵉ Internationale (manifestes, thèses, résolutions). 4 Menace de la troisième guerre mondiale et tournant politique (1950-1952). 1989. Montreuil: La Bréche-PEC.

Longa, Francisco. 2016. «Acerca del 'ethos militante'. Aportes conceptuales y metodológicos para su estudio en movimientos sociales contemporáneos». *Argumentos. Revista de Crítica Social* 18: 47-74.

López Rosado, Beatriz y Ángeles Márquez Gileta (eds.). 2019. *Feministas trotskistas*. México: Nova Gráficos.

—. 2022. *Rebeldes y transgresoras. Feministas trotskistas testimonios 1974-1992*. México: Castellanos Editores.

López Villegas-Manjarrez, Virginia. 1983. *La CTM vs. otras organizaciones obreras*. México: El Caballito.

Lora, Guillermo. 1977. *A History of the Bolivian Labour Movement*. Cambridge: Cambridge University.

Löwy, Michael. 1980. *El Marxismo en América Latina (de 1909 a nuestros días) Antología*. Colección El Hombre y su Tiempo. México: Ediciones Era.

—. 2000. «La IVe Internationale en Amérique Latine». *Cahiers Leon Trotsky* 70: 99-109.

Loyola Díaz, Rafael y Antonia Martínez. 2010. «Guerra, modernización y desarrollismo». En *Del nacionalismo al neoliberalismo, 1940-1994*, coord. Elisa Servín. México: Fondo de Cultura Económica.

Luparello, Velia. 2013. «Perspectivas y resultados: el trotskismo norteamericano y la posguerra europea (1943-1947)». *Revista Izquierdas* 16: 95-114.

—. 2014. *Proyecciones y resultados: el trotskismo norteamericano y las consecuencias de la Segunda Guerra Mundial (1943-1947)*. Tesis de licenciatura en Historia. Córdoba: Universidad Nacional de Córdoba.

—. 2021. *Los trotskistas bajo el terror nazi. Una historia de la IV Internacional durante la Segunda Guerra Mundial*. Santiago de Chile: Editorial Ariadna.

Luparello, Velia y Daniel Gaido. 2020. «El trotskismo francés y el debate sobre la resistencia partisana: *Ohé Partisans!,* una experiencia trotskista en el maquis (1943-1945)». *Rúbrica Contemporánea* 9(18): 181-200.

Mancilla Treviño, Fernando Arturo y Martha Estela Mayoral Granados. 1987. *El Partido Revolucionario de los Trabajadores. Antecedentes y desarrollo*. Tesis de sociología. México: Universidad Nacional Autónoma de México.

Mandel, Ernest. 1973. «La proletarización del trabajo intelectual y las crisis de la producción capitalista». En *La rebelión estudiantil y la sociedad contemporánea*, Víctor Flores Olea et al. Serie Estudios, 33. México: Facultad de Ciencias Políticas y Sociales.

Mangiantini, Martin. 2012. «El exilio trotskista en Colombia (1976-1982)». *I Jornadas de Trabajo sobre Exilios Políticos del Cono Sur en el siglo xx*, La Plata, Argentina: http://www.memoria.fahce.unlp.edu.ar/trab_eventos/ev.2552/ev.2552.pdf.

—. 2015. «PRT-La Verdad y el movimiento estudiantil argentino. Hacia un análisis de las estrategias de inserción y de las tensiones existentes (1968-1972)». *Revista Izquierdas* 23: 83-101.

—. 2018. *Itinerarios militantes. Del Partido Revolucionario de los Trabajadores al Partido Socialista de los Trabajadores (1965-1976)*. Buenos Aires: Imago Mundi.

Marrou, Henri-Irénée. 1999. *El conocimiento histórico*. Barcelona: Idea Books.

Martínez Nateras, Arturo. 2016. *La izquierda mexicana del siglo xx. Libro 1. Cronología*. México: Universidad Nacional Autónoma de México.

Martínez Verdugo, Arnoldo (ed.). 1985. *Historia del comunismo en México*. México: Editorial Grijalbo.

Marx, Carlos y Federico Engels. 2011. *Manifiesto del Partido Comunista*. México: Centro de Estudios Socialistas Carlos Marx.

Medina, Luis. 1978. *Del cardenismo al avilacamachismo*. Historia de la Revolución Mexicana, 18. México: El Colegio de México.

—. 1982. *Civilismo y modernización del autoritarismo*. Colección Historia de la Revolución Mexicana. México: El Colegio de México.

Melgar Bao, Ricardo. 2009. «Cominternismo intelectual: representaciones, redes y prácticas político-culturales en América Central, 1921-1933». *Revista Complutense de Historia de América* 35: 135-159.

—. 2011. «El boliviano Marof en México: redes, identidades y claves de autoctonía política». En *Anuario del Colegio de Estudios Latinoamericanos 2008-2009, vol. 3*. México: Universidad Nacional Autónoma de México, pp. 201-233.

—. 2015. *La prensa militante en América Latina y la Internacional Comunista*. México: Instituto Nacional de Antropología e Historia.

—. 2018. *Redes e imaginario del exilio en México y América Latina: 1934-1940*. Colección América Latina. Lecturas Fundamentales, 3. México: Universidad Nacional Autónoma de México / Centro de Investigaciones sobre América Latina y el Caribe.

Méndez Moissen, Sergio A. 2015. «César Nicolás Molina Flores: filósofo trotskista preso en 1968». *La Izquierda Diario, Movimiento de los Trabajadores Socialistas*. http://www.laizquierdadiario.mx/Cesar-Nicolas-Molina-Flores-filosofo-trotskista-preso-en-1968.

Mesa redonda de los marxistas mexicanos. 1982. México: Centro de Estudios Filosóficos Políticos y Sociales Vicente Lombardo Toledano.

Montemayor, Carlos. 2010. *La violencia del Estado en México, antes y después de 1968*. México: Random House Mondadori.

Moreau, François. 1990. «L'Internationale dans les années 50». En *Combats et débats de la IVe Internationale : -I- des origines à 1963*. Moreau, François. Documento de Trabajo, 10. Amsterdam: Institut International de Recherche et de Formation.

Moreno, Nahuel. 2003. *El partido y la revolución: Teoría, programa y política. Polémica con Ernest Mandel*. Buenos Aires: Centroamérica. https://opcion-marxistainternacional.com/wp-content/uploads/2020/04/Morenazo.pdf.

Moreno Toscano, Alejandra y Samuel León González (coords.). 1986. *75 años de sindicalismo mexicano*. México: Instituto Nacional de Estudios Históricos de la Revolución Mexicana.

Mujica, Dolores. 2013. *Retratos: hombres y mujeres del trotskismo. La cara oculta de la historia de la clase trabajadora*. Folletos de la Biblioteca de

Historia Obrera. Santiago de Chile: Ediciones Museo Obrero Luis Emilio Recabarren.

Munis, Grandizo. 1946. «Los revolucionarios ante Rusia y el Stalinismo Mundial». En *Documentación histórica del trosquismo español (1936-1948). De la guerra civil a la ruptura con la IV Internacional*, dir. Agustín Guillamón. Madrid: Ediciones de la Torre.

Neymet, Marcela de. 1981. *Cronología del Partido Comunista Mexicano. Primera parte, 1919-1939*. México: Ediciones de Cultura Popular.

North, David. 1988. *The Heritage We Defended. A Contribution to the History of the Fourth International*. Michigan: Labor Publications.

Novack, George y Dave Frankel. 1978. *Las tres primeras internacionales*. Barcelona: Fontamara.

Oikión Solano, Verónica y Miguel Ángel Urrego Ardila (eds.). 2010a. *Violencia y sociedad. Un hito en la historia de las izquierdas en América Latina*. Morelia, Michoacán: Instituto de Investigaciones Históricas / Universidad Michoacana de San Nicolás de Hidalgo / El Colegio de Michoacán.

—. 2010b. «Un encuentro decisivo en la encrucijada revolucionaria. La influencia del PORT en el Movimiento Revolucionario 13 de Noviembre». En *La izquierda revolucionaria en Latinoamérica*, coord. Alberto Martín Álvarez. México: Universidad de Colima.

—. 2010c. «Violencia y olvido. El caso de Eunice Campirán: de la militancia trotskista al Movimiento Revolucionario 13 de Noviembre». En *Violencia y sociedad. Un hito en la historia de las izquierdas en América Latina*, eds. Verónica Oikión Solano y Miguel Ángel Urrego Ardila. Morelia: Instituto de Investigaciones Históricas / Universidad Michoacana de San Nicolás de Hidalgo / El Colegio de Michoacán.

—. 2011. «El movimiento universitario de 1966 en Michoacán: una historia de confrontación política». En *154 años de movimientos estudiantiles en Iberoamérica*, coords. Silvia González Marín y Ana María Sánchez Sánez. México: Universidad Nacional Autónoma de México / Biblioteca Nacional / Hemeroteca Nacional.

—. 2014. *Los profetas armados. Una historia de los trotskistas en México, 1934-1976*. Documento inédito proporcionado por la autora.

—. 2017. «La Central Nacional de Estudiantes Democráticos, una historia de militancia juvenil». En *Historia y memoria de los movimientos estudiantiles: a 45 años del 68, volumen 2 Los movimientos estudiantiles regionales en México*, coords. José Rivas Ontiveros, Ana María Sánchez Sáenz y Gloria A. Tirado Villegas. México: Universidad Nacional Autónoma de México / Ediciones Gernika.

—. 2018. «Student Organizing in Post-68 Mexico City: The Coordinating Commission of the Commitees of Struggle and State Violence». En *México*

Beyond 1968: Revolutionaries, Radicals, and Repression Durign the Global Sixties and Subversive Seventies, eds. Jaime M. Pensado y Enrique C. Ochoa. Tucson: The University of Arizona Press.

—. 2020. «La impronta solidaria y coyuntural de las izquierdas mexicanas ante el golpe de estado en Guatemala, 1954». *Revista de la Red de Intercátedras de Historia de América Latina Contemporánea* 12: 1-23.

Oliveira Tiago de. 2013. *Reorganização do movimento trotskista no Brasil –a formação Socialista Internacionalista (1968-1976). Um capítulo da IV Internacional no Brasil. Uma contribução à história do trotskismo no Brasil.* Tesis de maestría en Historia. Niterói (Brasil): Universidad Federal Fluminense / Instituto de Ciencias Humanas / Departamento de Historia.

Oprinari, Pablo. 2020. «Los caminos de Coyoacán: Trotsky y los trotskistas mexicanos». *La Izquierda Diario.* México: https://www.laizquierdadiario. mx/Los-caminos-de-Coyoacan-Trotsky-y-los-trotskistas-mexicanos.

Pablo, Óscar de. 2018. *La Rojería: esbozos biográficos de comunistas mexicanos.* México: Penguin Random House Grupo Editorial.

—. 2002. *A la izquierda del margen: los trotskismos en México, 1958-2000.* Documento inédito proporcionado por el autor.

Padilla, Tanalís. 2015. *Después de Zapata, El movimiento jaramillista y los orígenes de la guerrilla en México (1940-1962).* México: Ediciones Akal México.

Paiz Cárcamo, Mirna. 2015. *Rosa María, una mujer en la guerrilla. Relatos de la insurgencia guatemalteca en los años sesenta,* ed. M. Gabriela Vázquez Olivera. México: Centro de Investigaciones sobre América Latina y el Caribe / Universidad Nacional Autónoma de México / Juan Pablos Editor.

Pattieu, Sylvain. 2001. «Le " camarade " Pablo, la IVe Internationale, et la guerre d'Algérie». *Revue historique* 619: 695-729.

Peláez Ramos, Gerardo. 1980. *Partido Comunista Mexicano. 60 años de su historia.* Sinaloa: Universidad Autónoma de Sinaloa.

—. 2016. «El browderismo en México (1944-1945)», reproducido con agregados en http://www.lahaine.org/b2-img11/pelaez_browder.pdf.

Pensado, Jaime. 2013. *Rebel Mexico: Student Unrest and Authoritarian Political Culture During the Long Sixties.* Redwood City (CA): Stanford University Press.

Peralta [Benjamín Péret]. 1946. *Le «Manifeste» des exegetes* [El «Manifiesto» de los exégetas], México: Editorial Revolución. En *Documentación histórica del trosquismo español (1946-1948). De la guerra civil a la ruptura con la IV Internacional,* dir. Agustín Guillamón. Madrid: Ediciones La Torre.

Pivert, Marceau, Víctor Serge et al. 1942. *La GPU prepara un nuevo atentado.* México: Edición de «Análisis».

Portes, Alejandro, Luis Guarnizo y Patricia Landolt (coord.). 2003. *La globalización desde abajo: transnacionalismo inmigrante y desarrollo. La experiencia de Estados Unidos de América Latina*, México: Facultad Latinoamericana de Ciencias Sociales.

Prado, Carlos y Marcio Lauria Montiero. 2020. «Historia e historiografía del trotskismo Brasileño». *Archivos de Historia del Movimiento Obrero y la Izquierda* 17: 57-78.

Ravelo Lecuona, Renato. 2007. *Los jaramillistas: la gesta de Rubén Jaramillo narrada por sus compañeros*. México: Editorial La Rana del Sur.

Reed, Evelyn. 1974. *Problemas de la liberación de la mujer*, Colección Documentos Contemporáneos. Buenos Aires: Ediciones Pluma.

Resolución del Secretariado Unificado de la IV Internacional. 1978. *Revolución socialista y la lucha por la liberación de la mujer*. Folleto de Bandera Roja, 59. México: Partido Revolucionario de los Trabajadores.

Revueltas, José. 1987. *Ensayo sobre un proletariado sin cabeza*. Obras Completas, 17. México: Era.

—. 2003. *México 68: juventud y revolución*. México: Era.

Rivas Ontiveros, José René. 2007. *La izquierda estudiantil en la UNAM, organizaciones y liderazgos (1958-1972)*. México: Universidad Nacional Autónoma de México / Miguel Ángel Porrúa.

Rivas Ontiveros, José René, Ana María Sánchez Sáenz y Gloria A. Tirado Villegas (coords.). 2017. *Historia y memoria de los movimientos estudiantiles: a 45 años del 68, volumen 2: Los movimientos estudiantiles regionales en México*. México: Universidad Nacional Autónoma de México / Ediciones Gernika.

Rivera, Alejandro. 1965. «Llamamos a la toma del poder, dicen las guerrillas». *Economía, Estudios Económicos y Políticos* s/n: 31-32.

Rivera Mir, Sebastián. 2018. «Los primeros años de Ediciones Frente Cultural. De la teoría revolucionaria al éxito de ventas (1934-1939)». *Estudios de Historia Moderna y Contemporánea de México* 51: 112-131.

—. 2018. «La difusión del marxismo en tiempos convulsos. Rodrígo García Treviño y Editorial América». En *Prácticas editoriales y cultura imprensa entre los intelectuales latinoamericanos en el siglo xx*, coords. Aimer Granados y Sebastián Rivera Mir. México: El Colegio Mexiquense / Universidad Autónoma Metropolitana-Cuajimalpa.

Rivera Sánchez, Liliana. 2012. *Vínculos y prácticas de interconexión en un circuito migratorio entre México y Nueva York*. Colección Becas de Investigación. Buenos Aires: Consejo Latinoamericano de Ciencias Sociales.

Rodríguez Everaert, Ana Sofía. 2022. «Entre México y la IV Internacional: el PRT y la liberación de las mujeres». *Korpus 21* 4: 147-162.

Rodríguez Suárez, Armando. 1984. *Guatemala 1966: trotskismo y revolución (teoría y práctica del aventurerismo político)*. México: Talleres de Publicaciones Mexicanas.

Rojo, Alicia. 2012. «Los orígenes del trotskismo argentino: de los años 30 al surgimiento del peronismo. Elaboraciones teórico-políticas y vínculos con la clase obrera». *Archivos de Historia del Movimiento Obrero y la Izquierda* 1: 103-125.

—. 2020. «Los trotskistas y la cuestión nacional en la Argentina de los años 40: la Liga Obrera Revolucionaria y el Partido Obrero de la Revolución Socialista». *Archivos de Historia del Movimiento Obrero y la Izquierda* 17: 79-98.

Romero Sotelo, María Eugenia y Juan Pablo Arroyo Ortiz. 1985. «El proyecto nacional de los marxistas del '47». En *La izquierda en los cuarenta*, Roger Bartra et al. México: Ediciones de Cultura Popular / Centro de Estudios del Movimiento Obrero y Socialista.

Rouse, Roger. 1991. «Mexican Migration and the Social Space of Postmodernism». *Diaspora: a Journal of Transnational Studies* 1: 8-23.

Sándor John, Steven. 1998. *El movimiento trotskista en Bolivia, 1935-1955*. Tesis de maestría en Estudios Latinoamericanos. México: Universidad Nacional Autónoma de México.

—. 2016. *El trotskismo boliviano: una revolución permanente en el Altiplano*. La Paz: Plural Editores.

—. 2020. «De Prinkipo a Pulacayo: consideraciones sobre la historia del trotskismo boliviano». *Archivos de Historia del Movimiento Obrero y la Izquierda* 17: 99-120.

Sassoon, Donald. 2001. *Cien años de socialismo*. España: Editorial Edhasa.

Schelchkov Andrey. 2020. «Un trotskismo a mitad de camino: el *hidalguismo* en Chile». *Archivos de Historia del Movimiento Obrero y la Izquierda* 17: 39-56.

—. 2021. «La agenda para América Latina del Secretariado Internacional de la Liga Comunista Internacionalista (trotskista)». *Políticas de la Memoria* 21: 121-133.

Servín, Elisa. 2001. *Ruptura y oposición. El movimiento henriquista, 1945-1954*. México: Editorial Cal y Arena.

— (coord.). 2010. *Del nacionalismo al neoliberalismo, 1940-1994*. México: Fondo de Cultura Económica.

—. «El delator, una figura cotidiana del alemanismo priista». 2016. *Antropología, Boletín Oficial del Instituto Nacional de Antropología e Historia* 101: 144-156.

Sevilla González, Carlos. s/f. «Entrevista». En *México 68*. Heidrun Holzfeind. Baden (Suiza): Kodoji Press. http://www.mexico68.net/files/mex68spanis-hrz.pdf.

Soler Martínez, Rafael. 2000. «Cuba: comunismo y trotskismo en la revolución del 30». Congreso Internacional de la Asociación de Estudios Latinoamericanos, 2-30.

Taracena Arriola, Arturo. 2015. *La polémica entre el pintor Eugenio Fernández Granell, la AGEAR y el grupo Saker-ti. Desencuentros ideológicos durante la primavera democrática guatemalteca*. Ciudad de Guatemala: Facultad Latinoamericana de Ciencias Sociales.

—. 2022. *Yon Sosa: historia del MR13 en Guatemala y México seguida de las memorias militares del comandante guerrillero*. México: El Colegio de México.

Tarcus, Horacio. 1966. *El marxismo olvidado en la Argentina: Silvio Frondizzi y Milcíades Peña*. Buenos Aires: El Cielo por Asalto.

Tennant, Gary. 2000. *The Hidden Pearl of the Caribbean Trotskyism in Cuba*, en *Revolutionary History*. Londres: Porcupine Press, Socialist Platform.

Trotsky, León. 1961. *La Revolución Permanente*. Colección Marxismo Revolucionario. México: Editorial Índice Rojo.

—. 1962 [1939]. *Su moral y la nuestra*. 1.ª edición. México: Ediciones Índice Rojo.

—. 1963. *La revolución traicionada*. Colección Marxismo Revolucionario. México: Editorial Índice Rojo.

—. 1971. *La liberación de la mujer*. Buenos Aires: Ediciones Elevé.

—. 1973. *Mi vida, ensayo autobiográfico*. México: Juan Pablos Editor.

—. 1976. *Escritos*, tomo VI, volumen 2 (1934-1935). Colombia: Editorial Pluma.

—. 1977. *Escritos*, tomo IX, volumen 1 (1937-1938). Colombia: Editorial Pluma.

—. 2008. *El Programa de Transición y la Fundación de la IV Internacional*. Argentina: Ediciones del Centro de Estudios, Investigaciones y Publicaciones «León Trotsky».

—. 2017. *La teoría de la revolución permanente*. México: Editorial Fontamara.

Trotsky, León, Caroline Lund y Elizabeth Barnes. 1971. *La liberación de la mujer*. Buenos Aires: Ediciones Elevé.

Uliánov, Vladímir Ilich: véase Lenin.

Unzueta, Gerardo. 1985. «Crisis en el partido, crisis en el movimiento». En *Historia del Comunismo en México*, ed. Arnaldo Martínez Verdugo. México: Editorial Grijalbo.

Worontzoff, Madeleine. 1979. *La concepción de la prensa en Lenin*. Barcelona: Fontamara.

PÁGINAS ELECTRÓNICAS

https://maitron.fr/
https://www.marxists.org/
https://www.trotskyana.net/Leon_Trotsky/Genealogy/genealogy.htm
https://archivorebelde.org/
http://www.pathfinderpress.com/Intercontinental-Press
http://www.laizquierdadiario.mx/México
http://www.sinpermiso.info

ANEXO FOTOGRÁFICO

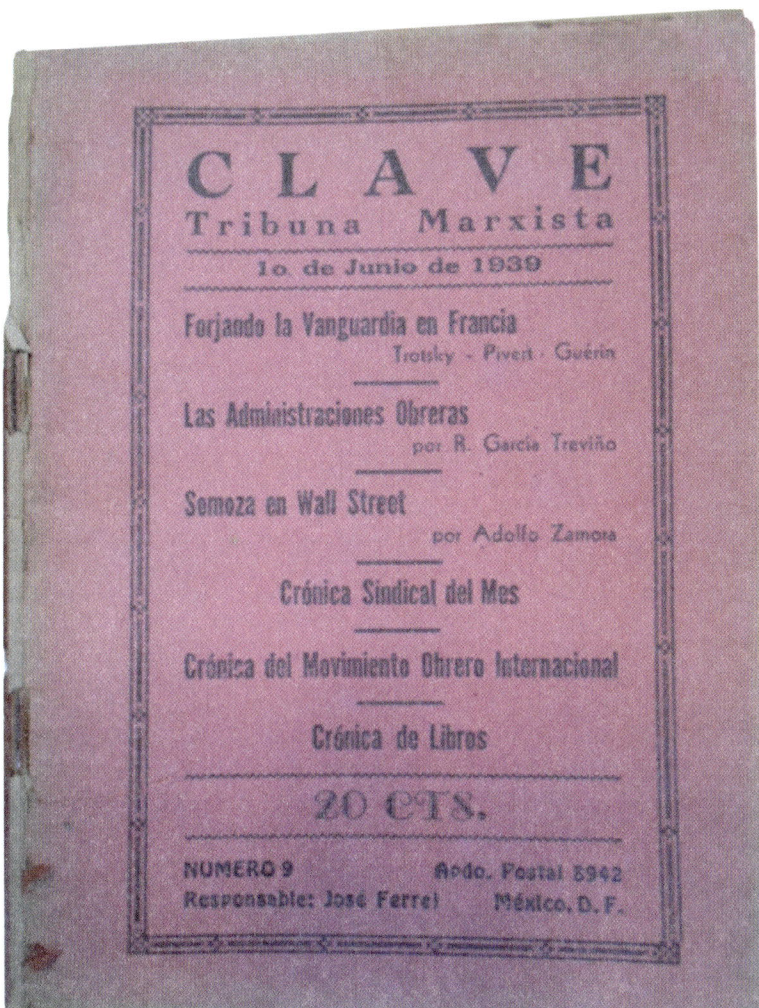

Fotografía 1. Revista *Clave*
Fuente: Biblioteca Rafael Galván, Casa Museo de León Trotsky, Ciudad de México

Fotografía 2. Periódico *El Bolchevique*
Fuente: Biblioteca Rafael Galván, Casa Museo de León Trotsky,
Ciudad de México

Fotografía 3. Folleto *Por la IV Internacional*, México, D.F., 1937
Fuente: Archivo Personal Alejandro Gálvez Cancino

Fotografía 4. Libro *La Guerra y la Cuarta Internacional*, México, DF, 1937
Fuente: Archivo Personal Alejandro Gálvez Cancino

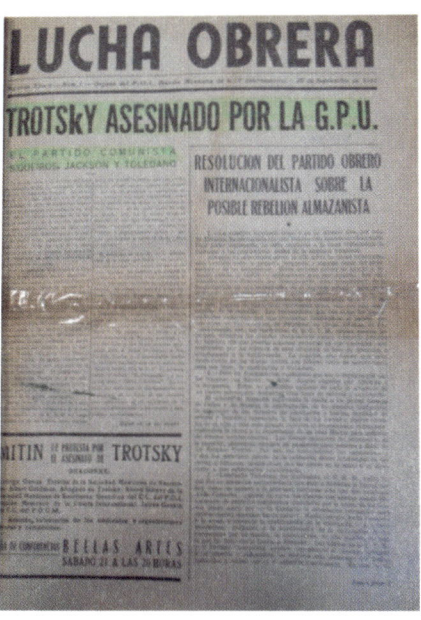

Fotografías 5 y 6. Periódico *Lucha Obrera*, México, DF, 1939-1947
Fuente: Biblioteca Rafael Galván, Casa Museo de León Trotsky,
Ciudad de México

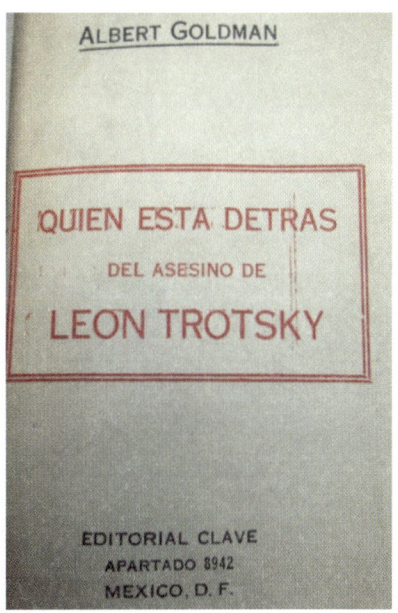

Fotografías 7 y 8. Editorial Clave, 1940-1941
Fuente: Archivo Personal Alejandro Gálvez Cancino

Fotografía 9. Folleto del POI, Ediciones Lucha Obrera, 1943
Fuente: Archivo Personal Alejandro Gálvez Cancino

Fotografía 10. Folleto del POI, Ediciones Lucha Obrera, 1944
Fuente: Archivo Personal Alejandro Gálvez Cancino

Fotografías 11 y 12. Revista *¿Qué hacer?*, ejemplares de los años 1953-1954
Fuente: Archivo Personal Alejandro Gálvez Cancino

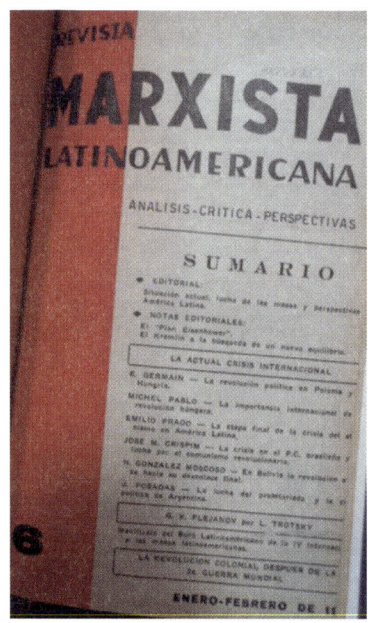

Fotografía 13. *Revista Marxista Latinoamericana* del Buró
Latinoamericano de la IV Internacional
Fuente: Biblioteca Rafael Galván, Casa Museo de León Trotsky, Ciudad de México

Fotografía 14. *Revista Marxista Latinoamericana* del Secretariado
Internacional de la IV Internacional Posadista
Fuente: Biblioteca Rafael Galván, Casa Museo de León Trotsky,
Ciudad de México

Fotografía 15. Periódico *El Obrero Militante* de la Liga Obrera Marxista
Fuente: AHCEMOS

Fotografía 16. Libro *La revolución traicionada*, de la Editorial Índice
Rojo de la LOM
Fuente: Biblioteca Privada de la Fundación Heberto Castillo.
Ciudad de México

Fotografía 17. Libro *La Revolución Permanente*, de la Editorial
Índice Rojo de la LOM
Fuente: Biblioteca Privada de Manuel Aguilar Mora. Ciudad de México

Fotografía 18. Revista *Cuarta Internacional*, del Secretariado Unificado
de la IV Internacional
Fuente: Colección Especial Boris Rosen, de la Biblioteca Nacional
de México, Ciudad de México

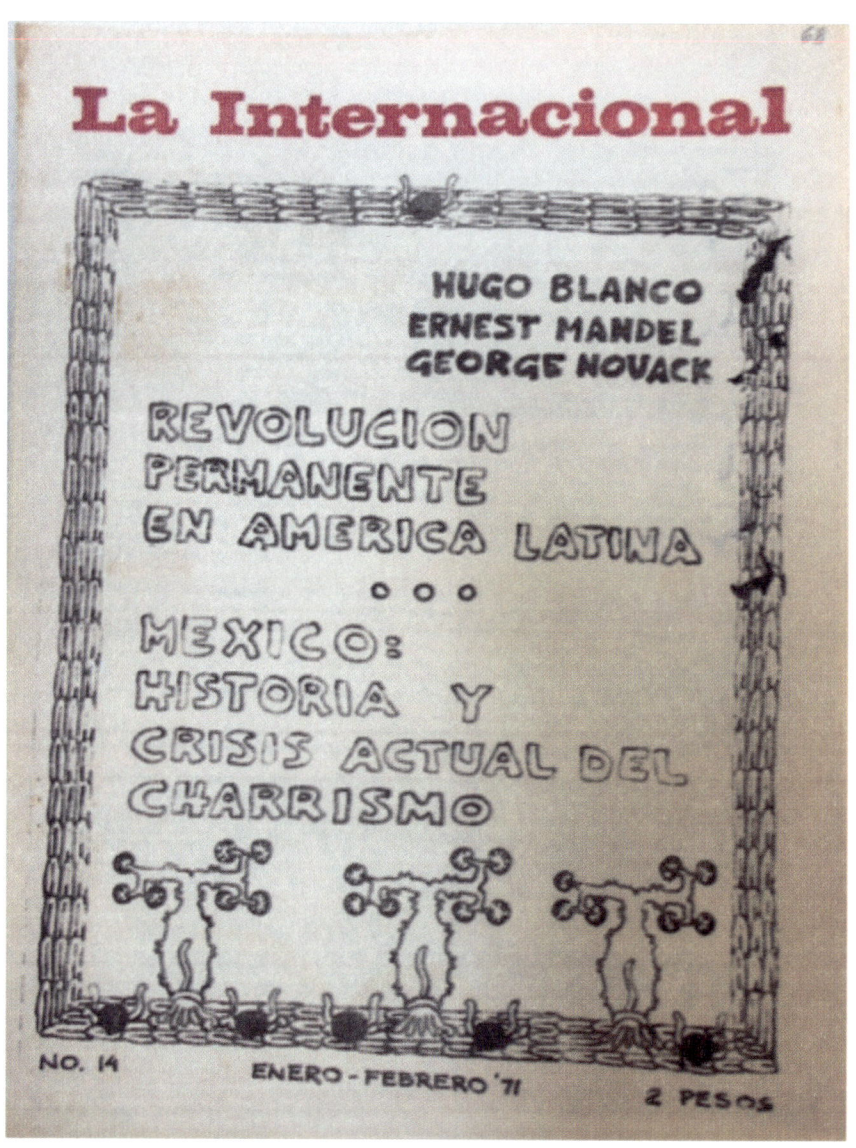

Fotografía 19. Revista *La Internacional*, del GCI. Ejemplar de 1971
Fuente: Archivo Histórico de la UNAM, Fondo Pablo Sandoval,
Ciudad de México

Fotografía 20. Periódico *Bandera Roja*, del GCI. Ejemplar de 1975
Fuente: Hemeroteca Nacional de México. Ciudad de México

ÍNDICE DE TABLAS

P-5.3